国家社会科学基金（教育学）重大项目（VDA200004）阶段性研究成果
北京外国语大学"双一流"建设标志性项目（BW202018）阶段性研究成果

"一带一路"国家文化教育大系　　　　总主编　王定华

坦桑尼亚文化教育研究

Utafiti wa Utamaduni na Elimu Tanzania

徐倩　李慧芳　著

外语教学与研究出版社
FOREIGN LANGUAGE TEACHING AND RESEARCH PRESS
北京 BEIJING

图书在版编目（CIP）数据

坦桑尼亚文化教育研究／徐倩，李慧芳著．－－北京：外语教学与研究出版社，2021.6
（"一带一路"国家文化教育大系／王定华总主编）
ISBN 978-7-5213-3636-8

Ⅰ．①坦⋯ Ⅱ．①徐⋯ ②李⋯ Ⅲ．①教育研究－坦桑尼亚 Ⅳ．①G542.5

中国版本图书馆 CIP 数据核字（2022）第 090659 号

出 版 人　王　芳
项目负责　孙凤兰　巢小倩
责任编辑　巢小倩
责任校对　孙凤兰
装帧设计　李　高
出版发行　外语教学与研究出版社
社　　址　北京市西三环北路 19 号（100089）
网　　址　http://www.fltrp.com
印　　刷　北京盛通印刷股份有限公司
开　　本　787×1092　1/16
印　　张　18.5
版　　次　2022 年 7 月第 1 版　2022 年 7 月第 1 次印刷
书　　号　ISBN 978-7-5213-3636-8
定　　价　138.00 元

购书咨询：（010）88819926　电子邮箱：club@fltrp.com
外研书店：https://waiyants.tmall.com
凡印刷、装订质量问题，请联系我社印制部
联系电话：（010）61207896　电子邮箱：zhijian@fltrp.com
凡侵权、盗版书籍线索，请联系我社法律事务部
举报电话：（010）88817519　电子邮箱：banquan@fltrp.com
物料号：336360001

"一带一路"国家文化教育大系编写委员会

顾　问：顾明远　　马克垚　　胡文仲

总主编：王定华

委　员（按姓氏音序排列）：

常福良　　戴桂菊　　郭小凌　　金利民　　柯　静　　李洪峰
刘宝存　　刘　捷　　刘生全　　刘欣路　　钱乘旦　　秦惠民
苏莹莹　　陶家俊　　王　芳　　谢维和　　徐　辉　　徐建中
杨慧林　　张民选　　赵　刚

"一带一路"国家文化教育大系编审委员会

主　任：王　芳

副主任：徐建中　　刘　捷

秘书长：孙凤兰

委　员（按姓氏音序排列）：

蔡　喆　　柴方圆　　巢小倩　　杜晓沫　　华宝宁　　焦缨添
刘相东　　刘真福　　马庆洲　　彭立帆　　石筠弢　　孙　慧
万作芳　　王名扬　　杨鲁新　　姚希瑞　　苑大勇　　张小玉
赵　雪　　祝　军

达累斯萨拉姆的一角

达累斯萨拉姆的快速公交车

塞伦盖蒂草原上的象群

动物迁徙中的角马过河

身穿传统服饰的坦桑尼亚女性

桑给巴尔岛弗洛德黑尼公园

廷加廷加画市场

桑给巴尔岛石头城中的雕花木门

坦桑尼亚牡蛎湾小学

正在上课的坦桑尼亚小学生

小学教师为信息和通信技术课程做的教具

参加晨会的小学生

在大树下学习的大学生

达累斯萨拉姆大学恩克鲁马会堂

多多马职业教育培训中心

2021年坦桑尼亚成人教育大会

姆普瓦普瓦教师培训学院

2016年参加UNESCO-CFIT项目培训的教师教育者

中国援建的友谊小学

中国援建的图书馆

出版说明

2013年9月7日，国家主席习近平提出共建"丝绸之路经济带"重大倡议。2013年10月3日，习近平主席提出共建"21世纪海上丝绸之路"重大倡议。两者合称"一带一路"倡议。以2013年金秋为起点，"一带一路"倡议作为构建人类命运共同体的伟大设想，在开拓和平、繁荣、开放、绿色、创新、文明之路的非凡征程中，孕育生机和活力，汇聚信心和期待，在世界范围内广受欢迎和响应。

文化交流、文明互鉴是构建人类命运共同体的人文基础。文化发展，教育先行。作为"共和国外交官的摇篮"、文化教育的主动践行者、"一带一路"倡议的踊跃响应者和构建人类命运共同体的积极参与者，北京外国语大学在党委书记王定华教授的带领下，放眼世界，找准坐标，勇于担当，主动作为，深耕文化教育相关领域，研究、策划并组织编写了"一带一路"国家文化教育大系（以下简称大系）。国内相关高校和研究机构的众多专家学者献计献策，踊跃参加，形成了一个范围广泛、交流互动、共同进步的"一带一路"国家文化教育学术研究共同体。大系旨在填补国内相关研究领域的学术空白，实现"一带一路"国家教育研究全覆盖，为中国教育"走出去"和相关国家先进教育理念"请进来"提供科学理论和实践指导，具有重要的学术价值。同时，大系服务国家重大战略，通过分期分批出版，形成规模和品牌，向中国共产党建党一百周年和"一带一路"倡议提出十周年献礼，具有深远的意义。

作为国家社会科学基金（教育学）重大项目"新时代提升中国参与全球教育治理的能力及策略研究"、北京外国语大学"双一流"建设标志性项目"'一带一路'国家文化教育研究"的课题研究成果和北京外国语大学党委的"奋进之举"，大系秉承学术性与可读性兼顾的原则，对"一带一路"国家文化教育理论与实践问题展开深入研究，从国情概览、文化传统、教育历史、学前教育、基础教育、高等教育、职业教育、成人教育、教师教育、教育政策、教育行政、教育交流等方面，全景擘画"一带一路"国家的教育风貌，帮助读者了解"一带一路"国家教育的历史与现状、经验与特点，为我国教育的发展和对外交流合作提供有益的借鉴、思考与启迪。

肆虐全球的新冠肺炎疫情严重影响了各国人民的生产生活，带来了二战以来人类面临的最严重的全球性危机，同时也再次阐述了人类命运共同体深刻内涵的世界性意义。在疫情防控常态化背景下，大系所有专家学者不畏困难，齐心协力，直面挑战，守望相助，化危为机，切实履行了响应和支持"一带一路"倡议的承诺。在此，特别感谢大系总策划、总主编王定华教授，以及所有顾问、编委和作者的心血倾注、智慧贡献和努力付出。

外语教学与研究出版社对大系的编写和出版工作给予了高度重视。自2019年项目启动以来，外研社抽调精锐力量成立大系工作组，多次组织相关部门和人员召开选题论证会，商建编委会，召开全体作者大会，制订周密、科学的出版计划，以保证项目的顺利开展和图书的优质出版。目前，大系的出版工作已取得阶段性成果，预计在2023年"一带一路"倡议提出十周年之前，将分期分批推出数量和规模可观的、具有相当科研价值和学术价值的系列专著。期望大系的编写和出版能为"一带一路"建设、中外教育交流及我国文化教育发展发挥基础性、服务性、广远性的作用。

外语教学与研究出版社

2021年4月

总　序

王定华

改革开放以来，中国各项事业取得了巨大成就。中国经济和世界经济高度关联，中国一以贯之地坚持对外开放的基本国策，构建全方位开放新格局，深度融入世界经济体系。2013年9月和10月，习近平主席在出访中亚和东南亚国家期间，先后提出共建"丝绸之路经济带"和"21世纪海上丝绸之路"的重大倡议（以下简称"一带一路"倡议），得到国际社会的高度关注。其中，"丝绸之路经济带"东边牵着亚太经济圈，西边系着发达的欧洲经济圈，是世界上最长、最具发展潜力的经济大走廊；"21世纪海上丝绸之路"串起连通东盟、南亚、西亚、北非、欧洲等各大经济板块的市场链，发展面向南海、太平洋和印度洋的战略合作经济带，以亚欧非经济贸易一体化为发展的长期目标。

一、精准把握"一带一路"倡议的时代意蕴

"经济带"概念是对地区经济合作模式的创新。其中经济走廊涵盖中蒙

俄经济走廊、新亚欧大陆桥、中国–中亚–西亚经济走廊、孟中印缅经济走廊、中国–中南半岛经济走廊等，以经济增长极辐射周边，超越了传统发展经济学理论。"丝绸之路经济带"概念不同于历史上所出现的各类"经济区"与"经济联盟"，同后两者相比，经济带具有灵活性高、适用性广以及可操作性强的特点，各国都是平等的参与者，本着自愿参与、协同推进的原则，发扬古丝绸之路兼容并包的精神。

"一带一路"倡议是我国在新时代推进全方位对外开放的重要举措，为当今世界提供了一个充满东方智慧、实现共同发展的中国方案，也是对历史文化传统的高度尊重，凝聚了世界各国利益的最大公约数。丝绸之路是起始于古代中国，连接亚洲、非洲和欧洲的古代陆上商业贸易路线，最初的作用是运输古代中国出产的丝绸、瓷器等商品，后来成为东方与西方之间在经济、政治、文化等方面进行交流的主要通道。1877 年，德国地质、地理学家李希霍芬（F. P. W. Richthofen）在其著作《中国》一书中，把公元前 114 年至公元 127 年，中国与中亚、中国与印度间以丝绸贸易为媒介的这条西域交通道路命名为"丝绸之路"，这一名词很快为学术界和大众所接受，并正式运用。其后，德国历史学家赫尔曼（A. Herrmann）在 20 世纪初出版的《中国与叙利亚之间的古代丝绸之路》一书中，根据新发现的文物考古资料，进一步把丝绸之路延伸到地中海西岸和小亚细亚，并确定了丝绸之路的基本内涵，即它是中国古代与中亚、南亚、西亚以及欧洲、北非的陆上贸易交往通道。进入 21 世纪，海上丝绸之路也被纳入丝绸之路的涵盖范围，即从中国沿海港口过南海到印度洋并延伸至欧洲，从中国沿海港口过南海到南太平洋。随着时代的发展，"丝绸之路"成为古代中国与西方所有政治经济文化往来通道的统称。

推进"一带一路"建设既是中国扩大和深化对外开放的需要，也是加强和世界各国互利合作的需要，中国愿意承担更多责任和义务，为人类和平发展做出更大的贡献。文明交流互鉴是构建人类命运共同体的重要途径，是推动人类文明共同进步、实现世界和平发展的重要动力。共建"一带一路"要顺应世界多极化、经济全球化、文化多样化、社会信息化的潮流，秉持开放的区域合作精神，致力于推动"一带一路"各国实现经济政策协调，开展更大范围、更高水平、更深层次的区域合作，共同打造开放、包容、均衡、普惠的区域经济合作架构，维护全球自由贸易体系和开放型世界经济格局。

"一带一路"贯穿亚欧非大陆，一头是活跃的东亚经济圈，一头是发达的欧洲经济圈，中间广大腹地国家经济发展潜力巨大。根据"一带一路"走向，陆上依托国际大通道，以中心城市为支撑，以重点经贸产业园区为合作平台，共同打造新亚欧大陆桥以及中蒙俄、中国-中亚-西亚、中国-中南半岛等国际经济合作走廊；海上以重点港口为基点，共同建设通畅安全高效的运输大通道。

"一带一路"建设是有关国家开放合作的宏大经济愿景，需要各国携手努力，朝着互利互惠、共同安全的目标相向而行：努力实现区域基础设施更加完善，安全高效的陆海空通道网络基本形成，互联互通达到新水平；投资贸易便利化水平进一步提升，高标准自由贸易区网络基本形成，经济联系更加紧密，政治互信更加深入；人文交流更加广泛深入，不同文明互鉴共荣，各国人民相知相交、和平友好。

"一带一路"倡议是具有开放性和包容性的友好建议。当今世界是一个开放的世界，开放带来进步，封闭导致落后。中国认为，只有开放才能发现机遇、抓住并用好机遇、主动创造机遇，才能实现国家的奋斗目标。"一带一路"倡议就是要把世界的机遇转变为中国的机遇，把中国的机遇转变为世界的机遇。正是基于这种认知与愿景，"一带一路"倡议以开放为导向，冀望通过加强交通、能源和网络等基础设施的互联互通建设，促进经济要素有序自由流动、资源高效配置和市场深度融合，开展更大范围、更高水平、更深层次的区域合作，打造开放、包容、均衡、普惠的区域经济合作架构，以此来解决经济增长和平衡问题。"一带一路"倡议的开放包容性是区别于其他区域性经济倡议的一个突出特点。

"一带一路"倡议是超越地缘政治的务实合作的广阔平台。"和平合作、开放包容、互学互鉴、互利共赢"的丝路精神是人类共有的历史财富，"一带一路"倡议就是秉承这一精神与原则提出的新时代重要倡议，通过加强相关国家间的全方位多层面交流合作，充分发掘与发挥各国的发展潜力与比较优势，形成互利共赢的区域利益共同体、命运共同体和责任共同体。在这一机制中，各国是平等的参与者、贡献者、受益者。因此，"一带一路"倡议从一开始就具有平等性、和平性特征。平等是中国坚持的重要国际准则，也是"一带一路"建设的关键基础。只有建立在平等基础上的合作才能是持久的合作，也才会是互利的合作。"一带一路"倡议平等包容的合作特征为其推进减轻了阻力，提升了共建效率，有助于国际合作真正"落地生根"。同时，"一带一路"建设离不开和平安宁的国际环境和地区环境，和平是"一带一路"建设的本质属性，也是保障其顺利推进所不可或缺的重要因素。这些就决定了"一带一路"倡议不应该也不可能沦为大国政治较量的工具，更不会重复地缘博弈的老路。

"一带一路"倡议是政府、企业、团体共同发力的项目载体。"一带一路"建设是在双边或多边联动基础上通过具体项目加以推进的，是在进行充分政策沟通、战略对接以及市场运作后形成的发展倡议与规划。2017年5月发布的《"一带一路"国际合作高峰论坛圆桌峰会联合公报》强调了建设"一带一路"的合作原则，其中就包括市场运作原则，即充分认识市场作用和企业主体地位，确保政府发挥适当作用，政府采购程序应开放、透明、非歧视。可见，"一带一路"建设的核心主体与支撑力量并不是政府，而是企业，根本方法是遵循市场规律，并通过市场化运作模式来实现参与各方的利益诉求，政府在其中发挥构建平台、创立机制、政策引导等指向性、服务性功能。

"一带一路"倡议是与现有相关机制对接互补的有益渠道。参与"一带一路"建设的国家要素禀赋各异，比较优势差异明显，互补性很强。有的国家能源资源富集但开发力度不够，有的国家劳动力充裕但就业岗位不足，有的国家市场空间广阔但产业基础薄弱，有的国家基础设施建设需求旺盛但资金紧缺。我国目前经济总量居全球第二，外汇储备居全球第一，优势产业越来越多，基础设施建设经验丰富，装备制造能力强、质量好、性价比高，具备资金、技术、人才、管理等综合优势。这就为我国与其他"一带一路"建设参与方实现产业对接与优势互补提供了现实可能与重大机遇。因而，"一带一路"倡议的核心内容就是要加强基础设施建设和促进互联互通，对接各国政策和发展战略，以便深化务实合作，促进协调联动发展，实现共同繁荣。由此可见，"一带一路"倡议不是对现有地区合作机制的替代，而是与现有机制互为助力、相互补充。实际上，"一带一路"建设已经与俄罗斯主导的欧亚经济联盟、印尼全球海洋支点发展规划、哈萨克斯坦光明之路经济发展战略、蒙古国草原之路倡议、欧盟欧洲投资计划、埃及苏伊士运河走廊开发计划等实现了对接与合作，并形成了一批标志性项目，如中哈（连云港）物流合作基地。作为新亚欧大陆桥经济走廊建设成果之一，中哈（连云港）物流合作基地初步实现了深水大港、远洋干线、中欧班列、物流场站的无缝对接。该项目与哈萨克斯坦光明之路经济发展战略高度契合。

"一带一路"倡议是促进人文交流的沟通桥梁。"一带一路"倡议跨越不同区域、不同文化、不同宗教信仰，但它带来的不是文明冲突，而是各文明间的交流互鉴。"一带一路"倡议在推进基础设施建设、加强产能合作与发展战略对接的同时，也将"民心相通"作为工作重心之一。民心相通是"一带一路"建设的社会根基。民心相通就是要传承和弘扬丝绸之路友好合作精神，广泛进行文化交流、学术交流、人才交流往来、媒体合作、青年和妇女交往、志愿者服务等，为深化双边和多边合作奠定坚实的民意基础。一是扩大相互间留学生规模，开展合作办学；国家间互办文化年、艺术节、电影节、电视周和图书展等活动，深化国家间人才交流合作。二是加强旅游合作，扩大旅游规模，联合打造具有丝绸之路特色的国际精品旅游线路和旅游产品。三是强化与周边国家在传染病疫情信息沟通、防治技术交流、专业人才培养等方面的合作，提高合作处理突发公共卫生事件的能力。四是加强科技合作，共建联合实验室（研究中心）、国际技术转移中心、海上合作中心，促进科技人员交流，合作开展重大科技攻关，共同提升科技创新能力。五是整合现有资源，开拓和推进参与国家在青年就业、创业培训、职业技能开发、社会保障管理服务、公共行政管理等共同关心领域的务实合作。六是充分发挥政党、议会交往的桥梁作用，加强国家之间立法机构、主要党派和政治组织的友好往来，互结友好城市。七是加强各国民间组织的交流合作，重点面向基层民众，广泛开展教育、医疗、减贫开发、生物多样性和生态环保等主题的各类公益慈善活动，改善贫困地区生产生活条件；加强文化传媒领域的国际交流合作，积极利用网络平台，运用新媒体工具，塑造和谐友好的文化生态和舆论环境；通过强化民心相通，弘扬丝绸之路精神，开展智力丝绸之路、健康丝绸之路等建设，在科学、教育、文化、卫生、民间交往等领域广泛合作，使"一带一路"建设的民意基础更为坚实，社会根基更加牢固。"一带一路"建设就是要以文明交流超越文明隔阂，以文明互鉴超越文明冲突，以文明共存超越文明优越，为相关国家人民加强交流、增进理解搭起新的桥梁，为不同文化和文明加强对话、交流互鉴织就新的纽带，推动各国相互理解、相互尊重、相互信任。

"一带一路"是促进共同发展、实现共同繁荣的友谊之路。共建"一带一路"旨在促进各国发展战略的对接和耦合，有利于发掘区域市场的潜力，推动经济要素有序自由流动、资源高效配置和市场深度融合，促进投资和消费，创造需求和就业，增进各国人民的人文交流与文明互鉴，从而让各国人民相逢相知、互信互敬，共享和谐、安宁、富裕的生活。共建"一带一路"符合国际社会的根本利益,彰显了人类社会的共同理想和美好追求,是国际合作及全球治理新模式的积极探索,将为世界和平发展增添新的正能量。中国政府倡议秉持和平合作、开放包容、互学互鉴、互利共赢的理念,全方位推进务实合作,打造政治互信、经济融合、文化包容的利益共同体、命运共同体和责任共同体。

"一带一路"倡议已经得到世界上众多国家和地区的积极响应,成为维护全球自由贸易体系和开放型世界经济的重要支撑。截至2021年1月30日,中国已经同171个国家和国际组织签署205份共建"一带一路"合作文件。[1]特别是2017年5月第一届"一带一路"国际合作高峰论坛、2019年4月第二届"一带一路"国际合作高峰论坛和2019年5月亚洲文明对话大会的成功举办,充分彰显了我国开放、包容的大国外交风范。在此背景下,我们一方面应致力于向世界介绍中国,推动中国文化"走出去",讲好中国故事;另一方面也应加强对"一带一路"国家的历史、文化、语言、教育、艺术等方面的介绍和研究,让中国人民更多地了解"一带一路"国家的具体国情,特别是文化传统和教育体系。

"一带一路"倡议合作范围不断扩大,合作领域愈加广阔。它不仅给参与各方带来了实实在在的合作红利,也为世界贡献了应对挑战、创造机遇、强化信心的智慧与力量。

当今世界,新冠肺炎疫情带来诸多挑战,局部战争风险依然存在,经济增长动能不足,"逆全球化"思潮涌动,地区动荡持续,恐怖主义蔓延。和平赤字、发展赤字、治理赤字带来的严峻问题,已摆在全人类面前。这充分说明现有的全球治理体系面临结构性问题,亟须找到新的破解之策与应对方略。作为一个新兴大国,中国有能力、有意愿同时也有责任为完善全球治理体系贡献智慧与力量。面对新挑战、新问题、新情况,中国给出

---

[1] 中国一带一路网. 我国已签署共建"一带一路"合作文件205份 [EB/OL]. (2021-01-30) [2021-02-23]. https://www.yidaiyilu.gov.cn/xwzx/gnxw/163241.htm.

的全球治理方案是：构建人类命运共同体，实现共赢共享。"一带一路"倡议正是朝着这个目标努力的具体实践。"一带一路"倡议强调各国的平等参与、包容普惠，主张携手应对世界经济面临的挑战，开创发展新机遇，谋求发展新动力，拓展发展新空间，共同朝着人类命运共同体方向迈进。正是本着这样的原则与理念，"一带一路"倡议针对各国发展的现实问题和治理体系的短板，创立了亚洲基础设施投资银行、丝路基金等新型国际机制，构建了多形式、多渠道的交流合作平台。这既能缓解当今全球治理机制代表性、有效性、及时性难以适应现实需求的困境，在一定程度上扭转公共产品供应不足的局面，提振国际社会参与全球治理的士气与信心，又能满足发展中国家尤其是新兴市场国家变革全球治理机制的现实要求，大大增强了新兴国家和发展中国家的话语权，是推进全球治理体系朝着更加公正合理方向发展的重大突破。

"一带一路"倡议涵盖了发展中国家与发达国家，实现了"南南合作"与"南北合作"的统一，有助于推动全球均衡可持续发展。"一带一路"建设以基础设施建设为着眼点，促进经济要素有序自由流动，推动中国与相关国家的宏观政策的对接与协调。对于参与"一带一路"建设的发展中国家来说，这是一次搭中国经济发展"快车""便车"，实现自身工业化、现代化的历史性机遇，有利于推动"南南合作"的广泛展开，同时也有助于增进"南北对话"，促进"南北合作"的深度发展。不仅如此，"一带一路"倡议的理念和方向同联合国《2030年可持续发展议程》也高度契合，完全能够加强对接，实现相互促进。联合国秘书长古特雷斯表示，"一带一路"倡议与《2030年可持续发展议程》都以可持续发展为目标，都试图提供机会、全球公共产品和双赢合作，都致力于深化国家和区域间的联系。

二、深入推动"一带一路"国家的教育交流

2020年6月印发的《教育部等八部门关于加快和扩大新时代教育对外开放的意见》指出，教育对外开放是教育现代化的鲜明特征和重要推动力，要以习近平新时代中国特色社会主义思想为指导，坚持教育对外开放不动摇，主动加强同世界各国的互鉴、互容、互通，形成更全方位、更宽领域、更多层次、更加主动的教育对外开放局面。

教育为国家富强、民族繁荣、人民幸福之本，在共建"一带一路"中具有基础性和先导性作用。教育交流为各国民心相通架设桥梁，人才培养为各国政策沟通、设施联通、贸易畅通、资金融通提供支撑。各国间教育交流源远流长，教育合作前景广阔，大家携手发展教育，合力共建"一带一路"，是造福各国人民的伟大事业。推进"一带一路"国家教育共同繁荣，既是加强与各国教育互利合作的需要，也是推进中国教育改革发展的需要，中国愿意在力所能及的范围内承担更多责任和义务，为区域教育大发展做出更大的贡献。

（一）教育合作的原则

"一带一路"国家教育合作应遵循四个重要原则。

一是育人为本，人文先行。加强合作育人，提高区域人口素质，为共建"一带一路"提供人才支撑。坚持人文交流先行，建立区域人文交流机制，搭建民心相通桥梁。

二是政府引导，民间主体。政府加强沟通协调，整合多种资源，引导教育融合发展。发挥学校、企业及其他社会力量的主体作用，活跃教育合作局面，丰富教育交流内涵。

三是共商共建，开放合作。坚持共商、共建、共享，推进各国教育发

展规划相互衔接，实现各国教育融通发展、互动发展。

四是和谐包容，互利共赢。加强不同文明之间的对话，寻求教育发展最佳契合点和教育合作最大公约数，促进各国在教育领域互利互惠。

（二）教育合作的重点

"一带一路"各国教育特色鲜明、资源丰富、互补性强、合作空间巨大。中国将以基础性、支撑性、引领性三方面举措为建议框架，开展三方面重点合作，对接各国意愿，互鉴先进教育经验，共享优质教育资源，全面推动各国教育提速发展。

1. 开展教育互联互通合作

一是加强教育政策沟通。开展"一带一路"国家教育法律、政策协同研究，构建各国教育政策信息交流通报机制，为各国政府推进教育政策互通提供决策建议，为各国学校和社会力量开展教育合作交流提供政策咨询。积极签署双边、多边和次区域教育合作框架协议，制定各国教育合作交流国际公约，逐步疏通教育合作交流政策性瓶颈，实现学分互认、学位互授联授，协力推进教育共同体建设。

二是助力教育合作渠道畅通。推进"一带一路"国家间签证便利化，扩大教育领域合作交流，形成往来频繁、合作众多、交流活跃、关系密切的携手发展局面。鼓励有合作基础、相同研究课题和发展目标的学校缔结姊妹关系，逐步深化和拓展教育合作交流。举办校长论坛，推进学校间开展多层次、多领域的务实合作。支持高等学校依托优势学科和专业，建立"产学研用"相结合的国际合作联合实验室（研究中心）、国际技术转移中心，共同应对各国在经济发展、资源利用、生态保护等方面面临的重大挑战与机遇。打造"一带一路"国家学术交流平台，吸引各国专家学者、青年学生开展研究和学术交流。推进"一带一路"国家优质教育资源共享。

三是促进语言互通。研究构建语言互通协调机制，共同开发语言互通开放课程，逐步将国家语言课程纳入各国的学校教育课程体系。拓展政府间语言学习交换项目，联合培养、相互培养高层次语言人才。发挥外国语院校人才培养优势，推进基础教育多语种师资队伍建设和外语教育教学工作。扩大语言学习国家公派留学人员规模，倡导各国与中国院校合作在华开办本国语言专业。支持更多社会力量助力孔子学院和孔子课堂建设，加强汉语教师和汉语教学志愿者队伍建设，全力满足不同国家的汉语学习需求。

四是推进民心相通。鼓励学者开展或合作开展中国课题研究，增进各国对中国发展模式、国家政策、教育文化等各方面的理解。建设国别和区域研究基地，与对象国合作开展经济、政治、教育、文化等领域研究。逐步将理解教育课程、丝路文化遗产保护纳入各国中小学教育课程体系，加强青少年对不同国家文化的理解。加强"丝绸之路"青少年交流，注重通过志愿服务、文化体验、体育竞赛、创新创业活动和新媒体社交等途径，增进不同国家青少年对其他国家文化的理解。

五是推动学历学位认证标准联通。推动落实联合国教科文组织《亚太地区承认高等教育资历公约》，支持联合国教科文组织建立世界范围学历互认机制，实现区域内双边、多边学历学位关联互认。呼吁各国完善教育质量保障体系和认证机制，加快推进本国教育资历框架开发，助力各国学习者在不同种类和不同阶段教育之间进行转换，促进终身学习社会的建设。共商、共建区域性职业教育资历框架，逐步实现就业市场的从业标准一体化。探索建立各国教师专业发展标准，促进教师流动。

2．开展人才培养培训合作

一是实施"丝绸之路"留学推进计划。设立"丝绸之路"中国政府奖学金，为各国专项培养行业领军人才和优秀技能人才。全面提升来华留学人才培养质量，把中国打造成为深受各国学子欢迎的留学目的地。以国家公派留学为引领，推动更多中国学生到"一带一路"其他国家留学。坚持"出国留学和来华留学并重、公费留学和自费留学并重、扩大规模和提高质量并重、依法管理和完善服务并重、人才培养和发挥作用并重"，完善全链条的留学人员管理服务体系，保障平安留学、健康留学、成功留学。

二是实施"丝绸之路"合作办学推进计划。有条件的中国高等学校开展境外办学要集中优势学科，选好合作契合点，做好前期论证工作，构建科学的人才培养模式、运行管理模式、服务当地模式、公共关系模式，使学校顺利落地生根、开花结果。发挥政府引领、行业主导作用，促进高等学校、职业院校与行业企业深度产教融合。鼓励中国优质职业教育配合高铁、电信运营等行业企业"走出去"，探索开展多种形式的境外合作办学，合作设立职业院校、培训中心，合作开发教学资源和项目，开展多层次职业教育和培训，培养当地急需的各类"一带一路"建设者。整合资源，积极推进与各国在青年就业培训等共同关心领域的务实合作。倡议国家之间开展高水平合作办学。

三是实施"丝绸之路"师资培训推进计划。开展"丝绸之路"教师培训，加强先进教育经验交流，提升区域教育质量。加强"丝绸之路"教师交流，推动各国校长交流访问、教师及管理人员交流研修，推进优质教育模式在各国的互学互鉴。大力推进各国优质教学仪器设备、教材课件和整体教学解决方案的输出，跟进教师培训工作，促进各国教育资源和教学水平均衡发展。

四是实施"丝绸之路"人才联合培养推进计划。推进国家间的研修访学活动。鼓励各国高等院校在语言、交通运输、建筑、医学、能源、环境工程、水利工程、生物科学、海洋科学、生态保护、文化遗产保护等国家发展急需的专业领域联合培养学生，推动联盟内或校际教育资源共享。

3．共建丝路合作机制

一是加强"丝绸之路"人文交流高层磋商。开展国家间的双边、多边人文交流高层磋商，商定"一带一路"教育合作交流总体布局，协调推动各国建立教育双边和多边合作机制、教育质量保障协作机制和跨境教育市场监管协作机制，统筹推进"一带一路"教育共同行动。

二是充分发挥国际合作平台作用。发挥上海合作组织、东亚峰会、亚太经合组织、亚欧会议、亚洲相互协作与信任措施会议、中阿合作论坛、东南亚教育部长组织、中非合作论坛、中巴经济走廊、孟中印缅经济走廊、中蒙俄经济走廊等现有双边、多边合作机制的作用，增加教育合作的新内涵。借助联合国教科文组织等国际组织力量，推动各国围绕实现世界教育发展目标形成协作机制。充分利用中国-东盟教育交流周、中日韩大学交流合作促进委员会、中阿大学校长论坛、中非高校20+20合作计划、中日大学校长论坛、中韩大学校长论坛、中俄综合性大学联盟等已有平台，开展务实的教育合作交流。支持在共同区域、有合作基础、具备相同专业背景的学校组建联盟，不断延展教育务实合作平台。

三是实施"丝绸之路"教育援助计划。发挥教育援助在"一带一路"教育共同行动中的重要作用，逐步加大教育援助力度，重点投资于人、援助于人、惠及于人。发挥教育援助在"南南合作"中的重要作用，加大对相关国家尤其是最不发达国家的支持力度。统筹利用国家、教育系统和民间资源，为相关国家培养培训教师、学者和各类技能人才。积极开展优质教学仪器设备、整体教学方案、配套师资培训一体化援助。加强中国教育培训中心和教育援外基地建设。倡议各国建立政府引导、社会参与的多元化经费筹措机制，通过国家资助、社会融资、民间捐赠等渠道，拓宽教育经费来源，做大教育援助格局，实现教育共同发展。

三、精心组织"一带一路"国家文化教育大系的编著出版

在编写"一带一路"国家文化教育大系过程中，应当全面了解国内外对"一带一路"倡议的响应情况，关注进展，总结做法；应当在新冠肺炎疫情得到控制后到对象国去走一走，看一看，实地感受其教育情况和发展变化；应当广泛收集对象国一手资料，认真阅读，消化分析，吐故纳新；应当多方检索专家学者已经开展的相关研究，虚心参阅已有的研究成果。肆虐全球的新冠肺炎疫情，给人类身体健康和生命安全带来了巨大威胁，对世界格局和世界治理体系产生了重大影响，给全球各行各业带来了巨大挑战。教育置身其间，影响十分明显。因而，对"一带一路"国家文化教育进行研究时，必须观察分析疫情对相关国家文化教育和全球教育治理的深刻影响。

"一带一路"倡议提出后，中外已形成多个"一带一路"多边大学联盟。2015年5月22日，由西安交通大学发起的新丝绸之路大学联盟成立，迄今已吸引38个国家和地区的150余所大学加盟。该联盟是海内外大学结成的非政府、非营利性的开放性、国际化高等教育合作平台，以"共建教育合作平台，推进区域开放发展"为主题，推动"新丝绸之路经济带"国家和地区大学之间在校际交流、人才培养、科研合作、文化沟通、政策研究、医疗服务等方面的交流与合作，增进青少年之间的了解和友谊，培养具有国际视野的高素质、复合型人才，服务"新丝绸之路经济带"及欧亚地区的发展建设。

2015年10月17日，丝绸之路（敦煌）国际文化博览会筹委会文化传承创新高端学术研讨会在敦煌举行。中国的复旦大学、北京师范大学、兰州大

学和俄罗斯乌拉尔国立经济大学、韩国釜庆大学等46所中外高校在甘肃敦煌成立了"一带一路"高校战略联盟,以探索跨国培养与跨境流动的人才培养新机制,培养具有国际视野的高素质人才。46所高校当日达成《敦煌共识》,联合建设"一带一路"高校国际联盟智库。联盟将共同打造"一带一路"高等教育共同体,推动"一带一路"国家和地区大学之间在教育、科技、文化等领域的全面交流与合作,服务"一带一路"国家和地区的经济社会发展。

2016年9月,中国、中亚及丝绸之路经济带沿线7个国家的51所高校共同发起成立了中国–中亚国家大学联盟,旨在打造开放性、国际化互动平台,深化"一带一路"科教合作。

此外,高等教育合作研讨会也日渐增多,既有官方推动形成的研讨会,也有民间自发举办的研讨会。比如,中外大学校长论坛、新加坡–中国–印度高等教育论坛、"一带一路"教育对话论坛,以及北京师范大学举办的"一带一路"国家教育交流与合作高端研讨会,北京外国语大学举办的"一带一路"与行业国际化人才培养高峰论坛,北京理工大学主办的"一带一路"高等教育研究国际会议,浙江大学举办的"一带一路"背景下的工程科技人才培养国际研讨会等。这些多边研讨会的召开,不仅吸引了大量"一带一路"沿线国家的教育研究者与实践者参会,推动了研究与实践合作,而且创新了教育合作模式,促进了国际化高端人才培养,为"一带一路"建设奠定了民意基础。

"一带一路"倡议提出之后,中国学术界迅速开展了关于"一带一路"的研究活动,有关"一带一路"主题的图书主要有以下五类。第一类是倡议解读类图书,一般是梳理"一带一路"倡议的提出、发展及其理论内涵与外延。第二类是经济贸易类图书,专业性较强,主要为理论研究型图书。第三类是国情文史类图书,多为介绍"一带一路"国家国情概览、历史情况、发展概况的工具书,语言平实,部分图书学术性较强。第四类是丝路历史类图书,一般回顾古代丝绸之路的形成与发展、丝绸之路上的人物和大事记等，追古溯源，以便更好地开启"一带一路"新篇章。第五类是法律税收类图书，多为法律指引、税务规范手册等。

可以看出，国内对"一带一路"国家的研究已有一定基础，但是囿于语言翻译的障碍，已经出版的"一带一路"图书，大多是政策解读、数据报告、概况介绍等，对对象国的研究广度和深度还很不够，尤其是针对"一带一路"国家文化教育的系统研究还比较少。

在"一带一路"国家中，遴选具有代表性的对象，对其文化、教育进行系统性的研究，并在此基础上编写"一带一路"国家文化教育大系，分期分批出版，对于帮助中国普通读者和研究人员了解"一带一路"国家的文化教育情况，以及对于拓展我国比较教育研究领域、丰富比较教育研究文献，乃至对于促进中外文明互通、更好地参与推进"一带一路"建设，都具有重要意义。基于对选题背景与意义、相关出版产品调研和北京外国语大学比较优势的分析，"一带一路"国家文化教育大系坚持学术性、可读性兼顾原则，分批次推出，不断积累，以形成规模和品牌。

大系在内容上，一方面呈现"一带一路"国家的文化概貌，展示"一带一路"国家教育发展的文化背景和社会依托。大系采用专题形式，力求用简洁平实的语言生动活泼地介绍"一带一路"国家的自然地理、人文景观、历史发展、风土人情、文化遗产等内容，重点呈现对象国独有的文化现象和独特风貌，集中揭示其民族文化内涵、民族精神、人文意蕴。另一方面，大系重点研究、评价、介绍"一带一路"国家教育的基本情况、发展历史、发展战略、政策法规、现存体系、治理模式与师资队伍等，这方面内容占较大篇幅，是全书的重点和主要内容。

"一带一路"倡议正在成为我国参与全球开放合作、改善全球治理体系、促进全球共同发展繁荣、推动构建人类命运共同体的中国方案。作为国家社会科学基金（教育学）重大项目"新时代提升中国参与全球教育治理的能力及策略研究"的部分研究成果和北京外国语大学"双一流"建设重大标志性成果,"一带一路"国家文化教育大系计划在 2021 年中国共产党建党 100 周年和北京外国语大学建校 80 周年之际,推出首批图书。2023 年"一带一路"倡议提出 10 周年时,推出该项目二期成果。同时积极参与党和国家相关主题纪念活动,以及国家重大图书项目的申报评选工作。

北京外国语大学以外语见长,国际交往活跃,被誉为"共和国外交官的摇篮",先后培养了 400 多位大使、2 000 多位参赞,以及更多的外交外事外贸工作者。凡是有五星红旗飘扬的地方,都能看到北外人的身影。北外不仅承担着培养各类国际化人才的任务,更担负着向中国介绍世界、向世界介绍中国的历史使命。迄今为止,北外已获批开设 101 种外国语言,成立了 37 个区域与国别研究中心,丰富的涉外资源正在助力"一带一路"国家的研究。

大系由外研社具体组织实施。外研社隶属北外,多年来致力于"一带一路"国家的合作交流,服务讲好"中国故事",在中华思想文化传播、打造中外出版联盟、推动中外学术互译等方面积累了丰富经验,对于协助研究、编著、出版"一带一路"国家文化教育大系具有良好的工作基础。这也是北外及外研社的使命和担当之所在。

大系编著者以北外教师为主。服务国家重大战略,北外人责无旁贷。同时,国内有研究专长和研究意愿的专家学者也踊跃参与,他们或独自撰著一书,或与北外同仁合作。大系还邀请了驻外使领馆的同志和对象国的学者参加撰写或审稿,他们运用一手资料,开展实地调研,力图提升大系的准确性。

四、结语

"一带一路"倡议植根历史,更面向未来;源于中国,更属于世界。"一带一路"作为文明互鉴的桥梁,从亚欧大陆延伸到非洲、美洲、大洋洲,与世界各国发展战略及众多国际和地区组织的发展实现对接联通,在通路、通航的基础上更好地通商，进而开展文化教育交流与沟通，加强商品、资金、技术、文化、教育流通，达成互学互鉴的文明愿景。"一带一路"倡议的目标是中国与"一带一路"国家在互联互通基础上分享优质产能，共商项目投资，共建基础设施，共享合作成果，内容包括政策沟通、设施联通、贸易畅通、资金融通、民心相通"五通"。"一带一路"倡议肩负重大使命，它要探寻经济增长之道，将中国自身的产能优势、技术与资金优势、经验与模式优势转化为市场与合作优势，实行全方位开放，共享中国改革发展红利；它要实现全球化再平衡，鼓励向西开放，带动西部开发以及中亚、蒙古等内陆国家和地区的开发，在国际社会推行全球化的包容性发展理念，主动向西推广中国优质产能和比较优势产业，惠及沿途、沿岸国家，避免西方国家所开创的全球化造成的贫富差距和地区发展不平衡情况，推动建立持久和平、普遍安全、共同繁荣的和谐世界；它要开创地区新型合作，强调共商、共建、共享原则，超越了马歇尔计划和传统的对外援助活动，给 21 世纪的国际合作带来了新的理念。所以，新时代中国的教育学者应当将"一带一路"国家文化教育研究作为比较教育新的增长点，全面深入开展研究，以自己的聪明才智丰富学术，为国出力，服务国家重大发展战略；在加强与"一带一路"国家的交流合作中，推动"一带一路"建设高质量发展，努力建设高质量的中国教育体系，并积极参与全球教育治理体系改革，加快构建以国内大循环为主体、国际国内双循环相互促进的新发展格局。

2021 年春
于北京外国语大学

（王定华，北京外国语大学党委书记、博士、教授、博士生导师，国家督学。历任河南大学教师、中国驻纽约总领事馆教育领事、教育部基础教育一司司长、教育部教师工作司司长等。）

本书前言

坦桑尼亚是一个美丽的沿海国家。它有着优越的地理位置，悠久的历史，深厚的文化传统和友好、热情的人民。2015年，我因博士论文调研第一次踏上坦桑尼亚的土地，从此与它结下不解之缘。在过去的7年里，我所在的非洲教育研究团队与达累斯萨拉姆大学等当地机构建立了良好的互动合作关系。坦桑尼亚不仅是近几年我的主要研究对象，也成为我的第二故乡。当有机会承担"一带一路"国家文化教育大系坦桑尼亚分册的撰写工作时，我备感荣幸，激动于自己做非洲教育研究以来终于有机会可以撰写一本全面介绍当地教育发展的著作。2020年年初，因新冠肺炎疫情，我在坦桑尼亚滞留了一段时间，这给了我一个更近距离观察坦桑尼亚教育体系的机会。

本书的第一章和第二章由李慧芳撰写，其他十章由我撰写，全书由我最后统稿。需要说明的是，坦桑尼亚联合共和国包括坦桑尼亚大陆和桑给巴尔，由于两者的教育体制与发展不尽相同，故而本书主要针对坦桑尼亚大陆的教育发展情况进行分析。

本书共有十二章。第一章和第二章主要从自然地理、国家制度、社会生活、历史沿革、风土人情、文化名人等方面勾勒出坦桑尼亚的基本风貌，希望能够帮助读者了解坦桑尼亚的宏观情况。第三章梳理了坦桑尼亚的教育发展历史，对各个历史时期教育发展的基本情况和特点做了回顾与总结，并对开国总统朱利叶斯·坎巴拉吉·尼雷尔的教育思想进行了述评。第四章到第九章对坦桑尼亚学前教育、基础教育、高等教育、职业教育、成人教育、教师教育的发展和现状、特点和经验、挑战和对策进行了梳理与分析，试图勾勒出坦桑尼亚教育发展的整体图景。第十章介绍了坦桑尼亚教育政策的规划与实施的基本路径，分析了政策规划与实施过程中的问题。第十一章介绍了坦桑尼亚中央和地方教育行政机构的运行机制、主要职责，并基于此分析了当前坦桑尼亚教育行政面临的主要问题。第十二章讨论了中国与坦桑尼亚之间的教育交流与合作，并以联合国教科文组织-中国信托基金项目这一案例为引，分析了其取得的成效及存在的问题。在结语部分，主要对坦桑尼亚教育发展，特别是疫情下的教育发展问题进行了总结，并对中坦教育合作提出了几点针对性建议。

非常感谢"一带一路"国家文化教育大系总主编王定华教授的鼓励与指导，感谢外语教学与研究出版社各位编辑提供的专业支持和帮助，感谢北京外国语大学赵磊博士的引荐。感谢我在坦桑尼亚访学时的导师、达累斯萨拉姆大学校长威廉教授和教育学院艾伯特教授，他们不厌其烦地回答我提出的各种问题、帮我查找各种文献。感谢世界银行梁晓燕博士对我的关心和分享，书中很多关于坦桑尼亚教育发展的最新动态来自她在坦桑尼亚主持的教育援助项目。还要感谢苏雷曼、李跃明等提供的部分照片。

目前，国内的非洲国别研究主要集中在政治、经济和历史领域，关于坦桑尼亚教育类著作只有许序雅教授撰写的《坦桑尼亚高等教育研究》，而那已经是十几年前的著作了。希望本书的出版能够为非洲国别教育研究添砖加瓦，也能让读者对坦桑尼亚的文化教育发展情况有更全面的了解。我自知对坦桑尼亚诸多教育问题的了解仍不够深入，有疏漏和不尽如人意的地方，恳请各位专家和读者批评指正。

徐倩

2021年12月于浙江师范大学

目 录

第一章 国情概览 ·· 1
第一节 自然地理 ·· 1
　　一、地理位置 ·· 1
　　二、地形地势 ·· 2
　　三、气候 ·· 3
　　四、自然资源 ·· 3
　　五、文化遗产 ·· 5
第二节 国家制度 ·· 6
　　一、国家标志 ·· 6
　　二、货币 ·· 8
　　三、行政区划 ·· 8
　　四、宪法 ·· 9
　　五、国体政体 ··· 10
第三节 社会生活 ··· 10
　　一、人口、民族及语言 ··································· 10
　　二、经济与贸易 ··· 13
　　三、减贫 ··· 16
　　四、医疗卫生 ··· 17
　　五、新闻媒体 ··· 19

第二章 文化传统 ··· 21
第一节 历史沿革 ··· 21
　　一、古代史 ··· 21

二、近代史 23
　　三、现代史 29
第二节　风土人情 30
　　一、饮食文化 30
　　二、服饰 31
　　三、宗教与节日 32
　　四、廷加廷加画 34
第三节　文化名人 35
　　一、夏班·罗伯特 35
　　二、伊萨·古拉姆胡塞因·施乌基 37
　　三、佩尼娜·姆汉多 38
　　四、阿卜杜勒-拉扎克·古尔纳 39

第三章　教育历史 40
第一节　历史沿革 40
　　一、本土教育 40
　　二、伊斯兰教育 42
　　三、殖民时期的教育 42
　　四、独立后的教育 46
　　五、进入21世纪以来的教育 48
第二节　尼雷尔的教育思想及其影响 49
　　一、自力更生教育 50
　　二、成人教育思想 53
　　三、对尼雷尔教育思想的评价 54

第四章 学前教育……56
第一节 学前教育的发展和现状……56
一、学前教育发展基本情况……56
二、学前教育相关政策……60
第二节 学前教育的特点和反思……62
一、学前教育的特点……62
二、关于学前教育的反思……67
第三节 学前教育的挑战和对策……69
一、面临的挑战……69
二、应对策略……73

第五章 基础教育……75
第一节 基础教育的发展和现状……75
一、基础教育学制……75
二、基础教育的规模……76
三、基础教育阶段的考试……80
四、免费基础教育……83
五、教学语言……84
第二节 基础教育的特点和反思……86
一、基础教育的特点……86
二、关于基础教育的反思……89
第三节 基础教育的挑战和对策……91
一、面临的挑战……92
二、应对策略……98

第六章 高等教育 ·· 105
第一节 高等教育的发展和现状 ························· 105
一、高等教育的规模 ································· 105
二、高等教育的财政情况 ···························· 109
三、高等教育管理和质量保障 ······················· 112
四、科研体系 ··· 113
五、国际排名 ··· 119
第二节 高等教育的特点 ································ 121
一、高等教育发展水平低 ···························· 121
二、高校发展同质化 ································· 122
第三节 高等教育的挑战和对策 ························· 123
一、面临的挑战 ······································ 123
二、应对策略 ··· 128

第七章 职业教育 ·· 133
第一节 职业教育的发展和现状 ························· 133
一、职业教育的历史沿革 ···························· 133
二、职业教育的发展现状 ···························· 137
第二节 职业教育的特点和经验 ························· 145
一、职业教育的特点 ································· 145
二、职业教育的经验 ································· 147
第三节 职业教育的挑战和对策 ························· 148
一、面临的挑战 ······································ 149
二、应对策略 ··· 152

第八章 成人教育 ······ 154
第一节 成人教育的发展和现状 ······ 154
一、成人教育的历史沿革 ······ 154
二、成人教育的发展现状 ······ 161
第二节 成人教育的特点和反思 ······ 167
一、成人教育的特点 ······ 167
二、关于成人教育的反思 ······ 168
第三节 成人教育的挑战和对策 ······ 170
一、面临的挑战 ······ 170
二、应对策略 ······ 172

第九章 教师教育 ······ 176
第一节 教师教育的发展和现状 ······ 176
一、教师教育的历史沿革 ······ 176
二、教师教育的发展现状 ······ 180
第二节 教师教育的特点和反思 ······ 192
一、教师教育的特点 ······ 192
二、关于教师教育的反思 ······ 194
第三节 教师教育的挑战和对策 ······ 197
一、面临的挑战 ······ 197
二、应对策略 ······ 203

第十章 教育政策 ······ 206
第一节 政策与规划 ······ 206
一、政策规划概况 ······ 207
二、政策规划中存在的问题 ······ 209

第二节 实施与挑战·················213
一、教育政策的实施··············213
二、政策实施中的问题············217

第十一章 教育行政·················222
第一节 中央教育行政·············222
一、中央教育行政概况············222
二、中央教育行政存在的问题······224
第二节 地方教育行政·············225
一、地方教育行政的主要职责······225
二、地方教育行政面临的挑战······228

第十二章 中坦教育交流·············235
第一节 交流历史与现状···········235
一、交流历史····················235
二、交流现状····················237
第二节 案例与思考···············244
一、项目实施及成效··············245
二、思考与展望··················249

结　语·····························252

附　录·····························256

参考文献···························260

第一章 国情概览

坦桑尼亚联合共和国（The United Republic of Tanzania），简称坦桑尼亚，由坦桑尼亚大陆和桑给巴尔组成。坦桑尼亚大陆曾叫作坦噶尼喀，于1961年12月9日取得独立，次年，坦噶尼喀共和国诞生。桑给巴尔于1963年12月10日取得独立，并在1964年1月12日成立共和国。[1] 1964年4月26日，坦噶尼喀共和国（以下简称坦噶尼喀）与桑给巴尔人民共和国（以下简称桑给巴尔）联合成为坦噶尼喀-桑给巴尔联合共和国，同年10月29日改名为坦桑尼亚联合共和国。[2]

第一节 自然地理

一、地理位置

坦桑尼亚位于非洲大陆东部沿海，是东非最大的国家。邻近赤道，地

---

[1] 资料来源于坦桑尼亚国家统计局官网。
[2] MBOGONI L E Y. Aspects of colonial Tanzania history[M]. Dar es Salaam: Mkuki na Nyota Publishers Ltd, 2013: 5-10.

处南半球。北至 1°01′S，南至 11°32′S，西至 29°38′E，东至 40°26′E。国土面积为 94.73 万平方千米，其中，桑给巴尔岛为 0.25 万平方千米，距离内陆海岸东约 30 千米的印度洋上。其内陆与非洲 8 个国家接壤。北部与肯尼亚和乌干达接壤，西部与卢旺达、布隆迪和刚果民主共和国接壤，南部与莫桑比克、马拉维和赞比亚接壤。[1]

二、地形地势

坦桑尼亚湖海环绕，高山耸立。东临印度洋，西部边境自北向南分别为维多利亚湖、坦噶尼喀湖和马拉维湖，南部是鲁伍马河。

坦桑尼亚全境地势中部高，东部、西部低。东部海岸线绵长，西部湖区环绕；东部沿海为低地，中部内陆山地高原面积占内陆总面积一半以上，东非大裂谷从马拉维湖分东西两支纵贯南北。

坦桑尼亚地形成因可追溯到 2 000 万年前东非地区的地壳大变动。地壳大变动导致板块断裂，此后不断运动，延续到距今 250 万年前的第四纪地壳运动。抬升的地带形成了如今的东非高原，同时也出现了闻名的东非大裂谷。裂谷带地区有许多高山、湖泊、死火山。[2]

坦桑尼亚有多个非洲"地理之最"：非洲最高峰——乞力马扎罗山；非洲最大、世界第二大淡水湖——维多利亚湖；非洲最深、世界第二深的湖泊——坦噶尼喀湖。[3]

---

[1] 资料来源于坦桑尼亚国家统计局官网。
[2] 裴善勤, 钱镇. 坦桑尼亚 [M]. 2 版. 北京：社会科学文献出版社，2019：2.
[3] 资料来源于坦桑尼亚国家统计局官网。

三、气候

坦桑尼亚地处低纬度地区,西部依靠高原,东部临印度洋,整体属热带气候。坦桑尼亚东部沿海地区和内陆部分低地属热带草原气候,中西部内陆高原属热带高山气候。大部分地区平均气温为21—25℃。桑给巴尔岛属热带海洋性气候,终年湿热,年平均气温约为26℃。坦桑尼亚每年有两个雨季:长雨季(3月中旬—5月底)和短雨季(11—12月,有时也会持续到次年1月)。[1]

四、自然资源

坦桑尼亚邻近赤道,日照充足;湖海环绕,地形多样。优越的地理条件赋予了其丰富的自然资源。

坦桑尼亚2 500米以上的山峰有24座,3 000米以上的山峰有9座,这给坦桑尼亚带来了富饶的矿产和林地资源。同时,坦桑尼亚大部分地区位于热带,有着广阔的森林及草原。坦桑尼亚共有22个国家公园,国家公园总占地面积达104 661.48平方千米。其中,最著名的当属占地面积第二大的塞伦盖蒂国家公园(占地14 763平方千米)。面积第一的是鲁阿哈国家公园(占地20 300平方千米),面积第三的为卡塔维国家公园(占地447平方千米)。[2]

塞伦盖蒂国家公园拥有丰富的动植物资源,这成为坦桑尼亚重要的旅游资源,每年吸引着众多国际国内游客到此游览。坦桑尼亚的塞伦盖蒂国家公园同肯尼亚的马赛马拉国家公园一道成为国际上最重要的野生动物游览地。这两个国家公园虽属不同国家,但相互接壤,环境相似,最知名的

---

[1] 资料来源于坦桑尼亚国家统计局官网。
[2] 资料来源于坦桑尼亚国家统计局官网。

动物大迁徙就发生在这两个国家公园之间。到坦桑尼亚观赏动物大迁徙的最佳时间是每年的7—10月。

坦桑尼亚划分了22个野生动物保护区，共计70 980.08平方千米。其中最大的保护区为塞卢斯野生动物保护区，占地18 971平方千米。

坦桑尼亚矿产资源较丰富，储量和开采较多的有金刚石、金、盐、磷酸盐、石膏、煤、火山灰、高岭土、银、铜和铝土。钻石和宝石产量较大，2019年钻石产量416 750克拉，2019年宝石产量为1 929 714千克。[1]

坦桑尼亚天然气资源比较丰富，截至2018年，已探明天然气储量约为1.61万亿立方米。根据坦桑尼亚国家电力总体规划，预计燃气发电厂的容量（非实际发电量）将从2015年的1 501兆瓦增长到2040年的4 915兆瓦。坦桑尼亚2018年发电量约为1 310.7兆瓦，其中，水力发电约561.843兆瓦，热力、燃气和柴油发电约为748.876兆瓦。2018年4月，坦桑尼亚在达累斯萨拉姆郊外建了一座发电能力为167.82兆瓦的天然气发电厂，发电厂其他配套项目也在开发中，预计总容量可达600兆瓦。[2]

坦桑尼亚的两大天然气田分别是松高松高气田和椰子湾气田。松高松高气田于1974年被发现，位于松高松高岛及其近海，距大陆约15千米，距达累斯萨拉姆以南约200千米。椰子湾气田于1982年被发现，位于达累斯萨拉姆以南约410千米的姆特瓦拉省陆上，面积756平方千米。该气田由坦桑尼亚国家石油开发公司和几家外资公司共同开发，坦桑尼亚国家石油开发公司占股20%。[3] 根据坦桑尼亚国家统计局数据，2019年，松高松高气田销售收入为28 097 086美元，椰子湾气田销售收入为35 952 953美元。[4]

---

[1] 资料来源于坦桑尼亚国家统计局官网。
[2] 资料来源于坦桑尼亚《公民报》官网。
[3] 资料来源于坦桑尼亚国家石油开发公司官网。
[4] 资料来源于坦桑尼亚国家统计局官网。

五、文化遗产

根据联合国教科文组织的《世界遗产名录》，坦桑尼亚目前共有世界文化遗产3处，分别是孔多阿岩画遗址、基尔瓦基斯瓦尼遗址和松戈马拉遗址、桑给巴尔石头城；自然遗产3处，分别是塞伦盖蒂国家公园、塞卢斯禁猎区、乞力马扎罗国家公园；世界文化与自然双遗产1处，即恩戈罗恩戈罗自然保护区。

孔多阿岩画遗址是坦桑尼亚著名的岩画历史遗址，地处与东非大裂谷相连的马赛峭壁东坡，这是一处被裂谷断层分开的沉积岩。悬直的岩壁被人们用作岩画的画板，岩画按一定的顺序，排列在150多个岩荫上，面积超过2 336平方千米。这一幅幅壮观的岩画或展示人们狩猎的场景，或表现人们原始采摘的场景，岩画一定程度上反映了当地居民的信仰、传统及世界观。

基尔瓦基斯瓦尼遗址和松戈马拉遗址地处坦桑尼亚东部海岸边的两个小岛上，是古东非港口的历史遗迹群，见证了这个港口城市的辉煌。

桑给巴尔石头城几乎是坦桑尼亚旅游必去的景点之一。桑给巴尔石头城是东非斯瓦希里沿岸贸易城镇的典型代表，它的城市结构和景观至今没有大的变化，城市中有许多独特、精美、历史悠久的阿拉伯风格建筑。

塞伦盖蒂国家公园位于坦桑尼亚北部的塞伦盖蒂平原，内有约15 000平方千米的大草原和数量众多的羚羊、瞪羚和斑马。当这些食草动物每年为寻找水源而迁徙时，其后常尾随食肉动物，形成独特的动物大迁徙景观。

塞卢斯禁猎区占地约50 000平方千米，此地人迹罕至，有着数量众多的大象、黑犀牛、印度豹、长颈鹿、河马、鳄鱼等。禁猎区内植被种类众多，为各类动物的栖息提供了良好的条件。

乞力马扎罗山海拔5 895米，是非洲最高峰。乞力马扎罗山是草原之上的一个火山丘，山顶终年积雪。

恩戈罗恩戈罗自然保护区于1979年被列入联合国教科文组织《世界遗产名录》，包含恩戈罗恩戈罗火山口、恩帕卡艾火山口湖、盖伦活火山和奥杜瓦伊山谷。恩戈罗恩戈罗是一座死火山，巨大的火山口内动物众多，自然风光绮丽。奥杜瓦伊山谷内有哈比利斯人遗址和莱托利遗址。[1]

第二节 国家制度

一、国家标志

（一）国旗

1964年4月26日，坦噶尼喀和桑给巴尔联合组成坦桑尼亚联合共和国，坦桑尼亚国旗由原坦噶尼喀和桑给巴尔的旗帜组合而成。坦桑尼亚国旗由绿、蓝两个直角三角形和中间的黑色、黄色斜条组成。绿色代表坦桑尼亚的土地和植被，蓝色代表海洋和江河湖泊，黑色代表坦桑尼亚人民，黄色代表坦桑尼亚的自然资源。国旗的重要性不言而喻，它是坦桑尼亚主权独立、人民自由和团结的象征。

（二）国徽

坦桑尼亚国徽也叫作盾徽，主体由盾牌、乞力马扎罗山、一男、一女的图案组成。盾牌上面有长矛、斧头、锄头、火炬、国旗和海浪的图案。

---

[1] 资料来源于联合国教科文组织官网。

盾牌两侧为象牙，下方为乞力马扎罗山，象牙外围是一男一女形象。盾和长矛象征坦桑尼亚人反抗殖民主义的武器，表明坦桑尼亚人随时准备好捍卫国家的独立和自由；盾牌上部的金色部分代表坦桑尼亚丰富的矿产资源；火炬象征着自由、启蒙、知识和繁荣。国旗代表着主权。盾牌上的红带代表肥沃的红土。斧头和锄头代表着坦桑尼亚人民的生产工具。海浪代表坦桑尼亚拥有的广阔水域资源。乞力马扎罗山代表着俊美的山川。丁香树的树枝、棉花的枝杈，都代表坦桑尼亚的经济作物。国徽上用斯瓦希里语写着"自由与团结"字样，表达了坦桑尼亚的力量来源于人民团结的信念。

（三）国歌

坦桑尼亚国歌为《上帝保佑非洲》。它源于作曲家以诺·桑汤加1897年创作的歌曲，歌曲收录于同名专辑中。这首歌曲的一部分还被用于南非和赞比亚的国歌，过去也曾被用作津巴布韦的国歌。歌词反映了坦桑尼亚人民的民族感情、愿望、荣耀和自豪，以下为歌词全文。

上帝保佑非洲/保佑她的领袖们/智慧、团结、和平/这些是我们的盾牌/非洲和非洲人民/祝福，非洲/祝福，非洲/保佑，非洲的孩子们/愿上帝保佑坦桑尼亚/维护独立和统一/女人、男人和孩子/上帝，保佑/坦桑尼亚及其人民/祝福，坦桑尼亚/祝福，坦桑尼亚/祝福，坦桑尼亚的孩子们。

（四）自由火炬

自由火炬，也被称为独立火炬，是由坦桑尼亚第一任总统朱利叶斯·坎巴拉吉·尼雷尔（以下简称尼雷尔）批准的国家标志。1961年12月

9日午夜，自由火炬首次在乞力马扎罗山山顶点燃，这天是坦噶尼喀脱离英国殖民统治取得独立的日子。[1] 自由火炬后成为坦桑尼亚许多地方都存在的一个标志，例如，矗立在达累斯萨拉姆市中心自由火炬广场的火炬，虽然这个火炬雕像不大，但它是坦桑尼亚人民热爱自由、追求独立的象征。

二、货币

坦桑尼亚使用坦桑尼亚先令（以下简称坦先令），坦先令分为纸币和硬币。硬币币值从小到大依次为50、100、200、500，纸币面值依次为1 000、2 000、5 000、10 000。坦先令相较于其他非洲国家的货币而言，与美元之间的汇率较为稳定。根据坦桑尼亚国家银行2021年1月24日官方网站数据，当天指导汇率买入价坦先令兑美元为2 286.96∶1，卖出价美元兑坦先令为1∶2 309.83。[2]

三、行政区划

坦桑尼亚首都为多多马，经济中心为达累斯萨拉姆（两者均相当于省级市）。目前，坦桑尼亚全国分为31个省级行政区，其中大陆26个，桑给巴尔5个。31个省级行政区分别是阿鲁沙、滨海、达累斯萨拉姆、多多马、基戈马、卡盖拉、林迪、鲁夸、鲁伍马、马拉、马尼亚拉、莫罗戈罗、姆贝亚、姆特瓦拉、姆万扎、乞力马扎罗、塔博拉、坦噶、辛吉达、欣延加、

---

[1] SHERIDAN M J. The environmental consequences of independence and socialism in North Pare, Tanzania, 1961-88[J]. Journal of African history, 2004, 45(1): 81-102.

[2] 资料来源于坦桑尼亚中央银行官网。

伊林加、恩琼贝、盖塔、卡塔维、锡米尤、松圭，以及桑给巴尔南部和中部区、桑给巴尔北区、桑给巴尔西区、奔巴北区、奔巴南区。[1]

在省级行政单位之上为区域[2]，在省级行政单位之下，设有地区级行政单位，地区下设县级行政单位，最后是街道（城市区域）或村级（农村区域）行政单位。

四、宪法

1964年4月26日，坦桑尼亚联合共和国诞生，同时也产生了1964年临时宪法。1977年，坦桑尼亚联合共和国第一部正式宪法诞生，至今仍在使用。

《坦桑尼亚宪法》（以下简称《宪法》）的主要条款分三部分。第一部分明确指出坦桑尼亚联合共和国是一个多党制民主国家，由大陆政府和桑给巴尔政府两个政府组成；详细规定了总统权力，总统选举方式，副总统、总理和内阁的权力和义务。第二部分为关于立法机构的内容，规定了议会的权力和责任、议会成员的构成、选民和选举相关事项等。第三部分为关于桑给巴尔政府的内容，主要包括桑给巴尔革命委员会和桑给巴尔议院相关事宜，议会的组成、责任、权力，关于大陆政府和桑给巴尔政府各自的高等法院的内容及坦桑尼亚联合共和国最高法院的相关事项。

为适应坦桑尼亚国情，这部宪法此后经过多次修订，很多修正案与联合政府和桑给巴尔的关系或者选举制度有关。在坦桑尼亚，宪法修正案由坦桑尼亚联合共和国议会完成提案，而修正案通过与否须经民主表决。

---

[1] 裴善勤，钱镇. 坦桑尼亚[M]. 2版. 北京：社会科学文献出版社，2019：2.
[2] 目前坦桑尼亚共六个区域，分别为滨海区、北部区、大湖区、中部区、南部高地区、南部区。

五、国体政体

根据《宪法》，坦桑尼亚联合共和国实行总统内阁制。联合共和国政府由总统、副总统、桑给巴尔总统、总理、内阁部长和总检察长组成。总统是国家元首、政府首脑和武装部队总司令，副总统协助总统处理联合共和国的一切事务。总统是坦桑尼亚联合共和国政府最高领导人，有权任命和罢免副总统、总理（提名后需经国民议会审议并通过）、最高法院法官、部长、副部长、常务秘书、副常务秘书、各部司局长及其他军政要员；有权召集和解散国民议会，任命议员；有权宣布国家处于战争或紧急状态。总统通过选民直接、平等投票选举产生。总统候选人必须得到半数以上的有效选票才能当选为总统，每届总统任期5年，总统任期不能超过两届。桑给巴尔总统的选举与联合共和国总统选举同期举行。[1]

坦桑尼亚经历了从多党制到一党制再回到多党制的历程。坦噶尼喀独立初期实行多党民主的议会制。1965年，国家改为一党制国家体制。1992年7月1日，坦桑尼亚重新引入了多党制，此后坦桑尼亚革命党在历次大选中都获得胜利，是目前非洲国家中执政时间最长的政党之一。

第三节 社会生活

一、人口、民族及语言

坦桑尼亚全国总人口从1967年的1 230万增长到2019年的5 590万。

---

[1] 裴善勤，钱镇. 坦桑尼亚[M]. 2版. 北京：社会科学文献出版社，2019：93-94.

人口增长情况如图 1.1 所示。[1]

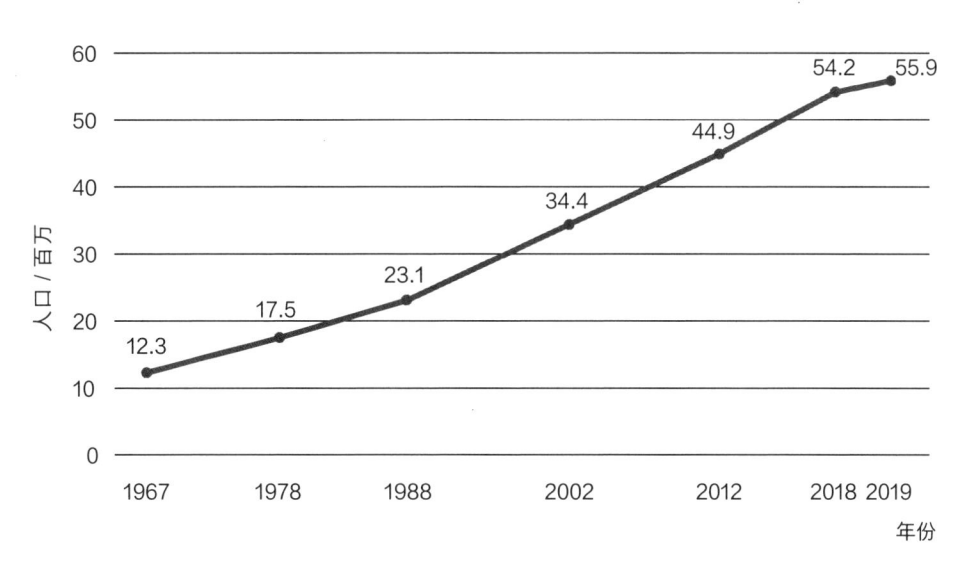

图 1.1 1967—2019 年坦桑尼亚的人口数量 [2]

坦桑尼亚半数以上人口生活在农村地区，全国人口大概分属 4 大种族和 126 个民族（实际民族数量可能超过 126 个）。4 大种族即班图人、苏丹人、库希特人和科伊桑人。其中，班图人包括 100 多个民族，约占坦桑尼亚总人口的 95%。126 个大小民族中，人口较多的有苏库马人、马孔德人、查加人、尼亚姆维奇人、尼亚克尤萨人、哈亚人、赫赫人、贝纳人和戈戈人。坦桑尼亚外来人口主要包括阿拉伯人、印巴人和欧洲人的后裔，其总数不足总人口的 1%。[3]

坦桑尼亚的官方语言为斯瓦希里语，但英语也被广泛使用。坦桑尼亚民族众多，有 100 多种方言。

---

[1] 资料来源于坦桑尼亚国家统计局官网。
[2] 坦桑尼亚最近一次正式人口普查为 2012 年，故 2018 年和 2019 年的数据为预估的数据。
[3] 资料来源坦桑尼亚国家统计局官网。

非洲多数国家的语言在近代殖民历史中都受到了巨大的影响，但坦桑尼亚是少数始终发展和推广自己民族语言的国家之一。坦噶尼喀独立后不久，政府将斯瓦希里语定为官方语言并在全国范围内推广。1967年，坦桑尼亚政府通过法案成立斯瓦希里语国家委员会，专门负责完善和推广斯瓦希里语。经过几十年努力，目前坦桑尼亚广泛使用斯瓦希里语，使用范围涵盖基础教育、报纸杂志、广播电视等众多领域。

斯瓦希里语属于班图语系，是现存使用最广泛的班图语之一。英国历史学家巴兹尔·戴维森认为，1498年葡萄牙人抵达东海岸时，东非沿岸才正式拥有一套较为成熟的语言系统——斯瓦希里语。斯瓦希里语是受阿拉伯文化影响深刻的非洲语言，它的基础和大部分要素是非洲本土文化、班图语文化，但阿拉伯人几个世纪的定居和贸易活动使得斯瓦希里语在沿海发展，并随着贸易不断扩展到内陆地区。

19世纪中期，斯瓦希里语因阿拉伯人和斯瓦希里人商队贸易路线的深入逐渐散播到今天的赞比亚、刚果。虽然斯瓦希里语在东非沿岸已被广泛应用，但在内陆，斯瓦希里语只是商贸往来时才使用的语言，在文化方面的影响和使用范围仍比较小。

随后，非洲的传教士急需一种非洲语言来翻译并传播《圣经》。这种宗教翻译需求一定程度上推动了斯瓦希里语的发展。斯瓦希里语的发展和传播，对东非民族主义的产生和发展产生了深远的影响。

斯瓦希里语发展至今，其标准化和推广都与政府政策息息相关。在有识之士的倡导下，独立后的坦噶尼喀成立了斯瓦希里语研究所和斯瓦希里语国家委员会，目的是将各地方言整合为标准斯瓦希里语并进行推广。[1]

在科技日新月异的今天，新兴词汇涌现，坦桑尼亚斯瓦希里语的进一步发展遇到极大挑战。不过，坦桑尼亚人民非常喜爱在日常生活中讲斯瓦

---

[1] COLEMAN B E. A history of Swahili[J]. The black scholar, 1971, 2(6): 13-25.

希里语，并对此有极大的民族自豪感。斯瓦希里语国家委员会等机构也在不断努力，提高斯瓦希里语在各领域的地位。

如今，英语在坦桑尼亚普及程度较高，相当于坦桑尼亚的第二语言。在生活中，大部分当地人可以熟练运用英语。自初中开始，英语便成为学校的主要教学语言。在坦桑尼亚的高校中，英语也是演讲、会议及写作的主要用语。高校中，除斯瓦希里语课之外，其他学科都用英语授课。坦桑尼亚广泛使用英语的国情不仅是本国历史遗留的产物，也是经济全球化发展的结果。但英语的广泛应用一定程度上阻碍了斯瓦希里语的发展。

二、经济与贸易

坦桑尼亚是撒哈拉以南非洲地区增长最快的经济体之一，也是东非地区增长表现最好的三个国家之一。2013—2018年，其平均GDP增长率（6.5%）仅次于埃塞俄比亚（9.5%）和卢旺达（6.7%）。坦桑尼亚也是撒哈拉以南非洲地区经济波动最小的经济体之一，仅次于毛里求斯和肯尼亚。2019年，坦桑尼亚经济表现强劲，国内生产总值增长7.0%（见图1.2）。[1]

坦桑尼亚经济主要的增长动力在农业、建筑业、运输和仓储业。农业占国内生产总值的最大份额（26.5%），其次是建筑业（14.3%）、贸易和维修业（8.8%），以及制造业（8.5%）。[2] 2018年，国内生产总值为129.0万亿坦先令，2019年增长到139.9万亿坦先令，人均收入从2 452 405.8坦先令增加到2 502 986.6坦先令。坦桑尼亚经济表现良好，于2020年7月被世界银行列为中等收入国家，这标志着坦桑尼亚提前五年完成了《坦桑尼亚2025年

---

[1] 资料来源于坦桑尼亚国家银行官网。
[2] 商务部国际贸易经济合作研究院，中国驻坦桑尼亚大使馆经济商务处，商务部对外投资和经济合作司. 对外投资合作国别（地区）指南：坦桑尼亚（2020）[R]. 达累斯萨拉姆：中国驻坦桑尼亚大使馆经济商务处，2020：22.

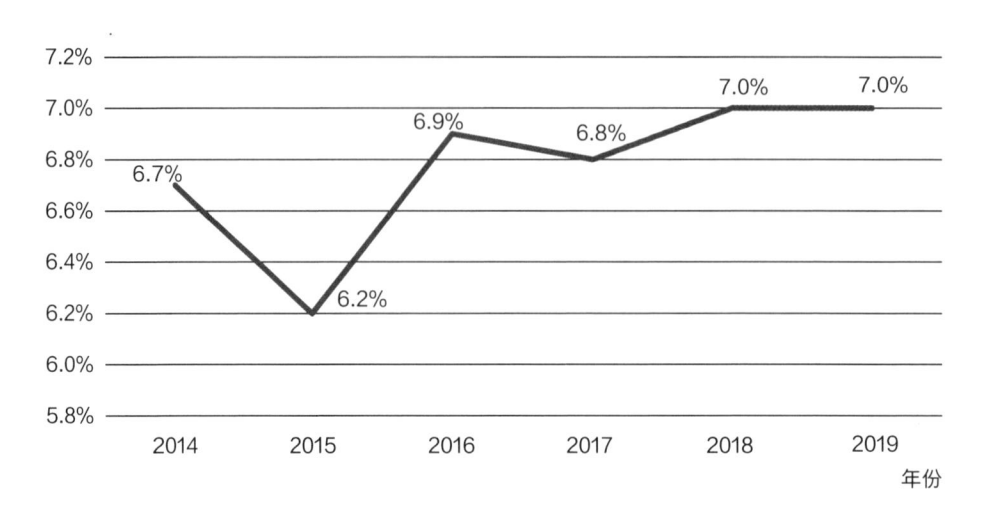

图1.2 2014—2019年坦桑尼亚国内生产总值增长率

发展愿景》(以下简称《2025年愿景》)提出的目标。[1]

农业是坦桑尼亚的经济支柱,主要包括种植业、畜牧业、林业、渔业和农业支持服务。坦桑尼亚主要的粮食作物包括玉米、小麦、稻米、高粱、小米、木薯等,经济作物包括腰果、咖啡、棉花、剑麻、茶叶、烟草等。在农业发展方面,减少贫困和提高生产力是其首要任务。坦桑尼亚农业发展面临不少挑战,主要表现为农业技术不发达、水利和交通等基础设施较差、生产规模小、生产效率低。[2]

工业和建筑业包括采矿和采石业、制造业、建筑业、电力和天然气供应,以及供水和排污。建筑业占国内生产总值的27.5%,在2019年增长了14.1%,这主要与正在进行的基础设施项目有关,如标准轨距铁路、港口、机场、道路、桥梁、船舶和渡船的建设工作等。[3]

---

[1] Bank of Tanzania. Annual report 2019/20[R]. Dodoma: Bank of Tanzania, 2021: 8.

[2] 商务部国际贸易经济合作研究院、中国驻坦桑尼亚大使馆经济商务处、商务部对外投资和经济合作司. 对外投资合作国别(地区)指南:坦桑尼亚(2020)[R]. 达累斯萨拉姆:中国驻坦桑尼亚大使馆经济商务处, 2020: 22.

[3] Bank of Tanzania. Annual report 2019/20[R]. Dodoma: Bank of Tanzania, 2021: 10-11.

服务业在 2019 年增长了 6.1%，其中，管理和支持服务业增长 8.4%、教育业增长 6.9%、金融和保险业增长 4.5%。管理和支持服务业的发展主要表现为运输服务、旅游服务、政府办公室的安全和支持服务、运输和旅游服务协调工作的改善。金融和保险业的良好表现主要归功于贴现率和存款准备金率的降低。[1]

在对外贸易方面，坦桑尼亚对东非共同体、中东和东盟 10 国的出口份额一直在增加，这有助于提高国家抵御贸易风险冲击的能力。南非和印度是坦桑尼亚的主要出口目的地，出口南非和印度的货物占坦桑尼亚货物出口总额的 40.1%。同时，中国、印度和阿联酋是其主要的进口来源国，从这三个国家进口的货物占货物进口总额的 45.2%（见表 1.1）。[2]

表 1.1 2018/19 年度 [3] 坦桑尼亚的主要贸易伙伴

进口来源地	占进口总额比例	出口目的地	占出口总额比例
中国	20.7%	南非	20.1%
印度	14.3%	印度	20.0%
阿联酋	10.2%	瑞士	7.1%
沙特阿拉伯	6.7%	比利时	6.6%
南非	5.1%	肯尼亚	5.8%
日本	4.7%	中国	3.9%
肯尼亚	2.9%	刚果（金）	3.7%
美国	2.8%	乌干达	2.9%

---

[1] Bank of Tanzania. Annual report 2019/20[R]. Dodoma: Bank of Tanzania, 2021: 10-11.

[2] Bank of Tanzania. Annual report 2019/20[R]. Dodoma: Bank of Tanzania, 2021: 22-23.

[3] 坦桑尼亚发布的一些报告以年度方式书写，如 2018/19 年度，且年度统计时间与自然年时间不重合，如 2018/19 年度—2020/2021 年度。本书保留原文件的书写方式。

续表

进口来源地	占进口总额比例	出口目的地	占出口总额比例
德国	2.6%	阿联酋	2.3%
土耳其	2.0%	卢旺达	2.2%
其他	28.0%	其他	25.4%

三、减贫

2001—2018 年，坦桑尼亚经济显著增长，贫困率持续下降。坦桑尼亚的贫困率在 2001—2007 年趋于平稳，2007 年开始显著下降，由 34.4% 下降到 2018 年的 26.4%。[1]

减贫的成就离不开坦桑尼亚政府的努力。1964 年，坦桑尼亚联合共和国成立后，就开始制定促进经济增长与减少贫困的战略规划。坦桑尼亚没有专门负责减贫的部门，规划的制定和工作的开展分别由计划委员会、财政部下属的减贫和经济复兴局等部门负责。涉及减贫的战略规划主要有 1967 年的《阿鲁沙宣言》，20 世纪 80 年代的结构调整政策，1998 年的《国家减贫战略》，2005 年的《国家经济增长和减贫战略》，以及 1995 年开始拟定的国家《2025 年愿景》。[2]

目前，坦桑尼亚的贫困问题仍然比较突出。随着总人口的增长，贫困人口的绝对数量有所增加。2018 年，约有 1 400 万人生活在每个成人每月收入 49 320 坦先令的国家贫困线以下，约有 2 600 万人生活在每人每天收入 1.9 美元的国际贫困线以下，而且大量生活在贫困线以上的非贫困人口也有可能滑落到贫困线以下。各地理区域的贫困程度也存在巨大的差异。贫困

---

[1] World Bank. Tanzania mainland poverty assessment[R]. Washington D. C.: World Bank, 2019: 3.
[2] 徐丽萍，周梁. 坦桑尼亚减贫概要 [R]. 北京：中国国际扶贫中心，2012: 8.

人群集中在西部地区和大湖区，东部地区的贫困程度最低。[1]

2017年，世界经济论坛的《全球人力资本报告》将坦桑尼亚的人力资本指数排在130个国家中的第106位。在2018年世界银行的报告中，坦桑尼亚的人力资本指数在157个国家中排名第128位，人力资本指数得分低至0.4分，预期受教育年限低是其人力资本指数得分较低的主要原因之一。由于高技能就业人数的比例非常低，熟练员工非常有限，以及经济结构简单，坦桑尼亚在实际技能指数方面的表现尤其差（第109位）。[2]

由于新冠肺炎疫情的暴发，农业和制造业等坦桑尼亚就业潜力较大的部门表现疲软，导致生活在贫困线以下的坦桑尼亚人数量增加。据估计，疫情可能会增加50万生活在贫困线以下的人，而不平等现象也可能进一步加剧。[3]

四、医疗卫生

坦桑尼亚负责医疗卫生的部门为健康、社区发展、性别和老幼部，它由原卫生和社会福利部与社区发展、性别和儿童部合并而成。该部的任务是通过制定并实施相关战略政策和指导方针，促进社会发展、促进性别平等和保障儿童权利。

根据《坦桑尼亚初级保健护理发展计划（2007—2017年）》提出的目标，每个村庄应该有一个医务室，每个县应该有一个卫生中心，每个地区应该有一个医院。坦桑尼亚医疗机构以医院、卫生中心、医务室等公立机构为主，其余类型包括宗教机构（8.9%）、私立机构（17.4%）等。在184个地区委员

---

[1] World Bank. Tanzania mainland poverty assessment[R]. Washington D. C.: World Bank, 2019: 3-4.
[2] World Bank. Tanzania mainland poverty assessment[R]. Washington D. C.: World Bank, 2019: 13.
[3] African Development Bank. Africa economic outlook 2021 : from debt resolution to growth[R]. Abidjan: African Development Bank, 2021: 126.

会中，70个地区委员会拥有医院。2015—2018年，坦桑尼亚修缮或新建了304个卫生中心。2019年1月，67家地区医院开始动工。根据地区卫生信息系统收集的数据，坦桑尼亚大陆有11 251家医疗机构，这意味着每万名人口约拥有2.14家相关的机构[1]（见表1.2）。[2] 从这些数据来看，坦桑尼亚的医疗机构仍然非常有限。

表1.2 2018年坦桑尼亚医疗机构的数量及比例

类型	数量	百分比	每10万人拥有的机构比例
医院	295	2.6	0.6
卫生中心	796	7.1	1.5
医务室	6 874	61.1	13.1
宗教机构	1 002	8.9	1.9
私立机构	1 961	17.4	3.7
其他	323	2.9	0.6
总计	11 251	100.0	21.4

根据2005—2015年的数据来看，坦桑尼亚的儿童和孕产妇的健康面临很大挑战。首先，儿童和孕产妇的死亡率很高。五岁以下和五岁以上儿童的死亡率分别为79‰和52‰。每10万孕产妇中有556人死亡。其次，大约每3个分娩的妇女中就有1人无法得到有经验的保健人员的护理，这不仅可能使新生儿无法得到较好的护理，还可能导致产妇死亡。缺乏医生、护士和熟练的接生人员与孕妇和婴幼儿高死亡率有着很强的相关性。最后，坦桑尼亚

---

[1] 按照2018年坦桑尼亚人口数计算，2018年坦桑尼亚人口数为52 619 314。

[2] Ministry of Health, Community Development, Gender, Elderly and Children. Mid term review of the health sector strategic plan Ⅳ 2015-2020[R]. Dodoma: Ministry of Health, Community Development, Gender, Elderly and Children, 2019: 56.

五岁以下儿童的发育不良和消瘦的比例相当高，分别为 32.1% 和 7.1%。[1]

在 2017/18 年度，坦桑尼亚医疗卫生的支出占总支出的 7%，但在 2019/20 年度，该项支出的比例下降到 6.7%。按照《阿布贾宣言》的规定，医疗卫生支出总额应占政府总支出的 15%。坦桑尼亚目前离这个目标还有很大差距。在 2017/18 年度—2019/20 年度，坦桑尼亚的医疗卫生预算占国内生产总值的比例从 1.8% 下降到 1.5%。[2]《卫生部门战略计划》中期评估指出，全面实现医疗卫生质量目标的主要障碍是大多数医疗机构缺少中层骨干，在初级卫生保健层面没有遵守相关准则，卫生工作者缺乏执行最新护理标准的能力，某些药物和实验室消耗品库存不足。

2001 年，坦桑尼亚设立国家医疗保险基金，该基金最初主要面向中央政府工作人员，后来，私营公司和个人也可以申购国家医疗保险基金。据估计，坦桑尼亚政府投入到国家医疗保险基金的资金占 2019/20 年度卫生部门预算的 10%。此外，坦桑尼亚还设立了社区健康基金。这是一个自愿预付的医疗保健保险基金，已推广到全国 144 个地区。[3]

五、新闻媒体

坦桑尼亚的新闻出版物可以追溯到德国统治时期传教士编辑的报纸。1888 年，坦噶尼喀出现了第一份英文报纸《新闻报》。1894 年，出现了第一份斯瓦希里语报纸《新闻月报》。独立后，坦桑尼亚对媒体实行了国有化改造。1992 年，国民议会修改了《坦桑尼亚通讯社法》，宣布坦桑尼亚新闻自由，取消了坦桑尼亚通讯社对国内外新闻收集和传播的垄断地位。[4] 坦桑尼

---

[1] UNICEF. Health budget brief 2020, mainland Tanzania[R]. Dar es Salaam: UNICEF Office, 2021: 4.
[2] UNICEF. Health budget brief 2020, mainland Tanzania[R]. Dar es Salaam: UNICEF Office, 2021: 6.
[3] UNICEF. Health budget brief 2020, mainland Tanzania[R]. Dar es Salaam: UNICEF Office, 2021: 3.
[4] 裴善勤，钱镇. 坦桑尼亚 [M]. 2 版. 北京：社会科学文献出版社，2019：315-317.

亚政府公民服务官网关于报纸的注册信息表显示，截至 2012 年 2 月，全国共有 754 家报纸注册。[1]

目前，坦桑尼亚的主流报纸包括：《每日新闻》，政府所有的英文综合型报纸，是坦桑尼亚历史最悠久的报纸，于 1978 年 3 月注册成立；《卫报》，英文日报，1994 年创刊；《公民报》，私营英文日报，于 2014 年 9 月 16 日发行第一期；《自由报》，坦桑尼亚革命党机关报，采用斯瓦希里语，1978 年 3 月注册。此外，坦桑尼亚较受欢迎的报纸还有《日安报》《体育人报》《探索者报》《坦桑 5 号报》《国民安康报》等。

坦桑尼亚国有报纸有《每日新闻》《每日新闻周末版》《今日体育》和《日安报》，均属于坦桑标准报业公司。

广播电视是目前坦桑尼亚比较普及、受众较多的媒体形式。早在 1951 年，坦噶尼喀就建立了第一座广播电台"达累斯萨拉姆之声"。坦桑尼亚的电视业起步较晚，2001 年，坦桑尼亚首家电视台——坦桑尼亚国家电视台创办，随后一些私营电视台也得以创办。[2] 目前，坦桑尼亚的主要电视台包括：坦桑尼亚国家电视台，隶属于坦桑尼亚广播公司，现分为坦桑尼亚国家电视台一套和二套；独立电视台，坦桑尼亚最有影响力的私营电视台，隶属于 IPP 媒体集团有限公司，该集团同时拥有另外两家影响力较大的电视台——东非电视台和首都电视台；达累斯萨拉姆电视台，这是一家私营电视台，属于非洲媒体集团，该集团还有另外两家电视台——第十套电视台和 C2C 电视台；四达电视台，私营电视台，隶属于四达传媒有限公司；云朵电视台，私营电视台，隶属于云朵传媒集团。

虽然受到数字化和网络的冲击，但是广播仍然是坦桑尼亚人获取信息的重要方式，尤其在农村地区，许多民众仍然依靠广播来了解国内外新闻。

---

[1] 资料来源于坦桑尼亚政府公民服务官网。
[2] 裴善勤，钱镇. 坦桑尼亚 [M]. 2 版. 北京：社会科学文献出版社，2019：320-322.

第二章 文化传统

坦桑尼亚既是一个地理位置得天独厚、自然资源丰富的国家，又是一个有着悠久历史文化和优良传统的国家，坦桑尼亚人民为其优秀文化而自豪。

坦桑尼亚所在的东非，被视为人类起源地之一，东非沿海是较早的世界贸易海岸之一。坦桑尼亚近代虽历经德、英等国殖民，但坦桑尼亚人民不断奋斗，坚持前进，终于独立。

第一节 历史沿革

一、古代史

坦桑尼亚是考古学家发现的最古老的原始人类定居点之一。1931年，路易斯·利基在奥杜瓦伊峡谷发现了非洲最早的人类技术工具。[1] 1959年，玛丽·利基在奥杜瓦伊峡谷发现了原始人类头骨，据称已有超过180万年的历史。1978年，玛丽·利基在附近的莱托利发现了已知的最古老的古人类

---

[1] LEAKEY M D. Olduvai Gorge: volume 3, excavations in beds I and II, 1960-1963[M]. New York: Cambridge University Press, 1971: 1-21.

脚印——莱托利脚印,距今约有360万年的历史。在坦桑尼亚发现的3.6岁阿法南方古猿是迄今为止发现的最古老的古人类化石,距今约有380万年的历史。[1]

在坦桑尼亚北部发现的蒙巴洞穴是重要的中石器时代古人类遗址。蒙巴洞穴中有丰富的岩画、墓葬用品等,包括黑曜石、壁炉木、陶器碎片、人和动物的骨头等。由于蒙巴洞穴中也发现了陶器等新石器时代的代表性物品,因而有考古学家将此地视为古人类从中石器时代向新石器时代过渡的一个例证。[2]

新石器时代可追溯到大约一万年前,当时坦桑尼亚可能存在以采集狩猎为生、讲科伊桑语的社群。大约三四千年前,靠放牧牛、羊和驴的游牧民从北方来到坦桑尼亚。[3] 大约两千年前,讲班图语的人从西非来到东非,这一迁移也被视作班图语的区域扩张。迁移为东非带来了冶铁技术、农业技术,以及关于社会和组织的新思想。坦桑尼亚最重要的铁器时代考古遗址之一是位于东非大裂谷的恩加鲁卡遗址,在那里,人们发现了古灌溉和耕作系统。[4]

1000年,来自波斯湾和印度西部的旅行者和商人到达东非沿岸。《地理沿海本地商业中心清单》显示,拉普塔是当时政治实体阿扎尼亚的"大都会",部分人认为,拉普塔深埋在鲁斐济河(现为坦桑尼亚的重要河流之一)三角洲的淤泥中,但考古学家至今未能成功确定拉普塔的位置。1200—1500年,坦桑尼亚南部海岸的基尔瓦可能是附近这些贸易城镇中最富有和最强大的城镇,一些学者认为这一时期是斯瓦希里文明的"黄金时代"。

---

[1] WHITE T D, SUWA G. Hominid footprints at Laetoli: facts and interpretations[J]. American journal of physical anthropology, 1987, 72(4): 485-514.

[2] MCBREARTY S, BROOKS A S. The revolution that wasn't: a new interpretation of the origin of modern human behavior[J]. Journal of human evolution. 2000, 39(5): 453-563.

[3] SONIA C. The prehistory of East Africa[J]. American anthropologist. 1954, 56(6): 1026-1050.

[4] OLIVER R A, FAGAN B M. Africa in the Iron Age: C.500 BC-1400 AD[M]. Cambridge: Cambridge University Press, 1975: 81-120.

1498年，葡萄牙探险家达·伽马成为第一个到达非洲大陆的欧洲人。1505年，葡萄牙人占领了桑给巴尔岛，并在东非沿岸地区统治了大约200年。18世纪早期，来自阿曼的阿拉伯人在该地区建立了据点。在阿拉伯人的帮助下，当地沿海居民将葡萄牙人驱逐。

阿曼王朝统治桑给巴尔苏丹国初期，只向波斯和阿拉伯国家贩卖少量奴隶。但18世纪之后，法国、美国、英国都需要大量的廉价劳动力开发新的领地，阿曼人开始大量贩卖奴隶。1811年，桑给巴尔设立奴隶市场，并逐渐成为东非奴隶贸易中心。如今，桑给巴尔的奴隶城已成知名的旅游景点。1840年，桑给巴尔苏丹赛义德·萨义德将首都迁至桑给巴尔市，声称拥有这片沿海地带以及桑给巴尔地区。[1] 他以此岛为基础，开发了延伸至坦噶尼喀湖和中非的贸易路线。

二、近代史

（一）坦噶尼喀的历史

在世界进入帝国主义时期之前，坦噶尼喀并不是地理上和政治上的实体，直到1920年，国际联盟把德属东非划归英国管辖后，坦噶尼喀这一名字才开始使用。

1. 欧洲人的早期探索

欧洲人对坦噶尼喀大陆的探索始于19世纪中期。1848年，德国传教

---

[1] STUART N. Fields of fire: an atlas of ethnic conflict[M]. Leicester: Troubador Publishing, 2008: 22-31.

士约翰内斯·雷伯曼成为第一个发现乞力马扎罗山的欧洲人。1857 年，英国探险家理查德·伯顿和约翰·斯毕克穿过坦噶尼喀大陆到达坦噶尼喀湖。1877 年，比利时探险队到达桑给巴尔岛。随后，他们在坦噶尼喀湖东岸的基戈马和坦噶尼喀湖西岸的姆帕拉建立了车站站点。

1884 年，德国人开始在坦噶尼喀大陆进行殖民扩张。德国探险家卡尔·彼得斯加入德国殖民协会，与土著部落首领签订了一系列条约，使这些部落所在地成为德国保护地。[1] 1885 年，德国政府对彼得斯建立的德国东非殖民区域给予帝国保护。

列强对非洲的瓜分在此时期进入竞争阶段，为避免大规模剧烈冲突，1884 年年末到 1885 年年初，德国首相奥托·冯·俾斯麦主持召开了柏林会议，会议名义上是讨论刚果河流域的归属问题，实际上是讨论建立殖民地和保护国的瓜分规则。柏林会议后，列强加速瓜分非洲，各自势力范围逐渐确立。英国宣布桑给巴尔为其保护国，派驻领事管辖；而当时德国殖民势力范围涉及现今的坦桑尼亚大陆区域。[2]

2．德国的殖民统治

德国将坦噶尼喀分为 19 个行政区进行管理，每个行政区分为若干个乡，每个乡下辖若干村。[3]

在经济方面，德国殖民者主要通过掠夺殖民地来满足本国经济扩张所需。德国农学家理查德·亨多尔夫于 1892 年从佛罗里达州引进剑麻后，剑麻逐渐成为该地区最有价值的经济作物。为了将东非内陆的资源运到欧洲市场，德国殖民当局在坦噶尼喀修建了铁路。这些铁路促进了坦噶尼喀当

---

[1] ILIFFE J. A modern history of Tanganyika[M]. Cambridge: Cambridge University Press, 1979: 2-18
[2] 裴善勤，钱镇．坦桑尼亚 [M]．2 版．北京：社会科学文献出版社，2019：59．
[3] 裴善勤，钱镇．坦桑尼亚 [M]．2 版．北京：社会科学文献出版社，2019：60．

地咖啡种植、橡胶开采等经济作物产业的发展。

德国殖民者无视东非的传统社会结构和土著居民的宗教传统，采取高压政策统治当地居民，激起坦噶尼喀人民的反抗。比较典型的有赫赫族的英勇斗争和马及马及起义。赫赫族酋长国原本在东非沿海地区到塔博拉及以西地区的必经商路上进行检查和抽税，遭遇德国人阻止后奋起反抗。反抗最终虽以失败告终，但是赫赫族酋长姆克瓦瓦带领当地人英勇反抗的事迹成为广为传颂的美谈。1902年，马及马及起义爆发，但由于武器落后、实力悬殊，起义最终以失败告终。这场起义可以算作迄今为止坦噶尼喀发生的最为血腥的战争，也是土著居民反抗殖民者的一次伟大尝试，它促使德国殖民当局重新评估对东非的统治政策。

3．第一次世界大战

1914年11月，英国人袭击坦噶，英德坦噶战役打响，以英国失败告终。德国非洲殖民地大多被协约国殖民地包围，从1916年1月开始，东北和西南的英国军队和西北的比利时军队击败了大部分德国军队。1916年10月，除马亨盖高原地带，德国人在这一地区殖民统治大势已去。[1] 1918年11月11日，欧洲主战场德军宣布战败后，东非德军剩余部队在今天赞比亚的姆巴拉附近投降。[2]

4．英国的殖民统治

第一次世界大战结束后，1919年1月31日，英国皇家委员会任命赫拉

---

[1] BROWN A, GORDON B G. South and East African year book and guide for 1920, 26th issue[J]. Union castle line London. 1920, 26: 520-521.

[2] ILIFFE J. A modern history of Tanganyika[M]. Cambridge: Cambridge University Press, 1979: 20-35.

斯·阿切尔·拜厄特为当时东非殖民地实际最高统治者，开启了对东非地区新一轮的殖民统治。

1920年1月，英国将原德属东非殖民地命名为坦噶尼喀。1920年9月，坦噶尼喀理事会确定了领土的最初边界，同年成立总督和总司令办公室。1924年，英国和比利时签署了坦噶尼喀、卢旺达、布隆迪边界的相关协议。[1]

英国主要采取间接管理政策对东非地区进行殖民统治。1922年，拜厄特总督授权成立各政治组织，如坦噶尼喀领土非洲公务员协会[2]。根据1923年的《土著权力条例》，某些得到认可的酋长被授予一定的权力，可以行使当地习惯法赋予的权力。[3] 1926年，英国殖民者成立立法会议，由7名非官方成员（包括2名印第安人）和13名官方成员组成，议员由总督指定，其职能是对总督颁布的条例提供建议。1948年，在爱德华·特宁总督的领导下，立法会议重新成立，包括15名官方成员和14名非官方成员（7名欧洲人、4名非洲人和3名印度人）。

1939年，第二次世界大战爆发。作为英国的殖民地，坦噶尼喀成为重要的盟军物资来源口岸之一。物资出口虽增加了收入，但是战争导致了国内的通货膨胀。[4] 1947年，坦噶尼喀正式成为英国控制下的联合国托管领土。坦噶尼喀的地形、气候、地缘政治、定居模式和历史使它成为所有联合国托管领土中最重要的领土之一。

英国统治期间，殖民地政府向传教士开办的学校提供补贴，并建立了监督机制，制定了指导方针。但与此同时，英国大肆掠夺坦噶尼喀的农业

---

[1] READ J S. Government publications relating to Tanganyika[M]. London: Microform Academic Publishers, 1979. 25-33.

[2] 该协会1929年改组为非洲人协会，后成为民族主义运动的核心。

[3] MGAYA E. Traditional institutions' management of sacred forests in Tanzania: history, narratives, and evidence from Njombe Region, 1880s-2019[D]. Wellington: Victoria University of Wellington, 2020: 11-22.

[4] ECKERT A. Regulating the social: social security, social welfare and the state in late colonial Tanzania[J]. The journal of African history. 2004, 45(3): 478.

和矿产资源。

英国殖民者鼓吹"白人至上",导致坦噶尼喀本土人民地位低下。英国殖民统治时期,欧洲移民大量涌入坦噶尼喀,强占土地的情况时有发生,欧洲移民与本地人的矛盾日益尖锐。随着殖民压迫越来越重,反抗殖民的运动逐渐酝酿。1929年成立的非洲人协会逐步发展成为一个联合各族各行业争取民族独立的政治组织。英国的渐进主义原则日益受到威胁,在坦噶尼喀独立前的最后几年里几乎被完全抛弃。

坦噶尼喀本土民众的贫困境况以及殖民者的不断压榨使得进步人士要求独立的呼声越来越高。二战以后,非洲大陆民族主义情绪高涨,坦噶尼喀民族主义运动兴起。联合国和积极参与联合国事务的非洲人民在推动坦噶尼喀走向独立的道路上做出了重大贡献,这些积极参与联合国事务的非洲人与联合国代表一起参加了坦噶尼喀的公众集会,他们认为处于政治变革中心的非洲人有能力塑造自己的未来。

1948年,非洲人协会改组为坦噶尼喀非洲人协会,不再参与桑给巴尔事务。[1] 1954年,尼雷尔在坦噶尼喀非洲人协会的基础上成立非洲民族联盟党,此党后来逐渐成为非洲民族主义运动的中心。坦噶尼喀于1961年5月1日开始内部自治,于1961年12月9日正式独立。[2]

(二)桑给巴尔的历史

如今,我们常说的桑给巴尔指的是桑给巴尔及其附近岛屿群,包括桑给巴尔本岛和奔巴岛。这两个岛屿在16世纪和17世纪早期被葡萄牙人统治,在18世纪早期被阿曼阿拉伯人夺回。阿拉伯统治的鼎盛时期是苏丹赛

---

[1] LOHRMANN U. Voices from Tanganyika: Great Britain, the United Nations and the decolonization of a trust territory[M]. Berlin: Lit Verlag, 2007: 42-48.

[2] LOHRMANN U. Voices from Tanganyika: Great Britain, the United Nations and the decolonization of a trust territory[M]. Berlin: Lit Verlag, 2007: 15-22.

义德·萨义德统治时期，他将首都从马斯喀特迁往桑给巴尔，建立了阿拉伯的精英统治阶层，并鼓励利用岛上的奴隶劳动力开发丁香种植园。

桑给巴尔岛和奔巴岛以香料贸易闻名于世，被称为香料岛。桑给巴尔岛也是非洲大陆和印度洋奴隶贸易的主要中转站。英国早期对桑给巴尔岛的规划是发展商业，以显示其结束奴隶贸易的决心。1822年，英国与苏丹赛义德·萨义德签署了一系列条约，以限制奴隶贸易，但直到1876年，奴隶买卖才最终被禁止。从19世纪末到1957年，英国基本统治该区域。1957年，桑给巴尔举行了以咨询为主的立法委员会的选举。

（三）坦噶尼喀和桑给巴尔的独立与联合

英国同意桑给巴尔于1963年12月10日以苏丹君主立宪制的名义成为一个新国家，自此，桑给巴尔从联合国托管下取得独立。1964年1月12日，桑给巴尔革命爆发，革命成功后，非洲-设拉子党领导谢赫·阿贝德·阿玛尼·卡鲁姆（以下简称卡鲁姆）成为桑给巴尔新的总统。之后，卡鲁姆总统与尼雷尔总统就国家合并事宜进行了谈判。[1]

尼雷尔曾经与肯尼亚、乌干达两国总统达成一致意见，在1963年年底前组建东非联盟，但最终未能如愿。东非联合未能成功，却给坦噶尼喀和桑给巴尔的联合创造了机会。[2] 1964年4月26日，坦噶尼喀-桑给巴尔联合共和国成立，同年10月29日，该国更名为坦桑尼亚联合共和国。坦桑尼亚这个名字由坦噶尼喀和桑给巴尔的名字组合而成。根据相关条款，桑给巴尔政府保留了相当大的地方自治权。

---

[1] MINAHAN J. Encyclopedia of the stateless nations[M]. Westport: Greenwood, 2002: 2088-2089.

[2] MWAKIKAGILE G. The union of Tanganyika and Zanzibar: product of the Cold War?[M]. Pretoria: New Africa Press, 2008: 30-37.

三、现代史

独立初期（1961—1967年），坦桑尼亚的工业、种植园、银行、矿场和相对较大的商业活动继续由英国人和亚洲人（主要是阿拉伯人和印度人）掌控。经济基本上仍然是以市场为导向，资本主义私有制占主导地位。[1] 1967年，尼雷尔发表了著名的《阿鲁沙宣言》，确立了坦桑尼亚实行国有化和自力更生的原则。同年，尼雷尔发表了《社会主义和农村发展》，提出了要实现农村的乌贾马化[2]。

20世纪60—70年代，尼雷尔政府在坦桑尼亚开展乌贾马社会主义的初步实践。政府通过对金融、进出口贸易、工矿业、交通运输等部门实行国有化，将全国重要的生产资料基本都掌握在了国家手里。在农村，政府通过开展乌贾马村运动，动员分散的农户集中居住和耕作。同时，坦桑尼亚政府在普及中小学教育、成人扫盲教育方面取得了很大的进展，农村的清洁水供应设施、医疗卫生设施也逐渐建立起来。[3]

但是，乌贾马社会主义的实施基本是自上而下的，并没有调动和激发广大农民的积极性，国有化过程中的腐败问题也加剧了社会矛盾。20世纪70年代的世界石油危机、出口商品价格的崩溃（尤其是咖啡和剑麻）、1978年与乌干达的战争、因不接受国际货币基金组织提出的调整经济政策条件而被削减的国际援助，都使得坦桑尼亚国内形势进一步恶化。1986年，坦桑尼亚政府与国际货币基金组织达成了协议，坦桑尼亚接受结构调整计划，进行一系列的市场经济改革。政府先后制定了三个经济恢复计划，每个计划各有侧重。在此时期，坦桑尼亚实现了向多党制的转向。

随后为本杰明·威廉·姆卡帕总统统治时期。在其统治时期，坦桑尼

---

[1] NGOWI H P. Economic development and change in Tanzania since independence: the political leadership factor [J]. African journal of political science and international relations, 2009, 3(5): 259-267.

[2] 乌贾马（Ujamaa）在斯瓦希里语中的意思是"家族精神"，代表着非洲传统的村社平等观念。

[3] 李保平. 传统与现代非洲文化与政治变迁 [M]. 北京：北京大学出版社，2011：156.

亚继续深化市场经济改革，制定了《2025年愿景》。第四任总统加卡亚·姆里绍·基奎特致力于经济发展和减贫，并取得了显著成效，外国投资持续增长。第五任总统约翰·马古富力打击腐败，建设工业，鼓励就业。马古富力总统在2021年3月因病去世。根据《宪法》，时任副总统的萨米娅·苏卢胡·哈桑继任成为新总统，她是坦桑尼亚历史上第一任女性总统。

第二节 风土人情

一、饮食文化

坦桑尼亚主要种植水稻、玉米，沿海地带有较多的木薯，油类作物主要是葵花籽。坦桑尼亚将玉米和木薯作为重要主食，其烹饪方法是将其磨成细粉后加水在锅中不断搅拌直至无汤、黏度适中，熟后即可食用，一般配以蔬菜、肉、豆类，大多数人用右手抓食，这种主食的斯瓦希里语名字叫作乌加利。饭蕉和土豆也是坦桑尼亚的重要主食。饭蕉可煮粥作早餐，可在鸡汤中煮后作主食，可油炸至金黄食用，也可用木炭烧烤后直接食用。土豆一般被炸成薯条，很多人将其作为午餐、晚餐的主食，与肉类一起食用。坦桑尼亚人食用的肉类通常是鱼肉、牛肉、羊肉和鸡肉，蔬菜主要包括西红柿、土豆、洋葱、卷心菜、苋菜、木薯叶、南瓜叶、红薯叶等。印度食物在坦桑尼亚也十分流行，如咖喱角、长米，还有一种类似于炸小面包的食物（发酵食品，冷却后外层较硬）。

早餐偏好取决于收入水平和当地的传统习惯。常见的有炸小面包或咖喱角配咖啡或茶（大部分本地人喜欢加很多糖），鸡汤、牛肉汤或羊肉汤配两三块肉（一般用辣椒、盐、几片酸橙调味），木薯块（煮后再炸制并混上有滋味的汤汁）。

　　午餐主要是几大主食加肉类、豆类和少许蔬菜。例如，乌加利或米饭加一点烹饪至软烂的苋菜、一勺有少许汤汁且软烂的豆子，再加两三块带汤汁的肉，便是最常见的一顿午饭。鱼分为海鱼和湖鱼，一般家庭会加一些当地调料和蔬菜烹饪至带浓稠汤汁。晚餐与午餐并无太大区别，一般为烹饪至带浓稠汤汁的肉类，搭配主食一起食用。

　　坦桑尼亚人在吃饭前必洗手。洗手是吃饭开始和结束的礼仪和标志，餐馆中一般有热水桶供客人洗手，或者服务员会端着盆子和水壶让客人洗手。进餐时，人们除了吃米饭、喝汤时会用到勺子之外，其他情况下均习惯直接用右手抓食。

　　酒吧在坦桑尼亚稍大的城镇随处可见。酒吧一般在早餐时段经营肉汤面饼等，在午餐晚餐时段经营烤牛羊肉。受欧美文化影响，多摆放有洋酒，并以盎司为单位售卖。酒吧中常摆放电视机，如果有重大足球赛事，酒吧中就坐满了一边看球一边喝酒的民众。当地售卖的酒类包括不同品牌的啤酒和当地人自制的高度烈酒，这些烈酒多由各种水果发酵而成，比较出名的有香蕉酒、蜂蜜酒等。考尼亚吉酒是一种类似杜松子酒的烈酒，是坦桑尼亚特有的商业酿酒。饮料主要包括可乐等碳酸饮料和种类丰富的果汁。小贩卖的小吃一般有烤玉米、煮鸡蛋、花生米、炸鱼等。坦桑尼亚盛产水果，如香蕉、橙子、杧果、菠萝、牛油果、西瓜等。很多人会在午餐或者晚餐时加一盘水果。

二、服饰

　　坎加布是坦桑尼亚人常用的布料，这是一种长方形的全棉印花布。坎加布色彩明丽，图案繁复，有着浓郁的非洲特色。这种布料在不同地区有不一样的名字，例如，在肯尼亚叫作莱索。

自19世纪中叶以来，坎加布就已存在于东非。19世纪70年代，坦桑尼亚、肯尼亚的穆斯林妇女会购买各种花色的头巾，她们有时会将好几块五颜六色的头巾缝在一起，合制成一块独特的布，并系在身上当作衣服穿。斯瓦希里地区沿海的贸易商对这种新兴趋势非常敏感，从技术上进行改良，使用雕刻的模板将图案压印到布料上去。这样，大家便不再需要将很多小的正方形布料缝制到一起了。这种布料后来逐渐发展成现在的坎加布。"坎加"在斯瓦希里语中意为"带斑点的黑白珍珠鸡"，据说这是因为第一批印花布使用了当时非常流行的珍珠鸡似的印花。

坎加布的设计较为复杂，首先使用画笔手工勾勒图案，然后将其转移到计算机上，并将设计的不同图层印刷到透明的塑料丝网上，最后将这些丝网转移到滚筒上进行印花。每个滚筒都会在布料上直接打印出不同颜色。如此层层叠加后，形成繁复美丽的印花。[1]

坎加布用途广泛，它可以制作成上衣、裙子、披肩、斗篷、皮带、头饰，甚至泳衣。坎加布最常见的穿法是将其像毛巾或裙子一样直接系在臀部。此外，坎加布还可以用来制作窗帘、毛巾、围裙等。

绚丽多彩的坎加布是了解坦桑尼亚文化的重要窗口。如今的坦桑尼亚男性大多穿着西装、牛仔裤、短袖T恤等，而女性仍喜爱绚丽多彩的坎加布，不管是日常生活还是正式场合均有穿着，成为坦桑尼亚一道亮丽的风景线。

三、宗教与节日

早在伊斯兰教和基督教进入坦桑尼亚之前，当地人已经形成了本土信

---

[1] KERETH G A. Cultural factors and the purchase of locally produced clothes in Tanzania: an empirical study[J]. Nairobi journal of humanities and social sciences, 2020, 4(2): 60-77.

仰体系，并有着各自民族的宇宙观。这些本土信仰体系影响很深，直至今日，在个别习俗活动或融合后的宗教活动中仍有体现。

在12世纪，阿拉伯商人带来了伊斯兰教。20世纪上半叶，德国人和英国人对基督教进行传扬。

桑给巴尔居民几乎全是穆斯林；而在坦噶尼喀，大约40%的人信奉基督教，35%的人信奉伊斯兰教，20%的人信奉本土宗教。基督教和伊斯兰教都提供一些基本教育和医疗保健服务或设施。达累斯萨拉姆有印度裔聚居区，因此市区内有一些印度寺庙。[1]

"祖先"在坦桑尼亚人的信仰中扮演着极其重要的角色。人们通过各种仪式来纪念祖先。例如，有些人会把一小杯啤酒倒在地上以祭奠先人，或把一小罐啤酒放在一个特殊的地方作为祭品献给祖先，再或者用鸡或者山羊祭祀祖先。

坦桑尼亚有着多元的文化，其公共假日主要分为民族节日、宗教节日和国际节日（见表2.1）。[2] 在这些节日里，人们或表达美好的期许，或纪念伟大时刻。大部分伊斯兰教和基督教的重要节日都有公共假期，如伊斯兰教先知穆罕默德诞辰、开斋节，基督教的圣诞节、复活节等。在伊斯兰教的斋月里，大部分公司和政府部门会提前下班。

表2.1 坦桑尼亚的主要节日

关于宗教的节日	日期
圣诞节	12月25日
复活节	依基督教日历而定

[1] MUKANDALA R S. Justice, rights and worship: religion and politics in Tanzania[M]. Dar es Salaam: E&D Vision Publishing Ltd, 2006: 50-115.

[2] BAKARI J A. Performing arts and promotion of tourism in Tanzania: a study of the Bagamoyo and the Makuya arts festivals[D]. Dar es Salaam: The Open University of Tanzania, 2013: 2-25.

续表

关于宗教的节日	日期
开斋节	依伊斯兰日历而定
宰牲节	依伊斯兰日历而定
关于国家民族的节日	日期
独立日	12月9日（1961年12月9日是坦噶尼喀取得独立的日子）
统一日	4月26日（1964年4月26日是坦噶尼喀和桑给巴尔联合成为坦桑尼亚联合共和国的日子）
八八节	8月8日（农民的节日）
桑给巴尔革命日	1月12日（纪念阿拉伯人在桑给巴尔统治结束的日子）
尼雷尔日	10月14日（1999年10月14日是第一任总统、坦桑尼亚国父尼雷尔逝世的日子）
卡鲁姆日	4月7日（1972年4月7日是桑给巴尔总统谢赫·阿贝德·阿玛尼·卡鲁姆逝世的日子）
沙巴沙巴节	7月7日（初为农业展会，继而发展为全国性的综合展会节日）
国际节日	日期
新年	1月1日
劳动节	5月1日

四、廷加廷加画

廷加廷加画一般使用油漆在画布上创作，色彩绚丽，构图天真大胆，多描绘坦桑尼亚的动植物、著名景观，以及人们日常生活劳作的场景。廷加廷加画有着独特的非洲民俗特色，独具魅力。

廷加廷加画诞生于一次偶然的尝试。1932年，爱德华·赛义德·廷加廷加出生在坦桑尼亚南部一个小村庄。有一次，他兴致突发，买来刷子和颜料在天花板上肆意画画。有人认为他大胆且颜色明亮的创作不过是画些比例奇怪的简单动物，但也有人大加称赞。后来，爱德华开始在画布上创作，他的妻子将这些画作放到莫罗戈罗的商店出售时，意外发现外国游客对此非常喜爱。爱德华的画作越来越受游客欢迎，其绘画风格由此确立，并在坦桑尼亚流行开来。越来越多的艺术创作者开始模仿并向游客售卖其画作。廷加廷加画因此成为坦桑尼亚独具风格的旅游艺术品。[1]

政府为鼓励这种旅游艺术创作，成立了廷加廷加艺术合作协会。在协会指定的创作地点中，艺术家会画一些独特的形状、色彩的组合，而来自世界各地的旅游者既可亲眼看到这种画作是如何创作完成的，又可在购买时讨价还价。也有很多艺术创作者在家中或者在其他繁华的旅游景点创作。

第三节 文化名人

坦桑尼亚有许多著名作家，其写作风格自成一派，大多数本土文学作家用斯瓦希里语写作，他们的作品为社会文化的发展做出了重要贡献，深刻地影响了坦桑尼亚乃至整个非洲。[2]

一、夏班·罗伯特

夏班·罗伯特被称作"东非的莎士比亚"，他是用斯瓦希里语写作的伟大作家，也是最早自称斯瓦希里人的作家之一。

1909年1月1日，夏班·罗伯特出生在坦桑尼亚（当时的坦噶尼喀）

---

[1] CHEN Y P. Tingatinga as tourist art: the dialogue between the producer and clients[D]. Netherlands: Leiden University, 2018.

[2] GRIFFITHS G. African literature in English: east and west[M]. New York: Routledge, 2014: 381.

东北部一个叫维班巴的小村庄。1922—1926 年,夏班·罗伯特在达累斯萨拉姆接受教育,并以优异的成绩获得了毕业证书。1926—1944 年,他在多个地方担任海关官员;1944—1946 年,他在当时政府的文化单位工作;1946—1960 年,夏班·罗伯特在坦噶工作。夏班·罗伯特丰富的公务员经历被他写入作品中。1962 年 6 月 22 日,夏班·罗伯特去世。

作为文学作家和斯瓦希里语的倡导者,夏班·罗伯特被称为"斯瓦希里语桂冠诗人"和"斯瓦希里语之父"。后人对其生平的了解主要来自其自传体作品:《我的生活》和《五十岁之后》。自传收录了反映夏班·罗伯特不同时期生活的诗歌,其中最著名的有《阿米娜》《哈蒂诗》《阿迪力诗》《寡居》。[1]

夏班·罗伯特因在文学上的努力而广受赞誉。他的教育背景、长期的公务员经历与他的人文主张结合在一起,使他的作品比东非其他作家有更广泛的生活基础。他也是第一个尝试流行传记写作的斯瓦希里语作家。他的作品和行动深深影响了新一代青年观察和思考世界的方式。

他的短篇寓言小说《阿迪力和他的兄弟们》讲了一个隐喻颇深的、反映人性和现实的故事。故事发生在一片虚构的土地上,那里居住着代表不同人性的动物。故事以主人公阿迪力的视角讲述。阿迪力在国王面前被两只狒狒指控犯有虐待罪。阿迪力申辩这两只狒狒并不是真正的狒狒,而是他的两个哥哥,分别叫作"怨恨"和"嫉妒"。两个哥哥陷害他,精灵世界的统治者帮助阿迪力将他的两个哥哥变成狒狒,并命令阿迪力每晚殴打他们。经过一番曲折,他的两个哥哥恢复了人形。最后,阿迪力和两个哥哥得以团聚。

夏班·罗伯特因其丰富多彩的诗歌而闻名。他常写谭兹诗。这种诗一般为四行,前三行押韵,第四行结尾点题。夏班·罗伯特诗作风格多为叙事风格或者说教风格。除了写作谭兹诗,夏班·罗伯特也是写作谷内诗的

---

[1] CHIPASULA F M. Bending the bow: an anthology of African love poetry[M]. Carbondale: Southern Illinois University Press, 2009: 283.

大师。谷内诗因不太押韵而被称作有缺陷的诗歌。除此之外，夏班·罗伯特还写一些六行、十二行的现代诗歌。夏班·罗伯特经历过德国、英国殖民统治时期，也亲眼见证了坦噶尼喀的独立。夏班·罗伯特去世后以诗集形式出版的 3 000 行诗歌，名为《独立战争史诗》。这本诗歌集反映了第二次世界大战以及非洲的社会变革和发展，内容丰富深刻，诗句优美。

虽然夏班·罗伯特大多数作品都是用斯瓦希里语写作的，但在非洲文学学者杰拉尔德·摩尔的帮助下，其中一首诗被翻译成了英文。这首诗据说是晚年夏班在申请疾病保障金被拒时写下的。

夏班·罗伯特为斯瓦希里语标准化做出了很大的贡献。他曾在坦桑尼亚语言委员会、东非斯瓦希里语委员会工作，还曾在东非文学局任职。夏班·罗伯特曾是坦桑尼亚坦噶议会的议员，致力于推广"斯瓦希里人"的概念。这些努力极大地推动了斯瓦希里语成为坦桑尼亚和肯尼亚的官方语言。直到今天，斯瓦希里语仍是这两个国家人民使用最为普遍的语言。因为其语言工作的卓越成就和优秀的文学作品，夏班·罗伯特被尊称为"斯瓦希里先生"。他的工作和作品对东非产生了持久深远的影响，斯瓦希里语依托于此迅速成为教育语言和新兴的区域文学语言。

二、伊萨·古拉姆胡塞因·施乌基

伊萨·古拉姆胡塞因·施乌基是坦桑尼亚知名作家和学者，也是非洲法律和发展问题的专家之一。他出版和发表了众多著作和文章，曾在达累斯萨拉姆大学担任了几十年的宪法学教授，在非洲颇有影响。

伊萨出生于 1946 年，自 1977 年开始担任坦桑尼亚高等法院和上诉法院的辩护人。1989 年，他又担任桑给巴尔高等法院的辩护人。他曾获得多项全国和国际范围的荣誉，包括英国东伦敦大学荣誉博士学位和南非罗德斯大学荣誉博士学位。

伊萨致力于通过法律途径来解决坦桑尼亚人民受剥削的问题。其研究课题包括坦桑尼亚政治经济改革等。除了在达累斯萨拉姆大学研究和讲学，他同时也是津巴布韦大学、华威大学等多所大学的客座教授。[1]伊萨的主要政治、经济和法律类作品有：《非洲的人权概念》（1989年）、《非政府组织的沉默：非政府组织在非洲的角色和未来》（2007年）、《泛非主义和实用主义：坦噶尼喀-桑给巴尔联盟的教训》（2008年）、《尼雷尔思想中的泛非主义》（2009年）、《自由在哪里？非洲民主斗争的反思》（2009年）。

三、佩尼娜·姆汉多

佩尼娜·姆汉多，1948年出生于坦噶尼喀（今坦桑尼亚），是坦桑尼亚当代最伟大的女性剧作家和学者，也是20世纪晚期少数以斯瓦希里语出版作品的女性作家之一。佩尼娜曾在达累斯萨拉姆大学学习教育和戏剧，后来加入戏剧艺术系任教。[2]

佩尼娜的戏剧作品包括《哈提亚》（1972年）、《为我们的权利奔走》（1973年）、《揭露我们的权利》（1973年）、《我的荣誉》（1974年）和《闪光》（1975年）。她的作品探讨了当代坦桑尼亚适应西方化发展中的各种问题，以对人物出色的刻画和对现代标准斯瓦希里语的自然使用而著称。除了斯瓦希里语戏剧，佩尼娜还用英语写了几部关于斯瓦希里文学的学术著作，如《文化和发展：非洲的流行戏剧方法》（1991年）。此外，她还出演了电影《图玛伊尼妈妈》（1986年）。

---

[1] SHIVJI I G. Accumulation in an African periphery: a theoretical framework[M]. Dar es Salaam: Mkuki na Nyota Publishers, 2009: 5-10.

[2] GRIFFITHS G. African literature in English: east and west[M]. New York: Routledge, 2014: 381.

四、阿卜杜勒-拉扎克·古尔纳

阿卜杜勒-拉扎克·古尔纳是一名坦桑尼亚裔英国小说家，2021 年 10 月获得诺贝尔文学奖。古尔纳用英语写作，母语为斯瓦希里语。

1948 年，古尔纳出生于桑给巴尔岛，1968 年，为躲避内乱移民英国。1976 年，获得英国伦敦大学学院教育学士学位，后任教于英国肯特郡一所中学。1980—1982 年，古尔纳到尼日利亚拜尔大学任教，同时攻读肯特大学的博士学位。1985 年，进入肯特大学任教。目前，古尔纳是肯特大学英文系英语与后殖民研究教授。

古尔纳在 1993 年和 1995 年主编过两卷《非洲文学文集》。古尔纳还是英国知名文学刊物《旅行者》的副主编。古尔纳已出版 8 部长篇小说。其中，早期的三部小说《离别的记忆》《朝圣者之路》《多蒂》从不同视角记录了移民英国的经历。他的作品大多以殖民主义、流落他乡给人们带来的痛苦和身份危机为题材。一方面，流落他乡的非洲人对自己的非洲故乡有着种种不满，希望在英国找到新的生活和寄托；另一方面，这些移民在现实中又与英国主流文化格格不入，不停地在现实与回忆中摇摆，在融入主流文化的夹缝中寻找平衡。[1] 第四部小说《天堂》普遍被认为是古尔纳的代表作。该作品曾入围布克奖和惠特布莱德奖，是一部以非洲人视角讲述非洲殖民的历史小说。这本小说在一定程度上颠覆了以欧洲为中心的创作视角。以"天堂"为题目，成为对殖民地非洲人民生活的一种反讽。古尔纳的其他小说还有《令人羡慕的宁静》《海边》《抛弃》《最后的礼物》。

---

[1] JONES N. Abdulrazak Gurnah in conversation[J]. Wasafiri, 2002, 20(46): 37-42.

第三章 教育历史

与很多非洲国家一样，坦桑尼亚有本土教育、伊斯兰教育和殖民教育三种形式，三者依次出现，又相互影响。有学者将其称为非洲的三重遗产。[1] 尽管学界对三者的作用大小未有定论，但毫无疑问的是，三者的相互激荡构成了坦桑尼亚今日的教育图景。

第一节 历史沿革

一、本土教育

虽然前殖民时期的非洲并没有现代意义上的学校，但这并不意味着青年人和儿童没有接受教育，他们在生活中学习、在做中学习，这种教育本质上就是实践性的培训。[2] 在传统社会中，传授技能和知识的长者通常都是被精心挑选的。做中学是一种被广泛采用的教学方式，初步具有终身学习的特点。正如尼雷尔所说，学习缝纫最好的方式就是自己缝衣服，学习耕种最好

---

[1] MAZRUI A A. The Africans: a triple heritage[M]. London: BBC Publications, 1986.
[2] NYERERE J K. Education for self-reliance[M]. Dar es Salaam: Government Printer, 1967.

的方式就是自己去耕作，学习厨艺最好的方式是自己做饭，学会教学的最好方式就是自己去教，诸如此类，我们从实际的行动经验中学习。[1]

传统的非洲本土教育以社群为单位，其教育植根于文化和历史，通过语言、音乐、舞蹈、谚语、神话、宗教等多种形式代代相传。一些歌曲呈现的是部落的历史和规则，通过传唱，让部落所有成员潜移默化地铭记历史，遵守这些规则；一些歌曲是劝诫部落成员行为端正，引导其做出符合要求的行为；还有一些歌曲提倡成员间的合作，比如合作耕作、划船、打猎。[2]

非洲有句谚语：举村庄之力去养育一个孩子。这体现了非洲传统的乌班图精神：强调群体在个体的社会化和教育上的责任，群体要教个体以技能、伦理道德和广泛的文化价值观。这种精神是构成一个共同体和社会组织的基石。

非洲本土教育是部落得以延续和发展的基石，但它也有不足之处，对现代非洲国家的发展造成了一些负面影响。第一，这种教育活动通常都在部落或宗族内部进行，有明显的边界。第二，传统教育过于强调具体的事物而忽略抽象的推理，人们的思维被限制在固有的社会传统之内，缺乏跳出条条框框进行思考的能力。第三，在传统社会里，学习是单线的，知识和技能的传授路径是从长者到年轻人，年轻人被认为是没有经验的，他们被要求去学习和掌握的知识和技能也不容置疑。正如保罗·弗莱雷所说的，年轻人被当作是知识的存储者，被要求去遵守规则，偏离轨道的人将会受到严厉的惩罚，在这种教育下，更可能培养的是顺从的部落成员而不是改变规则的人。第四，这类教育内容通常依靠长者的记忆，知识很难被有效记录并代代相传。例如，传统的非洲社会没有相应的数字或文字表达，因

---

[1] NYERERE J K. Education never ends[M]// HINZEN H, HUNDSDORFER V H. The Tanzania experience: education for liberation and development. Hamburg: UNESCO Institute for Education, 1979.

[2] MUSHI P A K. History and development of education in Tanzania[M]. Dar es Salaam: Dae es Salaam University Press, 2009: 30-31.

而在教育中很难去描述、比较或估算不同事物的距离、容量、重要性、高度和大小。[1] 这些因素实际上制约了非洲本土教育的发展，导致其根基不稳，外来文化容易迅速侵占其生存空间。

二、伊斯兰教育

在本土教育之外，宗教教育也扮演了很重要的角色。

约在8世纪，阿拉伯人通过伊斯兰学校在坦桑尼亚沿海地区开展正式教育。在这种伊斯兰学校里，穆斯林学习伊斯兰教经典与基本的伊斯兰教义。伊斯兰教经典的教学与阿拉伯文的书写、词汇和语法紧密结合，学生得以学习写字、计算和阅读。

坦桑尼亚一些地区还雇佣穆斯林教师去培养行政管理人员。英国殖民统治期间，伊斯兰学校继续扩张。1924年，坦噶尼喀约有700所伊斯兰学校，这些学校有80%位于沿海地区，共接收约8 000名学生。[2]

三、殖民时期的教育

坦桑尼亚先后经历了德国和英国的殖民统治，尽管被德国和英国直接统治的时间不到100年，但是殖民统治的影响是深远的。直到今日，坦桑尼亚仍未脱离被殖民化的标签。

---

[1] MUSHI P A K. History and development of education in Tanzania[M]. Dar es Salaam: Dae es Salaam University Press, 2009: 30-31.

[2] CAMERON J, DODD W A. Society, schools and progress in Tanzania[M]. Oxford: Pergamon Press, 1970: 51.

（一）德国统治期间的教育

1985年，德国政府宣布在包括当时的坦噶尼喀的东非地区建立保护国。德国对坦噶尼喀采取直接管理的办法，教育被用来灌输"白人优越"和"黑人种族低劣"的意识形态，不同种族的儿童被分隔开来，白人小孩能接受到更好的教育。

德国殖民统治时期的学校教育定位相当明确，主要是为殖民统治培养必要的本地人才，灌输殖民主义意识形态，强调对德国的忠诚。德国殖民政府建立了三层教育体系：提供三年阅读、书写和算术课程的60所乡村小学；提供两年职业课程的9所中心学校；1所位于坦噶，提供文书、工业、教师培训以及一些学术课程的高级学校，在巅峰时期，这所高级学校有500名学生，4名德国教师。[1] 整个教育体系的所有学校都采用斯瓦希里语作为教学语言。[2] 在德国殖民统治者的保护下，这一时期的教会学校在内陆地区扩张。[3] 1913年起，政府开始补贴这些教会学校，而且也越来越依赖教会学校来培养政府工作人员。这些教会学校主要提供一至两年的课程，主要科目包括读写、算术、本地语言教学、教义问答等。学校多由本地居民兴建，教会很少直接监督，学校的教师由本地信徒构成，学校依赖教师自身家庭农业收入和当地居民的捐赠而维持运营。

从历史发展的角度来看，德国殖民统治下的教育尽管目标狭窄、过于偏向职业需要，但不可否认其高效。就连随后的英国殖民官员也承认，"相对于英国在非洲的属地管理，德国对坦噶尼喀本地人的教育管理是相当有

---

[1] CAMERON J, DODD W A. Society, schools and progress in Tanzania[M]. Oxford: Pergamon Press, 1970: 56.

[2] 李丹. 本土化视野下的坦桑尼亚教学语言问题[J]. 西亚非洲. 2017（3）: 123-141.

[3] BUCHERT L. Education in the development of Tanzania 1919-1990[M]. Dar es salaam: Mkuki na Nyota Publisher, 1994: 15.

效的。"[1] 但是这一时期的教育也存在不少弊端：女性被排除在外，且学校地理分布极为不均，主要位于沿海地带。

（二）英国统治期间的教育

第一次世界大战后，英国接管坦噶尼喀，采用间接管理的方式，将本地政治结构纳入中央殖民政府之下。英国殖民政府在一份年度报告中将其目标定位为"尽其可能，根据本地的情况，结合本地的价值观和习俗，促进人的发展，必要时可以完全本地化"[2]，这一目标在随后的教育政策中有所体现。

与德国教育政策不同，英国强调教育系统的政治和经济双重目标，对坦桑尼亚的干预加强。针对大多数非洲人，采取适应性教育，即教育需要适应当地的能力需求、职业需求和传统情况；而对欧洲人、印度人和少量经过挑选的非洲精英提供现代化教育。[3] 这两种并行的教育方式为殖民统治下的农村、城市经济部门发展提供所需的基本技能和规范。同时，第一任英国总督延续了德国统治时期政府学校与教会学校分离的政策。1925年出台的《英属非洲教育政策》确定了政府和教会合作的教育发展路径。

在20世纪30年代，政府支持的学校体系包括乡村学校（一至二年级）和中心学校（三至六年级）。[4] 在全球经济大萧条之前，这样的学校共有26所，大萧条后降为12所。10年之后，乡村学校提供4年的教育，课程包括阅读、书写、算术，以及少量的宗教知识、通识、卫生和保健、体育、唱歌、农业等。乡村学校之后是提供2年课程的县级学校，随后是4年的中等教育。与

---

[1] CAMERON J, DODD W A. Society, schools and progress in Tanzania[M]. Oxford: Pergamon Press, 1970: 57.

[2] CAMERON J, DODD W A. Society, schools and progress in Tanzania[M]. Oxford: Pergamon Press, 1970: 59-60.

[3] BUCHERT L. Education in the development of Tanzania 1919-1990[M]. Dar es salaam: Mkuki na Nyota Publisher, 1994: 68-69.

[4] 缺少关于中心学校发展情况的史料。

德国殖民政府不同，英国殖民政府大力推广英语，规定小学低年级的教学语言是斯瓦希里语，小学高年级及中学的教学语言为英语。

截至 1945 年，坦噶尼喀有超过 200 所由殖民政府和本地人管理的小学，还有 8 所政府中学和 8 所教师培训中心。教会方面则管理有政府资助的超过 300 所的小学、10 所中学、16 所教师培训中心，和超过 500 所政府登记在册但没有政府资助的小学。无论是殖民政府和本地人管理的教师培训中心，还是教会管理的教师培训中心，规模都较小，这 24 所教师培训中心的学生总数仅 1 100 人左右。此外，还有 27 名学生在乌干达的马克雷雷学院[1]学习，这是当时东非的高等教育机构。[2]

第二次世界大战结束后，国际环境有利于教育的快速发展。1947 年，坦噶尼喀颁布《十年教育发展计划（1947—1956 年）》，这是坦噶尼喀历史上第一个促进学校发展的计划。该计划主要针对本国人，重点是为庞大的适龄儿童群体提供小学教育。1950 年，坦噶尼喀教育体系进行了整体变革，小学教育调整为 8 年，分两个阶段，前 4 年为第一阶段，经过选拔性考试后，进入为期 4 年的第二阶段。小学教育结束后，是 4 年的中学教育。在职业教育领域，大型且设施良好的贸易学校取代了之前附属于中学的产业课堂。《十年教育发展计划（1947—1956 年）》还鼓励父母送女童进入学校。[3] 在第一个十年计划的基础上，随后的《五年教育发展计划（1956—1961 年）》重点关注小学高年级和中学阶段的教育。但由于资金短缺以及随后的坦噶尼喀独立等原因，该计划并没有被完全实施。

总的来说，英国殖民政府提供的教育为坦噶尼喀独立后的教育发展奠定了基础。但殖民教育的本质仍然体现了欧洲人与非洲人之间压迫与被压迫的关系。学界对这一阶段教育的批评很多，如各级教育都无法满足当地

---

[1] 马克雷雷大学的前身。
[2] CAMERON J, DODD W A. Society, schools and progress in Tanzania[M]. Oxford: Pergamon Press, 1970: 71.
[3] CAMERON J, DODD W A. Society, schools and progress in Tanzania[M]. Oxford: Pergamon Press, 1970: 103.

需求、教育内容与实践脱节、种族隔离的教育体制、所有重要的教育管理岗位都不是坦噶尼喀人[1]等。

四、独立后的教育

随着坦噶尼喀的独立及随后坦桑尼亚的成立，如何建设服务于坦桑尼亚人民的教育体系成为政府的重要议程。以《三年发展规划（1961—1964年）》及《五年发展规划（1964—1969年）》[2]为契机，坦桑尼亚政府强调了教育系统中各民族的融合。[3]这是坦桑尼亚成立之初，克服地方民族主义、加强民族团结的措施之一。

尼雷尔政府十分重视教育。1963年，公立中学的学费被免除。1969年，坦桑尼亚政府颁布了《教育法》，小学义务教育、成人教育、职业教育成为这一时期国家教育事业发展的重点。1974年，坦桑尼亚国内发起普及初等教育运动，全国开始实施小学义务教育，这一举措大大提高了小学入学率。1974年，坦桑尼亚小学毛入学率仅43.41%，到1978年，提高到90%，至1981年，小学毛入学率已达96.95%。[4]

在独立后的第一个十年间，教育领域有一些大胆的尝试。坦桑尼亚政府付出诸多努力，想要向国民和外界证明，独立后的坦桑尼亚的改变以及这对一个新生国家的意义。在第一个十年规划结束时，坦桑尼亚取得了不少成就：教育领域的民族融合，小学入学人数增多，建设了更多小学，农

---

[1] 当时，很少有坦噶尼喀本土人士能够胜任这些岗位。

[2] 起止时间非自然年1月。

[3] ISHUMI A G M, ANANGISYE W A L. Fifty years of education in Tanzania: 1961-2011[M]. Dar es Salaam: Dar es Salaam University Press, 2014: 3.

[4] 资料来源于世界银行数据库官网。

村入学机会的增加等。[1]

在乌贾马运动付诸实践的十年中（1967—1976年），坦桑尼亚经济进入低速增长阶段。20世纪80年代中期，因经济发展困难，坦桑尼亚与国际货币基金组织达成协议，接受经济结构调整的建议。自1986年起，坦桑尼亚采取一系列结构调整政策，如货币贬值、吸引外资、取消消费补贴和农业补贴等。在教育领域，学费被重新引入学校，家长被要求分担成本，同时，私立学校开始出现。许多低收入家庭因此面临着两难选择：家庭支出是用来送孩子上学还是用来满足其他基本需求。在这种政策之下，小学毛入学率从80年代早期的90%降至10年后的66%—75%，教育机会不平等也在加剧，付得起钱送孩子上学的人群与付不起的人群之间的差距越来越大，阶层逐渐固化。[2] 同时，由于政府对公共教育的投资减少，坦桑尼亚不得不越来越依赖外部援助。[3]

直到20世纪90年代，资金才开始慢慢流向教育。1990年，世界银行和其他一些援助者在"教育规划和复兴"项目中恢复了对坦桑尼亚教育部门的经济援助，该项目名称清晰地表明，坦桑尼亚教育在经历了20世纪80年代的倒退后需要改革的事实。1995年，坦桑尼亚政府通过当时的教育和职业培训部制定了一项教育和培训总体规划，力图恢复提供全民教育的机会。这项举措的重要性在随后的政策更新和《教育部门发展计划（1998—2007年）》中得到进一步的体现，意图是恢复20世纪70年代已取得的教育成就，并加快发展停滞不前的教育。2001年，政府与其他利益相关者合作

---

[1] ISHUMI A G M, ANANGISYE W A L. Fifty years of education in Tanzania: 1961-2011[M]. Dar es Salaam: Dar es Salaam University Press, 2014: 23.

[2] VAVRUS F. Adjusting inequality: education and structural adjustment policies in Tanzania[J]. Harvard educational review, 2005, 75(2): 174-201.

[3] EARTH B. Structural adjustment and its effects on health and education in Tanzania[J]. Canadian woman studies, 1996, 16(3): 112-128.

制定了《小学教育发展计划》，实施时间为2001—2009年。[1] 这些政策为坦桑尼亚进入21世纪开展更为务实的教育工作奠定了基础。

五、进入21世纪以来的教育

尽管经过结构调整，坦桑尼亚经济状况有了一些改善，但仍被国际货币基金组织认为其债务负担不可持续。1999年，坦桑尼亚加入重债穷国倡议[2]，被要求准备一份减贫策略文件来阐述政府如何利用资金以减少贫困，其内容涉及教育方面的措施。2001年，坦桑尼亚首份减贫战略文件被批准，该文件认为，可以通过小学教育来实现减贫，而免除学费可以解决入学问题。同年，《小学教育发展计划》发布，教育财政拨款大大增加，小学学费被免除，并引入生均经费的概念，政府在全国范围内扩建学校，主要目标是普及小学教育和实现千年发展目标[3]。在此政策刺激下，坦桑尼亚小学入学人数从2001年的480万增长到2010年的840万，净入学率从1999年的49%增长为2011年的95%，增长率超过周边8个国家。[4]

虽然这一举措解决了低收入人群的教育需求，但面对日渐拥挤的教室，人们日益感到不满。当时普遍认为，普及小学教育运动是各级教育质量恶

---

[1] WABIKE P. Educating a nation towards self-reliance: Tanzania's journey in search for an education that is meaningful to its people[J]. Educational research for policy and practice, 2015, 14(1): 19-32.

[2] 由世界银行和国际货币基金组织在1996年发起的解决重债穷国外部债务负担的倡议。

[3] 千年发展目标指在2000年联合国千年首脑会议上提出的8项国际发展目标，189个联合国成员签署《联合国千年宣言》，一致承诺将在2015年前实现以下发展目标：消灭极端贫穷和饥饿、普及初等教育、促进性别平等和女性赋权，降低儿童死亡率，改善产妇保健情况，对抗艾滋病、疟疾及其他疾病，确保环境可持续性，促进全球合作。

[4] Ministry of Education and Vocational Training. Basic education statistics of Tanzania (BEST) 2013[R]. Dar es Salaam: MoEVT, 2014: 24.

化的主要原因。[1]

2013 年，坦桑尼亚政府宣布实施结果导向教育项目，各援助组织共投入 2.57 亿美元，旨在加强基础教育质量。该项目涉及多项教育改革，主要措施包括进行学校排名和加强学校问责制度。由此，坦桑尼亚学校排名之风兴起。为了取得更好的排名成绩，不少学校强调各种考试。一项实证研究表明，该项改革提高了来自排名垫底学校的学生成绩，平均每校多了两名能通过小学毕业考试的学生。但此项举措也导致排名在后的学校平均约有 2 名七年级学生辍学。[2] 由于该举措仍在实施之中，排名所产生的持续效应有待时间检验。

2015 年，坦桑尼亚政府宣布实施 12 年的免费教育（1 年学前，7 年小学，4 年初中）。一时间，坦桑尼亚教育体系面临着大量学生涌入的压力。世界银行、英国国际发展署[3]、瑞典国际发展合作署、美国国际开发署、联合国儿童基金会、全球教育合作伙伴关系等主要的援助机构以各种形式支持坦桑尼亚的教育发展。

第二节 尼雷尔的教育思想及其影响

尼雷尔是坦桑尼亚独立以来最负盛名的政治家，也是最负盛名的教育家。尼雷尔从教数年，后从政并成为国家元首，其著作颇丰，涉及哲学、历史、政治、经济、发展理论、教育，他对教育的思考从未停止，其最广为人

---

[1] WEDGWOOD R. Education and poverty reduction in Tanzania[J]. International journal of educational development, 2007, 27(4): 383-396.

[2] CILLIERS J, MBITI I M, ZEITLIN A. Can public rankings improve school performance? Evidence from a nationwide reform in Tanzania[J]. Journal of human resources, 2021: 655-685.

[3] 2020 年 9 月，英国国际发展署并入外交、联邦和发展事务部，"英国国际发展署"这一名称不再使用。但由于不少英国援助项目的筹备或实施时间早于 2020 年 9 月，因而本书沿用"英国国际发展署"这一名称。

知的称呼便是 Mwalimu（斯瓦希里语中"老师"之意）。[1] 因为其政治地位，尼雷尔的教育思想在全国范围内获得关注并作为国策推行。尼雷尔的教育著作被大量引用，他的教育思想被当代教育学者们反复研究、讨论，其中最重要的就是自力更生教育及其重要组成部分——成人教育。

一、自力更生教育

（一）自力更生教育理念

1967年的《阿鲁沙宣言》标志坦桑尼亚从发展资本主义到发展社会主义的重大转变。《阿鲁沙宣言》的主要目标是建立一个平等，民主，人人有工作、有尊严，无人剥削的国家。[2] 独立之初的坦桑尼亚一穷二白，自力更生被视为摆脱对其他国家过度依赖情况和解决饥饿、住房缺乏和疾病问题的途径，被选定为国家发展的主要战略。尼雷尔大力提倡自力更生教育，作为一种教育哲学，它拥有一套完整的逻辑和叙述体系。

自力更生教育哲学是基于对过去殖民教育的分析和批评而形成的。[3] 尼雷尔指出当前坦桑尼亚教育受到殖民主义教育模式的四个负面影响。第一，教育本质上是一种精英主义的教育，旨在满足那些能够进入学校系统的极少数人的利益和需要。第二，教育使它的参与者脱离了农村实际。第三，目前的教育制度只强调书本知识和一纸文凭，低估了社会传统知识和智慧的价值。第四，教育把一些最健康和最强壮的青年男女排除在生产劳动之外。[4]

---

[1] MULENGA D. "Mwalimu": Julius Nyerere's contributions to education[J]. Convergence, 2001, 34(1): 17-41.

[2] MOSHA H J. Twenty years after education for self-reliance: a critical review[J]. International journal of educational development, 1990, 10(1): 59-67.

[3] NYERERE J K. Education for self-reliance[M]. Dar es Salaam: Government Printer, 1967: 3.

[4] NYERERE J K. Education for self-reliance[M]. Dar es Salaam: Government Printer, 1967: 9-25.

尼雷尔提出的自力更生教育的目标即在于：教育促进社会改造，消灭剥削现象，服务于坦桑尼亚的现实需要；教育应满足大多数人的利益及需要，促进农村的进步和发展，教育系统应服务于整个社会；教育与社会相结合，教育应是社会的一部分，社区应参与学校的各种活动，学校是社区必不可少的一个组成部分；理论知识需要与体力劳动和生产相结合，每所学校都应组织生产活动，通过耕田种粮并出售商品，增加学校的收入，进而对国家的经济发展做出贡献；每个教育层次都应是一个完整的教育阶段，小学不是为升中学做准备的简单选拔过程，同样，中学也不应是为考取大学和师范院校做准备的简单选拔过程；培养出的学生应能够生活在以农业为主导的社会里，能够为改善农村地区的生活做出贡献；培养学生的自信态度、创造性、解决问题的能力及科学的世界观。[1]

（二）自力更生教育实践

那么，如何实现自力更生教育？在实践中，学校课程经过了审核和修订，学生考试制度经过了重新设计，成人扫盲教育得到了重视。

课程改革从1968年开始。在小学阶段，农业科学教育被大量引入课程与教学中，学生被要求参加更多的农业劳动。每所学校，尤其是中等学校和师范院校要创办学校农场和车间，使得学校成为自力更生和自给自足的社会单位。通过理论与实践相结合，让学生懂得合作劳动的意义，把学校农场或车间获得的劳动收入作为学生的生活来源。

根据自力更生政策的逻辑，小学需要进一步调整或改造成为一所真正的社区学校。相对于常规的小学，社区学校指的是学校的活动（无论是学习还是生产）与学校所在社区的观念、计划和行动协调一致，这样，社区

---

[1] 李建忠.坦桑尼亚教育改革初探[J].比较教育研究，1994（5）：38-41+18.

便可以从学校的教学活动以及各种设施中受益，而学校的学生也将从社区居民那里获得知识和技能。1974年，社区学校的概念被引入，新的社区教育中心建立起来。将正规小学转变为社区学校的试验工作始于1976年，首先接受改造的是附属于教师培训学院的35所小学，随后是全国20个地区的其他小学。[1]

1982年，社区学校改革终止。导致其停止的原因有很多，20世纪七八十年代的经济危机被认为是主要原因。除此之外，社区学校建设过程中存在的某些操作性问题也导致其失败。有学者列出了社区学校计划失败的10个原因：大多数农村居民缺乏相应的意识，难以认可此概念；政府对新计划缺乏充分的规划和准备；社区学校给人们的错误印象；实施方案过度政治化；缺乏问责制和后续支持；没有对缺点或失败进行批判性分析；教师缺少职前和在职培训机会；项目相关工作人员流动性大；缺乏财政资源和硬件设备；项目开展早期位于半干旱地区。[2]

在考试改革方面，坦桑尼亚政府减少了书面考试的比重，把劳动态度和劳动表现作为考查学生学习成绩的重要内容。在小学教育方面，1967年，政府把"普通入学考试"改为"初等学校毕业考试"，旨在贯彻小学教育本身是一个完整阶段的改革思想。在中等教育方面，坦桑尼亚退出"剑桥地方考试管理特别委员会"，组织了自己的初中四年级和高中二年级国家考试。这对摆脱依附关系、加强本国课程开发具有重要的意义。[3]

---

[1] ISHUMI A G M, ANANGISYE W A L. Fifty years of education in Tanzania: 1961-2011[M]. Dar es Salaam: Dar es Salaam University Press, 2014: 54.

[2] KATUNZI N B. Implementing education for self-reliance through the community school in Tanzania[D]. Calgary: University of Calgary, 1988: 221-237.

[3] 李建忠. 坦桑尼亚教育改革初探 [J]. 比较教育研究. 1994（5）：38-41+18.

二、成人教育思想

1964年，尼雷尔政府发布《五年发展规划（1964—1969年）》，其中有关于扫盲教育的国家声明，提高成人识字能力被纳入国家经济社会发展目标之中。首要任务为提高农民的识字率，以努力改善农业生产状况。

1969年12月31日，尼雷尔通过广播对全国人民进行了关于成人教育的演讲，并将1970年定为"成人教育年"。1970年年底，尼雷尔呼吁全国成年人积极参与扫盲教育，并呼吁六个地区（乌凯雷韦、马菲亚、帕雷、马萨西、莫西和达累斯萨拉姆）在1971年之前全面扫除文盲。

尼雷尔强调，坦桑尼亚需要通过发展成人教育，改善人们的生活质量，使他们能建造更好的房屋，能使用更好的工具来提高农业和工业生产力，能采用现代卫生医疗措施改善他们的健康状况。坦桑尼亚政府还希望通过发展成人教育，改变人们对自己、对同胞的态度，以及提高对自己文化的认同感；每个人都可以利用现有的当地资源与他人合作，推动自己社区的发展；通过识字课程，能够理解国家经济发展计划，以便能为集体的利益而发挥个人的作用。坦桑尼亚的成人教育是参与式的，只有让成人学习者感受到他们参与的是为自己所学的活动，才能持续产生成就感。参与的形式并不重要，可以是讨论、大声朗读、写作等，重要的是，成人学习者应该在"做中学"。[1]

作为国家领袖，尼雷尔自然而然地成为在成人教育领域最有发言权和最有影响力的代言人。尼雷尔对成人教育的重视也得到了当时国际社会的大力支持，瑞典、联合国教科文组织等都为坦桑尼亚政府的成人教育项目提供了诸多支持。

---

[1] NYERERE J K. "Development is for man, by man, and of man": the declaration of Dar es Salaam[M]// HALL B L, KIDD J R. Adult learning: a design for action. Oxford: Pergamon Press, 1978: 27-36.

三、对尼雷尔教育思想的评价

尼雷尔对殖民统治强加给坦桑尼亚的社会、政治、经济和文化价值体系持批判态度，他一直为回归非洲传统价值观念而不懈努力。尼雷尔认为，英国人在殖民坦桑尼亚时推行的教育制度不能满足坦桑尼亚人民的需要，因此主张在坦桑尼亚推行他认为更符合本土文化的教育。

自力更生教育在坦桑尼亚实施的结果好坏参半。20世纪70年代初至80年代初，中小学的入学率很高，成人的识字率也得到了大幅提升。在这一时期，许多学校是由社区成员基于自力更生精神而建造的，学校和社区生活两者之间的联系也在这十年间建立起来了。

从理想主义的角度来看，自力更生教育似乎是一项非常正确的政策。它是基于国家的总体理念——乌贾马和自力更生而提出的。自力更生教育要求改变殖民主义遗留下来的价值观和态度。然而，这一项艰巨的社会任务不可能仅靠学校教育实现。政策应明确规定各种互动主体的角色，使其共同塑造社会的价值观和态度。[1]

对自力更生教育的设计和实施过程的分析表明，它存在着一些概念上和实践上的挑战。第一，自力更生教育是由上而下开展的，以指令的形式由中央向地方传递。这意味着此项教育改革最主要的参与者，如教师和学生，没有任何的发言权。第二，自力更生教育理念在一定程度上被误解，以致推行不力。人们不认为农业知识具有教育意义，而认为其是获得生存技能的一种手段。这一理念片面强调自力更生活动带来的经济收益。自力更生教育并没有得到很好的理解，因而没有得到很好的贯彻。第三，缺乏反馈机制来促进对该项政策的反思和改进。第四，虽然自力更生教育的目的是在教育机构和社区之间建立联系，但没有明确双方各自的作用和彼此

---

[1] MOSHA H J. Twenty years after education for self-reliance: a critical review[J]. International journal of educational development, 1990, 10(1): 59-67.

的协调机制。第五，评估程序没有涉及因参与自力更生教育活动而产生的新知识，自力更生教育教学的影响和贡献没有得到恰当的评估。[1] 20世纪80年代，自力更生教育政策不再得到决策者的支持，在教育界逐渐失去了地位。

尼雷尔有着独立的思想，对新思想和批评持开放态度。他植根非洲社区主义、社会主义和人文主义，并结合其他学科丰富自己的思想。对尼雷尔来说，个人教育主要是促进社会集体利益的一种手段；成人教育应激发人们的变革欲望，并传递一种变革是可能的认识。尼雷尔既是国家的教师，又是"国家之父"。尼雷尔的成人学习和自力更生的思想对大多数非洲国家的教育发展仍然具有现实意义。

作为教育家和政治家，尼雷尔的非洲社会主义哲学，吸收了非洲传统的理念和文化中的优秀部分，糅合了工业化时代的技术，志在解救饱受贫穷、不公和被压迫的坦桑尼亚人民。尼雷尔对国家和社会的发展有一个明确的愿景和指导理论，这是非常宝贵的。尽管他的理想在实践中并未完全实现，但不可否认，其教育思想影响了坦桑尼亚、非洲大陆，甚至全世界。后尼雷尔时代的坦桑尼亚教育界，仍然秉持着自力更生等重要的教育原则，这些教育原则在坦桑尼亚民族独立和自强过程中起了非常关键的作用。

---

[1] AHMAD A K, KROGH E, GJØTTERUD S M. Reconsidering the philosophy of education for self-reliance (ESR) from an experiential learning perspective in contemporary education in Tanzania[J]. Educational research for social change, 2014, 3(1): 3-19.

第四章 学前教育

从广泛的意义上说，学前教育指的是进入小学前的教育阶段，一般分为0—3岁的幼儿保育阶段和3—6岁的学前教育阶段。根据坦桑尼亚的学前教育政策和实践，正规的学前教育通常指的是至少一年的学前班。坦桑尼亚学前班由教育和科技部负责，并被纳入义务教育阶段。

第一节 学前教育的发展和现状

一、学前教育发展基本情况

独立之初，坦桑尼亚经济状况较差，政府认为投资学前教育的成本太高，于是让私人机构来办学前教育，而政府则集中力量投资初等、中等和高等教育。政府的意图是在基础教育发展稳定之后，再回到学前教育的事务上来。这直接导致坦桑尼亚没有正式的学前教育课程，教师未经培训，主要凭借自身非专业领域的经验来教学。这种情况一直持续到20世纪90年代。1991年，坦桑尼亚参与《联合国儿童权利公约》以及《非洲儿童权利与福利宪章》，成为非洲最早参与这些国际（区域）倡议的国家之一。坦桑尼亚政府还支持《世界全民教育宣言》和《达喀尔行动纲领》，这两个议程都将学前教育视为一项基本权利。[1]

1995年，学前班被正式纳入坦桑尼亚国家教育政策。国家教育政策要求每个小学都设立一个学前班。但政府并没有为这一举措提供资金支持，学前班大多依赖家长提供的学费而运转。除了缺少资金支持和正式的监管机制外，政府也没有能力分配足额的学前班教师。一些学前班的教师由接受过10天幼儿教育培训课程的资深小学教师兼任，而另一些学前班则由接受过有限的，甚至完全没有接受过正规学前教育教师培训的其他人员授课。[2]《教育和培训政策（2014年）》规定，完成一年学前班是进入小学的前提，并建立了资助和监督幼儿教育的正式机制，其中一个关键的举措是开展新的学前教师职前培养项目。但是在2016年年底，新的学前教师职前培养项目被叫停，该领域的师资培养恢复到2014年之前的2年制证书课程。[3]

负责0—5岁幼儿健康和营养事务的部门是健康、社区发展和老幼部，而学前班作为正式学校教育的一部分，由教育和科技部负责。截至2019年，坦桑尼亚共有17 771个学前教育机构，包括16 155个附属于公立小学的学前班，以及1 616个附属于私立小学的学前班。[4] 但2019年，坦桑尼亚共有16 223所公立小学，这说明并非所有小学都开设了学前班。

2016年，坦桑尼亚政府开始正式实施免费义务教育，学前班也被纳入免费义务教育，因而学前班的毛入学率增幅较大（见表4.1）[5]，但通过比较

---

[1] MLIGO I. Enhancing young children's access to early childhood education and care in Tanzania[M]// ÇETINKAYA Ş. Contemporary perspective on child psychology and education. London: IntechOpen, 2018: 21-35.

[2] WILINSKI B, NGUYEN C H, LANDGRAF J M. Global vision, local reality: transforming pre-primary teacher training in Tanzania[J]. Current issues in comparative education, 2016, 19(1): 6-25.

[3] WILINSKI B. "To tell you the truth, I did not choose early childhood education": narratives of becoming a pre-primary teacher in Tanzania[J]. Teaching and teacher education, 2018, 69: 33-42.

[4] MoEST. National basic education statistics in Tanzania (BEST) 2019[R]. Dodoma: MoEST, 2020: 21.

[5] 资料来源于坦桑尼亚教育和科技部2017年和2019年的报告。

净入学率与毛入学率的数据可以发现，坦桑尼亚仍有大量的适龄儿童未进入学前班。2016年，学前班中5—6岁的适龄儿童仅约占47%，这说明有超过一半的学前班儿童年龄段为3—5岁（不含），这种混龄教育给学前班教师的教学带来了很大的挑战。2017年以后，学前班入学率呈下降趋势，大部分的原因是家长对免费义务教育政策下仍需支付的校服、练习册、校车费用等学杂费感到不满而决定不入学。[1] 根据2015年世界银行发布的《坦桑尼亚贫困评估报告》，约70%的人每天收入低于2美元，因而，学杂费支出对很多家庭来说是一种负担。[2]

表4.1 2010—2019年坦桑尼亚学前班入学情况

年份	入学人数（5—6岁）	总入学人数	人口（5—6岁）	净入学率	毛入学率
2010	880 207	925 465	2 344 242	37.5%	39.5%
2011	1 018 895	1 069 208	2 402 848	42.4%	44.5%
2012	986 945	1 034 729	2 472 530	39.9%	41.8%
2013	977 533	1 026 466	2 755 525	35.5%	37.3%
2016	710 556	1 562 770	1 522 519	46.7%[3]	102.6%
2017	706 597	1 517 670	1 584 846	44.6%	95.8%
2018	659 773	1 422 868	1 652 223	39.9%	86.1%
2019	657 912	1 428 719	1 701 572	38.7%	84.0%

---

[1] MABAGALA D L, SHUKIA R. Pre-primary education in Tanzania: teachers' knowledge and instructional practices in rural areas[J]. Huria journal, 2019, 26(1): 50-65.

[2] 资料来源于世界银行官网。

[3] 按照原报告中的入学人数计算，报告所载净入学率有误。

根据表 4.2，学前班生师比状况不佳，平均生师比从 2015 年的 77∶1 增至 2019 年的 116∶1。公立与私立教育机构的生师比差距巨大，2019 年，公立学前班的生师比高达 186∶1，而私立机构仅为 18∶1。合格学前教育教师的数量近年来有所上升，但学前教育教师队伍里仍然存在一定数量的高中肄业生，他们从未接受过任何的教师培训。[1]

表 4.2 2015—2019 年坦桑尼亚学前班教师数量与生师比

年份	教师总人数	生师比	合格教师人数	学生与合格教师的比例
2015	13 524	77∶1	6 650	157∶1
2016	14 958	79∶1	6 538	—[2]
2017	13 313	104∶1	11 920	131∶1
2018	10 945	130∶1	8 298	171∶1
2019	12 333	116∶1	9 592	149∶1

2015 年，坦桑尼亚教育研究院修订了学前班的课程。为保证与更新后的小学低年级课程相衔接，学前班课程聚焦在社会、算术、艺术、沟通、环境、健康六个领域，其一日活动如表 4.3 所示，学前班每天有五节课，学生每天在校时间为 3.5 小时。[3]

---

[1] MoEST. National basic education statistics in Tanzania (BEST) 2019[R]. Dodoma: MoEST, 2020: 36.
[2] 原报告数据缺失。
[3] MoEST. Curriculum and syllabus for pre-primary education[R]. Dar es Salaam: MoEST, 2016: 11.

表 4.3 学前班的一日活动

每日活动	时长
晨圈[1]	25 分钟
学习	1 小时 40 分钟（每节课 20 分钟）
学习角	40 分钟
休息	35 分钟
反思与总结	10 分钟

二、学前教育相关政策

联合国可持续发展目标提出，到 2030 年确保所有儿童获得优质的幼儿发展、看护和学前教育机会，使他们做好接受初等教育的准备。目前，坦桑尼亚并没有专门的学前教育政策，涉及学前教育发展的相关政策和项目如下。[2]

《2025 年愿景》。其目标之一是改革教育体系，开发国家的人力资源，促进社会经济变革，建设一个教育型和学习型社会，坦桑尼亚人民应从小培养发展性思维和竞争精神。

《教育和培训政策（2014 年）》。该政策是在《教育和培训政策（1995年）》《技术教育和培训政策（1996 年）》《国家高等教育政策（1999 年）》和《基础教育信息和通信技术政策（2007 年）》的基础上形成的。该政策指出，为了满足儿童的需要，学前教育应是强制性的，期限不少于一年。

---

[1] 晨圈（morning circle），指的是师生一起开展的各种形式的活动，如身体律动、交流、朗读等。

[2] Education International, Tanzania Teachers' Union. Situation analysis and baseline study on early childhood education in Tanzania mainland final report[R]. Brussels: Education International, 2017: 29.

《儿童发展政策（2008年）》。该政策强调儿童的被养育权利等基本权利，并就如何照顾儿童、保护儿童和促进儿童发展制定了指导方针，倡导建立学前班和使家长认识到学前教育的重要性。该政策提出，必须提供必要的教材，提高学前教育教师的水平，建设好的教师培训学院，并与时俱进地更新课程。

《国家残疾人政策（2004年）》。根据这项政策，包括残疾人在内的所有公民都拥有接受教育的权利。该政策提倡在儿童阶段进行早期干预，从而减少残疾对成人生活的负面影响。该政策还倡导在教育中优先考虑残疾儿童，但鉴于残疾儿童难以进入学校，这可能是不切实际的。

《国家性别发展战略》。该战略敦促确保男孩和女孩从幼儿时期起在各级教育中享有平等的受教育机会。该战略提出，应为学前班提供好的环境；应提高社区成员的认识，鼓励他们参与学校的建设和翻新工作，以帮助更多女孩入学；为教师开设关于性别平等的课程，提供充足的关于性别问题的教学材料。

《国家营养战略（2011年）》。该战略指出，良好的营养状况是学前教育学生取得良好成绩的驱动力之一。该战略优先考虑极易营养不良的群体，如对5岁以下儿童等进行干预。

坦桑尼亚教育网络[1]提出的儿童保护政策。这项政策以《联合国儿童权利公约》的核心价值观为指导，指出保护儿童以及提供安全友好的环境对儿童成长和发展学习能力的必要性。坦桑尼亚教育网络与其他利益相关者及政府合作，致力于保护儿童权利，防止一切形式的虐待儿童行为。

除了以上政策中有关学前教育的内容外，坦桑尼亚政府的教育规划也对学前教育提出了具体的发展目标。以《教育部门发展计划（2016—2021

---

[1] 坦桑尼亚教育网络于1999年4月成立，由39个非政府组织组成，其成员主要是社区组织、宗教组织以及国家和国际非政府组织，其目标是提高坦桑尼亚的教育质量，通过与教育领域的其他组织合作，从而影响坦桑尼亚基础教育的政策和实践。

年）》为例，其整体目标是保证所有 5 岁或 6 岁儿童，尤其是弱势群体，接受至少一年的免费学前教育。具体目标包括：第一，增加一年免费学前教育机会，改造和扩建现有小学，为离现有学校较远的学生建立附属中心，从而容纳更多的学前班学生；第二，为学前班提供充足的、接受过职前培训的教师，承认学前教师的专业地位，优化教师分配情况，优化学前教师的在职发展路径；第三，改善教室条件、提供必要的学习材料、优化安全措施等，并为弱势群体提供支持，鼓励家长和社区参与学前教育。[1]

第二节 学前教育的特点和反思

一、学前教育的特点

（一）学前一年纳入义务教育阶段

虽然 2011 年全球学前教育平均毛入学率达到 50%，但在撒哈拉以南非洲，这一数据仅为 18%。[2] 承诺在 2015 年为本国所有儿童提供免费学前教育的 193 个国家中，有 155 个国家尚未兑现承诺。[3] 坦桑尼亚是少数将学前一年纳入免费义务教育阶段的非洲国家，尽管其具体实施过程中面临很多挑战，但政府的坚定承诺让更多儿童有机会进入学校接受正规学前教育。

尽管目前并没有实证数据表明一年的免费学前教育对坦桑尼亚儿童带来的积极影响具体是什么，但不少研究已经证明免费学前教育的确能产生

---

[1] MoEST. Education sector development plan (ESDP) 2016/17-2020/21[R]. Dodoma: MoEST, 2017: 177-225.

[2] UNESCO. Teaching and learning: achieving quality for all[R]. Paris: UNESCO, 2014: 2.

[3] ZUBAIRI A, ROSE P. Bright and early: how financing pre-primary education gives every child a fair start in life[R]. Cambridge: REAL Center, 2017: 11.

积极影响。第一，学前教育的出勤率与随后的教育成就息息相关，这在低收入家庭的儿童中表现尤为明显。第二，提供免费的义务学前教育与较高的小学毕业率相关联。这些研究表明，普及学前教育可能会产生重要的教育效益和积极的长期经济影响，因而对幼儿期的投资是缓解终身经济不平等的最有效战略之一。[1]

（二）社会组织积极参与

除了政府对发展学前教育做出了承诺，很多社会组织也积极参与其中，为坦桑尼亚儿童的发展贡献力量。以下介绍目前涉及坦桑尼亚学前教育领域的主要社会组织及其项目（见表4.4）。[2]

表4.4 部分组织在坦桑尼亚的学前教育项目

实施者	项目	任务	资助方
联合国儿童基金会与政府部门	儿童早期发展项目	支持教师专业的可持续发展	联合国儿童基金会
战火中的儿童基金会	"儿童之窗"项目	培训学前教育教师，为地区教育官员和质量保障官员提供工作坊	战火中的儿童基金会
坦桑尼亚儿童早期发展网络	儿童权利组织和跨社区资源建设组织合作提供的学前教育相关活动	促进幼儿发展合作与宣传	战火中的儿童基金会

---

[1] EARLE A, MILOVANTSEVA N, HEYMANN J. Is free pre-primary education associated with increased primary school completion? A global study[J]. International journal of child care and education policy, 2018, 12(1): 1-19.

[2] Education International, Tanzania Teachers' Union. Situation analysis and baseline study on early childhood education in Tanzania mainland final report[R]. 2017: 42.

续表

实施者	项目	任务	资助方
跨社区资源建设组织	游戏实验室	对父母和看护人的培训	乐高基金会、跨社区资源建设组织
让我们一起阅读（2016—2021年）	对国家早期阅读水平进行评估	开发资源	美国国际开发署
阿迦汗基金会	宗教教育项目——加强东非教育系统计划	培训学前教育教师	阿迦汗基金会
教育的权利	培训学前教育教师	获取资源	瑞典国际发展合作署、加拿大国际开发署、英国国际发展署
坦桑尼亚教育质量改进项目	入学准备项目——使用早期学习国际发展评估工具	培训学前教育志愿者	英国国际发展署

联合国儿童基金会的儿童早期发展项目。联合国儿童基金会与坦桑尼亚教育研究院合作，于2015年在坦桑尼亚小学课程中加入了学前教育内容。联合国儿童基金会对坦桑尼亚的支持侧重于开发高质量的学前教育项目；支持学前教师的职前和在职培训，改善教育质量；帮助制定地区、学校层面的发展规划，在其中加入爱幼教育的理念并加强学校督查系统；支持在全国范围内制定具有包容性的、以儿童为中心的、促进性别平等的教育政策。

战火中的儿童基金会。战火中的儿童基金会希望创造一个充满同理心的世界，让每个孩子都能发挥自己的潜力。为了实现这一愿景，战火中的儿童基金会与坦桑尼亚家庭经济协会[1]合作，开展了为期四年（2014—2017年）的"儿童之窗"项目。"儿童之窗"项目旨在通过现有的学前和小学的

---

[1] 该协会位于姆万扎，是专注于农业、教育和卫生事业的非政府组织。

教育体系，按照国家政策和标准，修缮学前教育教室，为儿童入学做好准备。"儿童之窗"项目还通过支持教师培训学院来培训教师和提高学校领导力，改善学习环境，加强家长和学校的伙伴关系。战火中的儿童基金会还为地区一级的教育官员、学校委员会和校长提供培训，旨在提高一线教育管理人员对学前教育重要性的认识。

坦桑尼亚儿童早期发展网络。坦桑尼亚儿童早期发展网络是一个由200多名成员组成的全国性幼儿发展组织，在坦桑尼亚18个地区开展活动。它在与幼儿发展有关的政策制定和实践上发挥作用，倡导保护幼儿的权利，积极进行社区动员。该组织与联合国儿童基金会等合作伙伴共同制定了关于儿童早期发展的政策草案（尚未正式批准）。此外，在战火中的儿童基金会和更佳方法基金会的支持下，坦桑尼亚儿童早期发展网络成功开展了与儿童健康、营养、教育以及保护相关的活动。这些活动通过与儿童日托中心、幼儿园、小学（尤其是一、二年级）和社区的合作而开展。

跨社区资源建设组织。跨社区资源建设组织是一个总部设在孟加拉国的非政府组织，在包括坦桑尼亚在内的11个国家开展活动。该组织为3—5岁的低收入家庭儿童提供学前教育，让他们能够每天学习三个小时，学习内容包括健康、数学、艺术和科学。为了让更多低收入家庭的儿童接受学前教育，跨社区资源建设组织开设了50所社区学前学校，惠及坦桑尼亚的伊林加、姆贝亚、达累斯萨拉姆和多多马的1 500余名儿童。跨社区资源建设组织还开设了游戏实验室，也称为儿童早期发展中心，覆盖姆贝亚和达累斯萨拉姆两地，为儿童提供为期10个月的早期学习活动，以提高儿童认知、情感、语言、交流和数字能力，为其进入小学做好准备。超过2 400名儿童在坦桑尼亚的80个游戏实验室注册并参与其课程学习。游戏实验室的负责人往往是志愿者，他们会接受为期10天的短期培训。

让我们一起阅读项目（2016—2021年）。这是美国国际开发署在坦桑尼亚的教育援助项目。该项目在莫罗戈罗、伊林加、鲁伍马和姆特瓦拉以及桑给巴尔的昂古贾和彭巴地区开展。在学前教育方面，该项目在现有基础上开发新的学前班教师指南和学习材料，并为如何使用这些材料提供培训和支持。

阿迦汗基金会。该基金会在桑给巴尔岛提供宗教教育项目，为儿童入学做好准备。该项目还为教师提供证书课程和专业课程的培训班，为新教师提供向有经验同行学习的平台，从而培养儿童早期发展所需的人力资源。1990年以来，该项目培养了1 880名教师，建立了84所学前学校，惠及24 123名学生。1999—2005年的《宗教教育项目效果研究》评估儿童在语言、早期数理和非语言推理技能方面的情况发现，与没有参加过任何学前教育的儿童相比，有宗教教育项目学习经历的儿童的认知发展和小学入学准备情况好于对照组儿童数据。[1]

教育的权利。教育的权利是一家非政府组织，致力于在学校推广学前教育，在坦桑尼亚享有很高的声誉。其2015年的年度报告显示，除了帮助家长提高对学前教育重要性的认识之外，该机构还翻修了13个学前班教室，对21名学前教育教师进行了班级管理和教学技能的培训，提供书籍、运动装备等基本的学习材料。这些措施在一定程度上提高了相关地区的学前教育入学率和出勤率。

还有一些利益相关者有针对性地开展入学准备项目、儿童发展项目、教育工作者项目。例如，英国国际发展署在坦桑尼亚开展的入学准备项目，它是坦桑尼亚教育质量改进项目的一个子项目。2014年，该项目的基线调查研究显示，77%的小学一年级学生不能将斯瓦希里语作为主要学习语言，这导致他们无法遵循教师的引导，也不知如何回答教师的提问。换言之，学生不具备本应在学前教育阶段就掌握的相关能力。如果不解决这一根本性问题，教育质量改进项目的预期目标就很难实现。因此，英国国际

---

[1] Aga Khan Development Network (AKDN). The Madrasa early childhood programme: 25 years of experience[R]. Geneva: Aga Khan Development Network, 2008.

发展署在 2015 年开始实施入学准备项目，主要针对距离学校太远的边缘群体儿童提供 16 周的课程，为其进入小学做好充分的准备。在该项目的支持下，截至 2019 年 11 月，坦桑尼亚政府在全国建设了超过 3 000 个入学准备中心，其中，多多马拥有 478 个，切姆巴和姆普瓦普瓦分别拥有 70 个和 74 个。每个入学准备中心都配有一名初中毕业的志愿者。学生从上午 8 点到 11 点在入学准备中心学习三个小时。英国国际发展署还与坦桑尼亚教育研究院、阿迦汗基金会合作编写了涵盖五大核心能力（沟通、自我意识、社交、生长和环境）的故事书作为学习材料。2017 年，新修订的学前教育课程在坦桑尼亚全国范围内实施后，相关学习材料也被正式纳入学前班教学体系。该项目还编写了入学准备项目志愿者和培训员的指南，帮助他们更好地提供高质量的服务。此外，在切姆巴和姆普瓦普瓦，该项目为当地的入学准备中心配备了相应的学习设施，为非专业出身的学前班教师提供培训，并动员社区向入学准备项目志愿者发放津贴。[1]

总的来说，各援助机构和社会组织对学前教育的关注和支持，是坦桑尼亚政府提供一年免费学前教育的重要补充，这些机构与组织通常都与政府保持良好的合作关系，在一定程度上保障了学前教育发展的可持续性。

二、关于学前教育的反思

（一）制定统一的政策和协调框架

《教育和培训政策（2014 年）》规定，学前教育始于 3 岁，儿童进入小学（进入小学的法定年龄是 6—7 岁）前要完成一年的义务教育。但是该政

---

[1] 资料来源于坦桑尼亚教育质量改进项目官网。

策并没有具体指明 4—5 岁的孩子该去哪里上学，且坦桑尼亚的学前教育事务涉及不同部委，缺乏一个专门的部门去协调学前教育相关事宜。[1] 幼儿教育和保育被分割开来，各自有着独立的行政管理体系。这种分离的行政安排违背了学习和发展的整体观，也违背了教育和保育应该一体化、以儿童和家庭为中心的观点。[2]

（二）重视入学公平问题

儿童在幼儿期面临的差异可能导致终身的不平等问题，这突出表现在学前班入学问题上。学生素养项目[3]2016 年的调查发现，84% 的未进入学前班的学龄儿童生活在农村地区。换言之，生活在城市地区的学龄儿童与农村地区的儿童相比，更有可能进入学前班学习。同样，社会经济地位也可能影响入学率。2014 年，参加学前班的 5 岁和 6 岁儿童按家庭经济情况划分，62% 的学前班儿童来自富裕和非常富裕的家庭；相比之下，只有 23% 的儿童来自贫穷和非常贫穷的家庭。[4] 此外，性别、残疾等因素都会影响学前儿童入学。

---

[1] Education International, Tanzania Teachers' Union. Situation analysis and baseline study on early childhood education in Tanzania mainland final report[R]. Brussels: Education International, 2017: 43.

[2] MLIGO I. Enhancing young children's access to early childhood education and care in Tanzania[M]// ÇETINKAYA Ş, Contemporary perspective on child psychology and education. London: IntechOpen, 2018: 21-35.

[3] 学生素养项目，斯瓦希里语为 Uwezo，意为能力、素养。该项目每年进行大规模的、由公民主导的、以家庭为基础的评估，主要测评肯尼亚、坦桑尼亚和乌干达的儿童识字和算术水平。

[4] UWEZO. Are our children learning? The state of education in Tanzania in 2015 and beyond[R]. Dar es Salaam: Twaweza East Africa, 2016: 21.

第三节 学前教育的挑战和对策

虽然学前一年被纳入义务教育体系，但3—5岁儿童的教育问题尚未得到政府充分的关注，义务学前班的实施面临着资源短缺、质量不高等问题。

一、面临的挑战

（一）学前教育仍不受重视

相对于其他教育阶段，学前教育并非政府和社会关注的焦点，这主要表现为政府和社会对学前教育的投入较少。

在《教育培训政策（1995年）》出台前，学前教育的教师培训是被政府和社会忽视的，当时的坦桑尼亚没有清晰的学前教育相关政策，在学前教育中心任教的都是一些未接受过培训的或者虽然接受过短期培训但受教育程度较低的教师。直到1993年，坦桑尼亚政府才建立了一所专门培训学前教师的教师培训学院。[1]

虽然坦桑尼亚政府于1995年和2014年颁布的教育政策对学前教育有针对性的指示，但决策者对学前教育的重要性认识有限，且政策并未被转化为具体的行动方案或落实为相应的资源。[2] 自2016年正式实施免费一年学前班教育后，学前班学费被纳入生均经费补贴之列，但这一补贴并不包括学校的日常运行、管理、考试、水电、设施维护和翻新的费用，因而，对于

---

[1] ISHUMI A G M, ANANGISYE W A L. Fifty years of education in Tanzania: 1961-2011[M]. Dar es Salaam: Dar es Salaam University Press, 2014: 186.

[2] STREHMEL P, HEIKKA J, HUJALA E, et al. Leadership in early education in times of change: research from five continents[M]. Leverkusen: Verlag Barbara Budrich, 2019.

国家学前教育的整体发展来说无异于杯水车薪。有研究指出，由于部分学校校长没有核算清楚学前班人数，导致一些学校没有收到足额的学前班生均拨款。[1]

从国际援助的角度看，根据国际儿童慈善机构的"他们的世界"项目发布的报告，整体上看，国际教育援助对学前教育的关注度较低。2014 年，国际教育援助总额仅有 1.15% 分配给学前教育，而 40% 以上的援助被分配给高等教育，幼儿教育资金不足严重影响了学前教育的普及工作。[2] 2012—2015 年，坦桑尼亚平均每年仅获得 130 万美元的学前教育援助。[3]

（二）教学条件不佳

在一项对坦桑尼亚学前教育教学环境的研究中，抽样地区的所有教师都报告说，没有针对学前班儿童的厕所。除阿鲁梅鲁地区外，其他被调查地区的教师都报告说，他们所在的学前班缺少教材。在基洛萨、伊兰巴和姆普瓦普瓦三个地区，83% 的教师说，他们的学校缺少供儿童学习的桌椅和玩耍的室内外空间，也缺少用于教授学前儿童的非印刷材料。基洛萨和伊兰巴地区 60% 以上的家长和姆普瓦普瓦地区 50% 的家长说，他们的孩子所在的学校没有清洁用水。姆普瓦普瓦和伊兰巴地区全部的被调查家长和基洛萨 87.5% 的被调查家长指出，基础设施和教学设备无法满足学前班的全纳教学和学习。基洛萨和姆普瓦普瓦 50% 的教师说，他们所任教的学校

---

[1] Education International, Tanzania Teachers' Union. Situation analysis and baseline study on early childhood education in Tanzania mainland final report[R]. Brussels: Education International, 2017: 47.

[2] Education International, Tanzania Teachers' Union. Situation analysis and baseline study on early childhood education in Tanzania mainland final report[R]. Brussels: Education International, 2017: 46.

[3] ZUBAIRI A, ROSE P. Bright and early: how financing pre-primary education gives every child a fair start in life[R]. Cambridge: REAL Center, 2017: 52.

没有专门的学前儿童教室。[1] 学前班附属于小学，由此而产生的"共享文化"迫使学前班的学生几乎与小学生共用所有设施，如教室、桌椅、厕所、操场等，但通常这些设施与学前儿童的生理状况并不相称。[2] 这些情况都表明，学校的教学环境难以支持学前儿童的学习。在2018/19年度，政府共印制并分发了2 547 912本课本及配套的教师指南和5 095 824册学前教育故事书。[3] 2019/20年度，政府继续提供了719 905本教科书和41 642份教师指南，课本与学生的比值得到了大幅提升，但距离人手一份的标准还有一定的距离（见表4.5）。[4]

2019年，公立学前班生师比高达186：1，学生与合格教师的比值更是高达216：1。[5] 这与政府设立的25：1的学生与合格教师比值的标准相差甚远，表明大多数学前班缺乏合格教师。

还有一个重要的问题是学校餐食供给不足。供餐不足对儿童身体发育不利，饥肠辘辘的孩子也无法集中注意力学习。2016年的免费教育政策实施后，家长们对该政策产生了误解，认为免费教育就是不需要家长再提供任何支持，这导致很多学校供餐计划终止。但事实上，政府明确指出，学校供餐并不包含在政府免费教育政策之中，校长被政府赋予了通过家长的贡献（钱或食物）来供餐的责任。[6]

---

[1] HakiElimu. Assessment of learning and teaching environment for pre-primary education in Tanzania[R]. Dar es Salaam: HakiElimu, 2019: 8-10.

[2] Tanzania Education Network. Promoting children's right to early childhood care and education in Tanzania, a baseline study report[R]. Dar es Salaam: Tanzania Education Network, 2014: 7.

[3] MoEST. Education sector performance report 2018/19[R]. Dodoma: MoEST, 2019: 55.

[4] MoEST. Education sector performance report for financial year 2019/20[R]. Dodoma: MoEST, 2020: 65.

[5] MoEST. National basic education statistics in Tanzania (BEST) 2019[R]. Dodoma: MoEST, 2020: 36.

[6] SIDA. Evaluation of the global partnership for education (GPE) — literacy and numeracy education support (LANES) program in Tanzania (2014–2018)[R]. Helsinki: Nordic Morning, 2019: 44.

表 4.5 2019—2020 年坦桑尼亚学前班课本与学生的比值

科目	2019 年			2020 年		
	公立学校	私立学校	所有学校	公立学校	私立学校	所有学校
算术	1:74	1:2	1:23	1:4	1:2	1:4
艺术	1:79	1:2	1:25	1:4	1:2	1:4
交流	1:79	1:2	1:25	1:4	1:2	1:4
环境保护	1:75	1:2	1:24	1:4	1:2	1:4
卫生与健康	1:76	1:2	1:24	1:4	1:2	1:4
社会	1:77	1:2	1:25	1:4	1:2	1:4
平均	1:77	1:2	1:25	1:4	1:2	1:4

（三）教师质量堪忧

2005 年和 2014 年的两次课程改革都对学前教师提出了新的要求。但是一些研究表明，因为缺少学前教师教育和教师在职培训，大多数学前班教师对儿童早期教育的知识了解非常有限。[1] 坦桑尼亚教育和科技部 2019 年的数据表明，只有 28.9% 的学前教育教师持有对口的专业证书。[2] 教师也表示对自己的教学实践不满意，不了解儿童发展相关知识和教学方法。2019 年的一项研究表明，33.8% 的学前班教师在过去一年没有接受过任何在职培训，接受过培训的教师中有 75% 的人参加了国家新的学前课程培训[3]。但国家新的学前课程培训只是一次性的短期培训，无法从根本上满足教师

---

[1] MABAGALA D L, SHUKIA R. Pre-primary education in Tanzania: teachers' knowledge and instructional practices in rural areas[J]. Huria journal, 2019, 26(1): 50-65.

[2] MoEST. National basic education statistics in Tanzania (BEST) 2019[R]. Dodoma: MoEST, 2020: 36-38.

[3] 2014 年新的学前班课程实施后，部分学前教师参加了阅读、写作和算术的教学培训。

的需求。[1] 目前也没有任何坦桑尼亚政府认可的机构安排如蒙特梭利学习法等其他形式的学前教师专业培训。[2] 在学前教师缺乏系统、专业培训的情况下，学前教育的教学效果要打一个大大的问号。

二、应对策略

在现有的预算框架下，坦桑尼亚政府实际上很难对学前班之前的教育阶段（3—5岁）提供更多资源支持。因而，坦桑尼亚政府的应对方式是集中资源和精力支持学前班的发展。

（一）提高入学率和教育质量

为了进一步提高学前班的入学率和教育质量，坦桑尼亚政府与合作伙伴做出了不少努力。自2014年开始，坦桑尼亚政府与多个机构合作，启动了"儿童的机会"项目。该项目主要通过两种方式提高学前班入学率：第一种是在现有小学中设立附属的学前班，第二种是在距离小学较远的偏远地区设立学前班。在提高学前班教育质量方面，学前班教师接受了教学和课堂实践活动方面的在职培训及指导，学前班所在学校的校长接受了如何更好地支持学前班教育的专业培训，学校所在地的教育官员、村委会成员等听取了关于项目实施的介绍以及接受了关于如何更好地支持学前班教育的培训。[3] 这种立足本土且成本较低的干预措施，在提高学前班入学率和改

---

[1] MABAGALA D L, SHUKIA R. Pre-primary education in Tanzania: teachers' knowledge and instructional practices in rural areas[J]. Huria journal, 2019, 26(1): 50-65.

[2] Education International, Tanzania Teachers' Union. Situation analysis and baseline study on early childhood education in Tanzania mainland final report[R]. Brussels: Education International, 2017: 20-21.

[3] 资料来源于"儿童的机会"项目官网。

善质量方面取得了较好的效果。

自 2020 年以来，坦桑尼亚政府与援助机构合作开展了新的教育改革项目，学前教育是其中的重要发展领域之一。2020 年年初，坦桑尼亚与英国政府合作实施的"优质学校"项目，该项目计划继续实施入学准备项目，提高学前班的普及率，让更多学龄前儿童有机会接受优质教育；与社区合作，加强家长关于早期儿童的营养、健康、教育等方面知识的了解；采用专业的测评工具对学前班的教学质量进行评估。[1]

（二）加强对学前班教师的培养

坦桑尼亚政府为了培养能够跟上教育改革节奏的新时代学前班教师，对学前班教师培训课程进行了修订。修订后的新课程学制为三年，使师范生有更多的时间系统学习幼儿发展的相关知识和教学技能。值得一提的是，2020 年，坦桑尼亚教育研究院对特殊教育教师课程进行了修订并开始实施，这有助于培养在学前教育阶段开展全纳教育的师资力量。

在在职培训方面，坦桑尼亚政府及合作伙伴计划进一步加强学前班教师在阅读、写作、算术（Reading, wRiting, aRithmetic，以下简称 3Rs）方面的教学能力。学前班教师的 3Rs 培训内容和培训方式将会得到进一步改善，坦桑尼亚政府将结合新的教师可持续专业发展框架，以学习共同体的方式加强对学前班教师的专业支持。

---

[1] 资料来源于英国外交、联邦和发展事务部官网。

第五章 基础教育

受到义务教育政策的影响,坦桑尼亚基础教育发展在数量上有了极大增长,取得了瞩目的成就,但教育质量下滑。巩固义务教育成果、提升教育质量成为坦桑尼亚教育部门当前最重要的任务。

第一节 基础教育的发展和现状

一、基础教育学制

坦桑尼亚基础教育的现行学制是7年小学和6年中学,中学又分为初中(4年)和高中(2年)两个阶段,如图5.1所示。进入小学的法定年龄是6—7岁。坦桑尼亚政府颁布的《教育和培训政策(2014年)》指出,坦桑尼亚的基础教育培养人才的周期太长,因此提出将小学缩短为6年,中学学制不变[1],但该政策并未实施。根据中小学的校历,1月是新学年的开始,一学年分为两个学期,1—6月是第一学期,7—12月是第二学期,每个学期中间

---

[1] United Republic of Tanzania. Education and training policy[R]. Dar es Salaam: Ministry of Education and Training, 2014: 3.

有约半个月的假期，两学期之间有约一个月的假期。

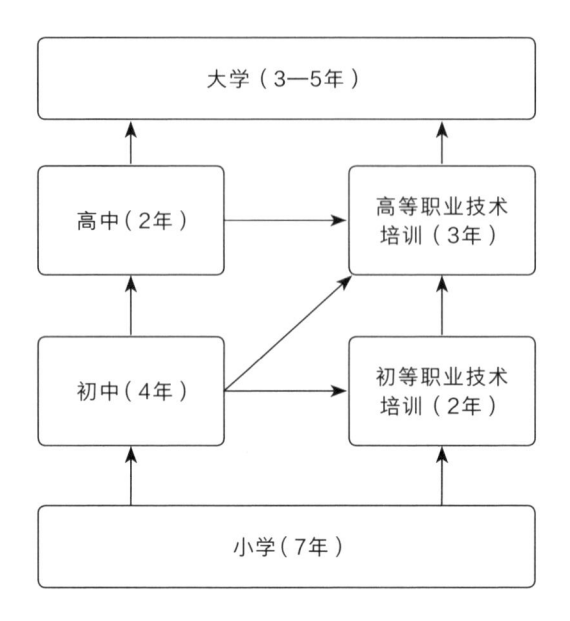

图 5.1　坦桑尼亚的学制

二、基础教育的规模

随着 2016 年免费基础教育政策的正式实施，基础教育规模逐年扩大，新学校和校舍的数量在政府的支持下有所增加（见表 5.1）。[1] 与此相对应，小学生人数大幅增长，且私立学校的增幅更大（见表 5.2）。[2]

---

[1] MoEST. Education sector performance report for financial year 2019/20[R]. Dodoma: MoEST, 2020: 37.
[2] 资料来源于坦桑尼亚教育和科技部 2016—2020 年发布的年度报告。

表 5.1 2016—2020 年坦桑尼亚小学数量

学校	2016 年	2017 年	2018 年	2019 年	2020 年
公立	15 802	16 039	16 037	16 212	16 401[1]
私立	1 055	1 246	1 430	1 578	1 751[2]
总计	16 857	17 285	17 467	17 790	18 152

表 5.2 2015—2020 年坦桑尼亚小学生人数

学校	2015 年	2016 年	2017 年	2018 年	2019 年	2020 年
公立	—	8 342 284	8 969 110	9 715 385	10 170 089	10 460 785
私立	—	296 918	348 681	395 870	431 527	465 111
总计	8 298 282	8 639 202	9 317 791	10 111 255	10 601 616	10 925 896

小升初率从 2015/16 年度的 67.1% 增至 2019/20 年度的 77.55%，但这仍然低于政府设置的目标：小升初率在 2020 年达到 92.4%，在 2025 年达到 95%。[3] 小升初率地区差异显著，最高的省是乞力马扎罗（94.1%），而马尼亚拉等地的小升初率低于 70%（见表 5.3）。[4] 2018 年，小学辍学 94 635 人，其中 95% 的学生是因旷课而辍学，而旷课辍学的原因有很多，如同伴压力、家庭原因等。[5]

---

[1] 此处数字与坦桑尼亚政府 2020 年的《基础教育数据报告》中的数据（16 406）有差距，类似的情况也常出现在其他类别的数据中，可能是所用资料在援引数据时出现的错误，也可能是对数据进行了修正。但整体上不影响我们对坦桑尼亚教育体系的了解，特此说明。

[2] 在坦桑尼亚政府 2020 年的《基础教育数据报告》中，该数据为 1 746。

[3] 这一目标是假设在小学毕业生可以直接升入初中的情况下。但实际上，小学生升入初中的必要条件是通过小学毕业考试。

[4] MoEST. Education sector performance report for financial year 2019/20[R]. Dodoma: MoEST, 2020: 35-36.

[5] MoEST. National basic education statistics in Tanzania (BEST) 2019[R]. Dodoma: MoEST, 2020.

表 5.3 2019/20 年度坦桑尼亚各省小升初情况

省份	小学毕业人数	初一新生人数	初一复读人数
阿鲁沙	37 647	33 917	88
达累斯萨姆	74 940	64 403	39
多多马	45 285	31 883	15
盖塔	40 367	30 596	37
伊林加	24 998	22 429	85
卡盖拉	46 822	37 007	41
卡塔维	9 736	8 114	5
基戈马	35 316	25 036	49
乞力马扎罗	34 283	32 323	52
林迪	18 197	12 797	50
马尼亚拉	28 436	19 032	20
马拉	51 200	32 971	50
姆贝亚	39 420	34 239	31
莫罗戈罗	50 806	38 038	34
姆特瓦拉	29 356	21 072	22
姆万扎	67 385	54 206	180
恩琼贝	18 249	14 476	18
普瓦尼	29 914	27 312	36
鲁夸	19 835	15 222	32
鲁伍马	31 880	24 714	60
欣延加	30 395	22 252	12
锡米尤	28 822	22 974	143
幸吉达	30 100	20 934	15
松圭	19 967	14 670	32
塔博拉	41 679	26 634	130
坦噶	48 250	35 642	3

2020 年，坦桑尼亚共有 5 143 所中学（包括初中和高中）。其中，公立 3 863 所，私立 1 280 所，学生共 2 473 506 人，与 2019 年的 2 338 457 的总人数相比，约增长了 5.8%（见表 5.4 和表 5.5）。[1] 初中课程至少有 7 门，其中，数学、斯瓦希里语、英语、公民和道德教育、生物是必修课。

表 5.4　2017—2020 年坦桑尼亚中学数量

单位：所

分类	2017 年	2018 年	2019 年	2020 年
公立	3 604	3 636	3 742	3 863
私立	1 192	1 248	1 259	1 280
总计	4 796	4 884	5 001	5 143

表 5.5　2018—2020 年坦桑尼亚中学生数量

单位：人

学校	2018 年	2019 年	2020 年
中学 1—4 年级（初中）			
公立	1 704 712	1 914 735	2 062 717
私立	286 309	270 302	259 542
中学 5—6 年级（高中）			
公立	109 974	108 470	109 540
私立	47 471	44 950	41 707

从绝对数字来看，高中的入学人数从 2010 年的 38 334 增长到了 2018 年 78 272，但是毛入学率仍然很低，只有 6.9%，这意味着只有极少数适龄青年能够进入高中。从初中升入高中的比例来看，2015 年之后，这一指标

---

[1] MoEST. Education sector performance report for financial year 2019/20[R]. Dodoma: MoEST, 2020.

整体呈下降态势，2018年降至21.7%，但这一数字仍高于教育部门所设定的目标：2020年和2025年初升高的比例分别达到17%和10%（见表5.6）。[1]之所以设定了这个逐年减少的目标，是因为政府计划让更多的初中毕业生加入到职业教育中。

表5.6 2010—2018年坦桑尼亚初中升入高中情况

年份	参加中等教育证书考试的人数	升入高中的人数（复读学生除外）		
		公立	私立	总计
2010	352 840	26 065	12 269	38 334
2011	339 330	30 265	11 083	41 348
2012	397 222	31 206	9 684	40 890
2013	352 614	30 581	8 592	39 173
2014	240 410	31 480	11 004	42 484
2015	384 300	45 094	20 996	66 090
2016	349 524	53 749	24 146	77 895
2017	317 777	52 250	24 004	76 254
2018	360 510	58 262	20 010	78 272

三、基础教育阶段的考试

1972年，坦桑尼亚成立了国家考试委员会，试图通过引入持续性评估来改善中小学升学过度强调书面考试的情况。尽管如此，坦桑尼亚仍然保

---

[1] PO-RALG. Pre-primary, primary, secondary, adult and non-formal education statistics 2020[R]. Dodoma: PO-RALG, 2020: 273.

留了英国殖民时期的一般性考试结构，这种考试结构强调对事实性知识的测试。

2014年，坦桑尼亚政府实施新的课程改革。此次课程改革对小学各阶段的教学科目进行了重大调整，将一年级和二年级的教学重点放在阅读、写作和算术上。新课程要求三年级和四年级的学生学习社会研究、科学和技术、数学、英语、斯瓦希里语、公民和道德教育6个科目。五年级至七年级的学生学习7个科目，在三年级和四年级的基础上增加了职业教育。改革后的课程更好地契合了小学毕业考试的要求：学生必须参加科学、社会研究、英语、数学和斯瓦希里语五门课的考试。[1]

目前，小学阶段有两次考试：四年级学业考试和七年级的小学毕业考试。四年级学业考试由各省实施，主要测试学生的阅读、写作和算术能力，四年级学业考试的成绩用来确定学生是升入高年级还是留级。七年级的小学毕业考试标志着小学教育的结束，通过小学毕业考试是升入初中或职业学校的必要条件，由国家考试委员会负责管理和实施。初中阶段有两次考试：初二的学业考试，这是初中教育的阶段性诊断和持续性评估工具，通过该学业考试是升入初三的必要条件，未通过者需留级；初四的中等教育证书考试，该考试选拔学生进入高中，未通过者一般进入职业学校、教师培训学院或直接进入就业市场。高中学习两年之后需要参加高中毕业会考，该成绩是大学的录取依据。

坦桑尼亚小学毕业考试通过率自2012年后稳步提升（见图5.2）[2]，但这种表现并未在中学阶段的考试中体现，中等教育证书考试无论是通过率还是成绩处于Ⅰ—Ⅲ段学生的比重虽然近来稳步提升[3]（见表5.7），但各科

---

[1] KOMBA A, SHUKIA R. Accountability relationships in 3Rs curriculum reform implementation: implication for pupils' acquisition of literacy and numeracy skills in Tanzania's primary schools[R]. Dar es Salaam: RISE Tanzania Team, 2021: 1.

[2] MoEST. National basic education statistics in Tanzania (BEST) 2019[R]. Dodoma: MoEST, 2020.

[3] 坦桑尼亚将通过考试的学生成绩分为四个等级，Ⅰ段的学生表现最好，Ⅳ段的学生表现最差。

目之间的差距较大，数学学科最近五年的通过率均未超过20%。[1] 从整体上来说，在所有阶段的考试中，数学、科学、英语三个科目的表现都相对较差。

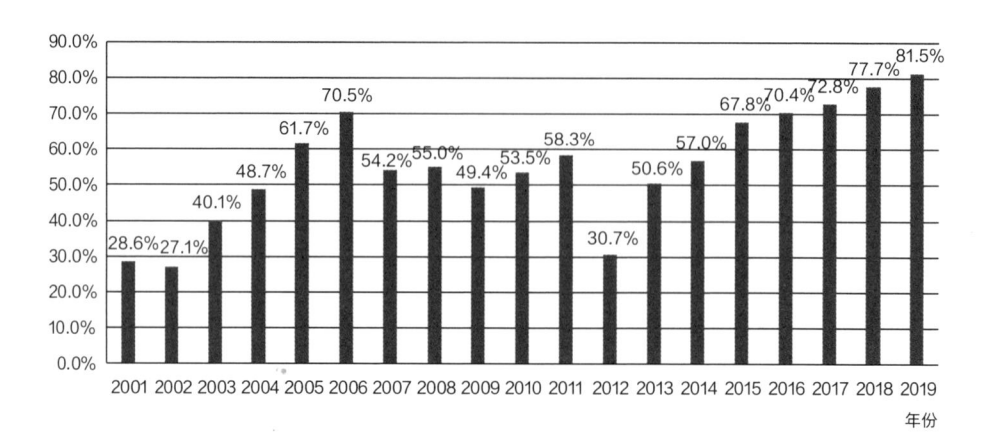

图 5.2 2001—2019 年坦桑尼亚小学毕业考试通过率

表 5.7 2014—2019 年通过坦桑尼亚中等教育证书考试的学生成绩等级分布

年份	考试成绩等级分布				通过率
	I	II	III	IV	
2014	3.1%	10.5%	17.2%	39%	69.8%
2015	2.8%	9.0%	13.6%	42.6%	67.9%
2016	2.7%	9.3%	15.6%	42.8%	70.4%
2017	2.5%	10.5%	17.2%	47.4%	77.6%
2018	3.8%	11.1%	16.9%	47.5%	79.3%
2019	4.5%	11.5%	16%	48.6%	80.7%[2]

---

[1] 资料来源于坦桑尼亚教育和科技部官网。
[2] 数据来自原报告，但猜测原数据四舍五入，故与前四项之和略有出入。

与其他阶段的毕业考试不同，高中毕业会考的通过率较高，这主要是因为能够升入高中的学生已经经过了严格的筛选。2014—2019年，高中毕业会考成绩在Ⅰ—Ⅲ段的比例有所提升，如表5.8所示。[1]

表5.8 2014—2019年通过坦桑尼亚高中毕业会考的学生成绩等级分布

年份	考试成绩等级分布				通过率	考生人数
	Ⅰ	Ⅱ	Ⅲ	Ⅳ		
2014	10.7%	27.3%	47.7%	12.5%	98.2%	35 418
2015	17.4%	29.8%	42.3%	9.5%	99%	35 176
2016	9.7%	41.8%	41.6%	4.8%	97.9%	64 861
2017	10.7%	41.7%	41.3%	4.4%	98.1%	62 725
2018	10.71%	44.42%	40.4%	3.2%	98.7%	76 283
2019	18.48%	44.96%	33.17%	2.53%	99.1%	79 348

四、免费基础教育

2001年，坦桑尼亚开始实施《小学教育发展计划》，这在当时被认为是过去20年里最有意义的教育举措。受此政策刺激，2002—2006年，小学入学人数、教材供给数量和新教室数量都有显著的增长。小学教育毛入学率有了较大的增长，但在2011年前后略显颓势。尽管该计划明确规定，从2001年7月起免除所有学杂费，但事实上，学校仍然收取部分费用，如校服费、餐费等。2015年，政府提出12年免费教育（包括1年学前、7年小学和4年初中）[2]，免除一切学费，但该政策并未提及免除餐费，2016年，

---

[1] MoEST. Education sector performance report for financial year 2019/20[R]. Dodoma: MoEST, 2020: 79.
[2] 按照《教育和培训政策（2014年）》提出的学制改革，小学由7年缩减为6年，新的免费教育应该是11年。但目前坦桑尼亚仍然沿用旧的学制，因而在这里以12年免费教育为准。

政策正式实施。受此政策激励，小学毛入学率不断增长，更多的儿童得以进入学校接受教育。但与此同时，由于对免费教育政策存在误解，一些家长认为应由政府供餐而不再支付餐费，这导致在一些条件有限的学校，孩子们只能饿着肚子上课。

五、教学语言

非洲是唯一一个大多数儿童上学时使用外来语言的大陆。在整个非洲，人们认为使用能更广泛交流的国际语言（阿拉伯文、英文、法文、葡萄牙文和西班牙文）是实现向上流动的唯一途径。[1]

在坦桑尼亚，关于教学语言的问题一直都存在争议。1961年，独立的坦桑尼亚继承了殖民地的教育政策，同时使用斯瓦希里语和英语教学。小学五年级之前使用斯瓦希里语教学，五年级之后直至高等教育则将英语作为唯一的教学语言。1967年，斯瓦希里语被宣布为唯一的教学语言。将母语作为教学语言的政策对发展基础教育成效显著。[2]

20世纪90年代，教育领域出现私有化，斯瓦希里语作为公立小学的教学语言，而英语作为私立小学教学语言的地位合法化。英语授课学校有英语教学大纲，小学毕业考试用斯瓦希里语和英语同时进行。但事实上，只有少部分人能负担得起私立小学教育，绝大多数儿童就读于使用斯瓦希里语教学的公立小学。[3]

独立后，坦桑尼亚政府做过多次尝试，试图将斯瓦希里语作为教学语

---

[1] OUANE A, GLANZ C. How and why Africa should invest in African languages and multilingual education: an evidence and practice-based policy advocacy brief[M]. Hamburg: UNESCO Institute for Lifelong Learning, 2010: 4-5.

[2] 李丹. 本土化视野下的坦桑尼亚教学语言问题 [J]. 西亚非洲. 2017（3）：123-141.

[3] SWILLA I N. Languages of instruction in Tanzania: contradictions between ideology, policy and implementation[J]. African study monographs, 2009, 30(1): 1-14.

言普及至小学后的教育阶段，但这些尝试均未完全执行。[1] 目前，小学阶段的教学语言是斯瓦希里语，但政府也允许一定数量的公立小学用英语教学[2]，并设有一所全英文教学的教师培训学院。

坦桑尼亚当前对基础教育阶段教学语言的争论主要集中在以下三方面：小学教育阶段是否应该开展英语授课；中学教育阶段能否继续用斯瓦希里语授课；两种教学语言在各教育阶段应该如何分配职能。[3] 在坦桑尼亚政府的规划里，完成小学教育的学生应该掌握英语，以便可以在中学阶段把英语作为学习语言来使用。但坦桑尼亚小学生从三年级才开始学习英语，所以许多学生在进入初中时，英语能力有限，需要很长时间去适应教学语言和教材语言的转变，最终还要参加以英语命题的国家考试。同时，英语之外的其他学科的初中教师没有接受过英语教学培训，但为了落实教学语言政策，他们不得不使用不熟悉的语言教学[4]，这也是导致中学生辍学的原因之一。[5] 尽管不少坦桑尼亚本土研究者认为，斯瓦希里语作为坦桑尼亚小学后教育的教学语言是一个理想的模式，但也有学者表示，坦桑尼亚中学的教学语言危机比以往任何时候都要严重。[6] 以笔者的观察来看，私立学校的学生在小学毕业考试中排名较为靠前，这从侧面反映了斯瓦希里语教学如今在坦桑尼亚的尴尬处境。

---

[1] VUZO M. Towards achieving the sustainable development goals: revisiting language of instruction in Tanzanian secondary schools[J]. International review of education, 2018, 64(6): 803-822.

[2] 以达累斯萨拉姆为例，有4所用英语进行教学的公立小学。

[3] 李丹. 本土化视野下的坦桑尼亚教学语言问题 [J]. 西亚非洲. 2017（3）：123-141.

[4] BENSON C. The importance of mother tongue-based schooling for educational quality[R]. Paris: UNESCO, 2005: 24.

[5] VUZO M. Towards achieving the sustainable development goals: revisiting language of instruction in Tanzanian secondary schools[J]. International review of education, 2018, 64(6): 803-822.

[6] VUZO M. Towards achieving the sustainable development goals: revisiting language of instruction in Tanzanian secondary schools[J]. International review of education, 2018, 64(6): 803-822.

第二节 基础教育的特点和反思

一、基础教育的特点

（一）以结果为导向的教育改革

2013年，坦桑尼亚政府开始实施以结果为导向的改革工程——"我们需要结果"项目。该项目由多个援助机构协作，涉及教育、能源、农业、水资源、交通等七个优先领域，旨在提供更好的公共服务。有别于之前的改革，该项目采用以结果为导向的援助方式，根据目标（即拨付指标）的达成情况拨付援助款项或贷款，这是近年来国际援助领域的一个重要趋势。与传统援助方式相比，以结果为导向的援助强调以更加严谨的方式确定问题、设置目标，根据实证数据确定优先领域，设计具体的干预措施和详细的实施计划，执行强有力的监督（见表5.9）。

表 5.9 坦桑尼亚以结果为导向教育项目的拨付指标

拨付指标	具体指标
完成前期准备工作	政府相关部委同意该项目的预算框架并将其纳入预算； 教育和科技部明确教育管理信息系统相关工作人员的职责，制定学校情况调查的工作准则，并发放给地方教育官员； 教育和科技部、总统府省级行政和地方政府事务部制定生均经费拨付数据的收集方式； 教育和科技部准备好中小学名单，并提供学校位置和师生数量等信息； 教育和科技部制定收集小学生师比数据的办法，并向地方政府传达小学生师比报告撰写的工作方针； 教育和科技部做好基线调查，确定目标。

续表

拨付指标	具体指标
及时并充分地配给相关资源	根据项目预算框架拨付资金（一年四次）； 拨付足量的生均经费至每个学校（一年四次）。
完成年度教育业绩报告和校级教育管理信息系统数据报告	发布年度教育业绩报告； 上传学校相关的年度数据至教育管理信息系统。
有效分配师资	实现年度小学生师比地方政府目标； 年度小学生师比目标的达成情况。
通过奖励项目补助学校	确定奖励补助项目以及师生教育增益项目的工作准则； 获得奖励补助金的学校数量达标； 开展师生增益项目相关活动的学校数量达标。
改善学生学习成果	2013—2014 年，设计并完成 3Rs 学业测试工具； 提升全国 3Rs 学业测试中的阅读成绩。

该项目在教育领域的改革旨在加强中小学教育质量，主要的举措包括：推动政府公布学校成绩排名、制定相应的学校奖励计划、定期开展全国 3Rs 学业测试、培训学校管理者、对全国小学教师开展 3Rs 培训、推动生均经费及时足量地发放等。[1]

对学校进行排名是该项目的一个重要举措。为了让社会各界清楚地了解学生学习情况，国家考试委员会根据小学毕业考试和中等教育证书考试的通过率对公立学校进行全国范围和各地区内部的排名。2016 年，一项对全国 38 个地区的调查显示，超过 90% 的地区教育官员会在收到排名后召集所有校长，告知各校排名情况并讨论如何提升学校表现。[2] 在排名中表现优异和有进步的学校和教师，会获得奖励。这种自上而下推动学校提升教育质量的做法，赋予了各级教育行政官员更多的责任和压力。

---

[1] World Bank. Tanzania—big results now in education program project, program appraisal document[R]. Washington D. C.: World Bank Group, 2014: 41-50.

[2] CILLIERS J, MBITI I M, ZEITLIN A. Can public rankings improve school performance? Evidence from a nationwide reform in Tanzania[J]. Journal of human resources, 2020: 655-685.

（二）对普及免费教育的不懈努力

独立以来，坦桑尼亚经历了三次大规模的免费教育普及运动，它们勾勒出坦桑尼亚基础教育发展的画卷。

坦桑尼亚独立之初，普及小学教育便深植其社会主义和自力更生的国策之中，1967年的《阿鲁沙宣言》非常明确地提出，坦桑尼亚教育政策方向必须满足大多数学生的需求。1974年，《穆索马决议》进一步强调普及小学教育，并提出在1977年实现普及小学教育的目标，呼吁开展全国性小学教育普及运动。[1] 普及教育政策的实施提高了小学入学率，截至1984年，在校小学生人数翻了两番，超过90%的适龄儿童进入学校，这高于同时期其他很多非洲国家的入学率。[2] 但20世纪80年代中期，坦桑尼亚开始实施经济结构调整计划，家长需要分担教育成本，小学毛入学率从1980年的98%跌落至1990年的71%。第二波免费教育普及运动始于2001年，主要是针对小学。此次普及比第一次得到了教育界的更多支持，政府在政策上免除小学学费和原本需要家长承担的现金资助。2001—2010年，坦桑尼亚小学入学人数增长了71.3%。[3] 第三波免费教育普及运动始于2016年，学前一年和初中四年被纳入普及免费教育之列。为了实现教育普及的目标，政府面临着很大的财政压力。政府扩大了中学规模以适应入学人数增加的情况，并提高了生均拨付经费。预计到2024年，仅初中阶段的普及工作就将耗资16亿美元（约36.54亿坦先令），并需要增聘75 000名教师，增建30 000间教室。[4]

---

[1] SIFUNA D N. The challenge of increasing access and improving quality: an analysis of universal primary education interventions in Kenya and Tanzania since the 1970s[J]. International review of education, 2007, 53(5-6): 687-699.

[2] MBILINYI M. Equity, justice and transformation in education: the challenge of Mwalimu Julius Nyerere today[R]. Dar es Salaam: HakiElimu, 2003: 1-11.

[3] ISHUMI A G M, ANANGISYE W A L. Fifty years of education in Tanzania: 1961-2011[M]. Dar es Salaam: Dar es Salaam University Press, 2014: 213.

[4] ASIM S, CHUGUNOV D, GERA R. Fiscal implications of free education: the case of Tanzania[R]. Washington D. C.: World Bank, 2019: 12.

总的来说，坦桑尼亚政府对普及免费教育的不懈努力体现了政府的担当，这一系列的举措也切实地让更多儿童从中获益，对坦桑尼亚这样一个发展中国家来说，已经是非常了不起的成就。

二、关于基础教育的反思

（一）教育改革成功的基础是共识

进入 21 世纪后，坦桑尼亚进行了一些比较重大的教育改革，也是较早开展能力本位课程[1]改革的非洲国家（在中国的语境下，这项改革类似素质教育改革）。此次课程改革主要是在内外力量的推动下进行的。外部主要由国际教育目标、国际协定等推动。在坦桑尼亚国内，它主要由中央政府发起和授权。这就意味着对于什么是能力本位课程以及如何实施能力本位课程的讨论都是在坦桑尼亚政府层面进行的，政府最终将制定好的规章、教学大纲等分发到实施者的手上。这项课程改革的利益相关者，如中小学教师，在制定新课程过程中的参与度很低。[2] 同时，政府也没有为改革提供充分的保障，课程改革的实施路径、经费支持、信息沟通和动员工作没有得到落实，导致课程改革的主要实施机构和人员（如教师培训学院、中小学教师等）对于课程改革的动因及目标了解不充分，甚至态度消极，视改革为一种负担。[3] 2016 年，坦桑尼亚政府正式实施新一轮的普及免费教育，

---

[1] 能力本位课程是一种旨在使学习者能够发展、整合和使用各种能力的课程，如解决问题、批判性思维、创造、使用信息技术、团队合作和元学习的能力。能力本位课程将学生置于真实的情境中，让学生展示他们是否能够解决某些问题或进行某项活动，以及是如何做到这一点的。

[2] NZIMA I. Tutors' interpretations of competence-based curriculum in Tanzania: implications for practice in teacher education[J]. Papers in education and development, 2016(36): 12-21.

[3] SHUKIA R, KOMBA A. Is the system tuned to deliver? Evidence from the competence based curriculum reforms for basic education in Tanzania[R]. Dar es Salaam: RISE Tanzania Team, 2018: 4.

在政策实施初期，许多校长和家长都没有充分地理解什么是免费教育。在教育权利组织的一项调研中，约有一半的家长认为免费教育就是政府承担所有费用，约有55%的校长对"什么是基础教育""什么是免费基础教育"的理解非常有限。[1] 在对教育政策缺乏共识的情况下，目标实现效果必然大打折扣。

综上，从教育改革实施经验来看，政府需要充分地动员基层的改革实施者，如省、市、县的教育官员，教师，教师培训学院等。让利益相关者充分参与决策、达成共识，这是改革成功的基础。

（二）协调与问责机制是关键

尽管对学校进行排名的举措在一定程度上提高了坦桑尼亚政府的责任意识[2]，但从整体上来讲，坦桑尼亚基础教育的能力本位课程改革仍然缺少清晰的职责分工和有效的问责机制，这一定程度导致了当前学生学习表现不佳的情况。[3]

从全球来看，在义务教育阶段很少会采用高风险考试的方式来评价教育质量。但目前，超过30个非洲国家（包括坦桑尼亚）将小学毕业考试作为小学阶段的完成标志[4]，并将其作为评价小学教育质量和教育问责的主要（几乎是唯一）手段。在坦桑尼亚，政府还将小学毕业考试通过情况作为是否升入初中的标准，这有违普及免费教育的初衷。

在坦桑尼亚政府的各项教育政策实施过程中，可以清晰地看到，由于

---

[1] SUMRA S.The impact of the implementation of fee-free education policy on basic education in Tanzania: a quantitative study[R]. Dar es Salaam: HakiElimu, 2017: 13.

[2] CILLIERS J, MBITI I M, ZEITLIN A. Can public rankings improve school performance? Evidence from a nationwide reform in Tanzania[J]. Journal of human resources, 2021, 56(3): 655-685.

[3] KOMBA A. Educational accountability relationships and students' learning outcomes in Tanzania's public schools[J]. SAGE Open, 2017, 7(3): 1-12.

[4] 资料来源于 Vox Dev 官网。

缺乏有效的协调和问责机制而带来的挑战。虽然能力本位课程改革相关政策中提到有内部和外部机制对课程改革实施情况进行问责。内部机制包括要求教师每周向教务办公室提交教学计划、班级日志，每一段时间的听课和授课情况都应由教师和班长签字，校长、教师培训学院院长、教务主任等会走进教室，检查教师是否按照要求履行职责；外部机制主要是县级教育官员和质量保障官员的定期检查走访。但是，从整体上来说，对于实施能力本位课程改革到底是有效还是无效，政府并没有建立起一套问责制度。也就是说，采用或不采用能力本位课程相应的教学方法既没有奖励也没有惩罚，因而很多教师不愿采用新课程、新方法。[1]

在实施3Rs课程改革过程中，主要参与者，如坦桑尼亚教育研究院、教育和科技部、总统府省级行政和地方政府事务部、教育管理发展局、联合国儿童基金会等，各自虽有相应的职责分工，但由于时间有限，一些参与机构没能及时送审材料，导致一些项目最终使用了未经坦桑尼亚政府正式授权的学习和教学材料，而坦桑尼亚政府也不清楚这些材料是否适合本国的情况。这意味着各参与者之间缺少协调，在这种情况下，权责不清晰在很大程度上影响了课程改革在学校层面的实施效果。

第三节 基础教育的挑战和对策

虽然自2000年以来，坦桑尼亚的入学率有所提升，但要实现全民优质教育的目标还有很长的路要走。坦桑尼亚基础教育的主要问题仍然体现在财政经费、公平与质量三个方面。

---

[1] SHUKIA R, KOMBA A. Is the system tuned to deliver? Evidence from the competence based curriculum reforms for basic education in Tanzania[R]. Dar es Salaam: RISE Tanzania Team, 2018: 5.

一、面临的挑战

（一）财政经费不足

尽管基础教育的经费一直是坦桑尼亚教育经费中占比最高的，小学教育、中等教育和非正规教育占比常年超过70%（图见5.3），但该经费的很大一部分都用于支付教师工资，直接投入到中小学生身上的经费是有限的。[1]

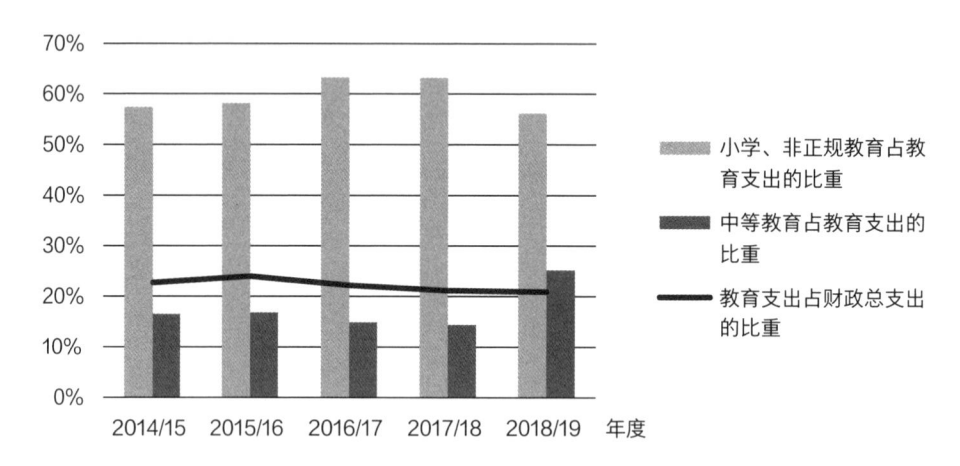

图 5.3 2014/15 年度—2018/19 年度坦桑尼亚基础教育支出占比

2001年的《小学教育发展计划》及2004年的《中学教育发展计划》的一大创新就是提供生均经费，以弥补学校因不收学费而损失的部分收入。生均经费用以资助购买教科书等教学材料，以及支付维修、行政和考试的费用。[2] 在《小学教育发展计划》中，生均经费为每个学生10美元，在《中学教育发展计划》中，生均经费为每个学生25 000坦先令（按2004年

---

[1] MoEST. Education sector performance report 2018/19[R]. Dodoma: MoEST, 2019: 86-87.
[2] TWAWEZA. Capitation grant for education: when will it make a difference?[R]. Dar es Salaam: Twaweza, 2010: 1.

汇率计算约 16 美元）。[1] 在 2016 年开展免费教育的背景下，虽然政府增加了对生均经费的总投入，但是随着入学人数的增加，生均经费在 2016/17 年度后呈现下降趋势（见表 5.10）。[2] 这意味着政府拨付的经费很难满足学校的日常开支需求。

表 5.10 2015/16 年度—2018/19 年度坦桑尼亚中小学生均经费拨款情况 [3]

年度	2015/16	2016/17	2017/18	2018/19
小学生均经费总额 / 坦先令	31 444 671 000	53 905 164 000	53 905 165 716	53 905 165 716
中学生均经费总额 / 坦先令	17 728 494 000	30 391 704 000	19 699 194 253	19 735 225 653
小学生总数 / 人	—	8 337 545	8 969 110	10 994 641
中学生总数 / 人	—	1 469 760	1 564 676	1 812 508
小学生均经费 / 坦先令	3 770	6 465	6 010	4 903
中学生均经费 / 坦先令	12 010	20 678	12 590	10 888

世界银行根据坦桑尼亚纳入普及教育阶段的学生人数和升学情况估算，到 2024 年，初中教育的年投入将达 16 亿美元（3.654 万亿坦先令），比现有投入总额高出 46%。如此巨大的支出增长不仅几乎不可能实现，而且会对教育质量造成严重的威胁。如果采用世界银行估算的增长数据，并假设预算

---

[1] CARLITZ R, MCGEE R. Raising the stakes: the impact of HakiElimu's advocacy work on education policy and budget in Tanzania[R]. International Budget Partnership, 2013: 5.

[2] MoEST. Education sector performance report 2018/19[R]. Dodoma: MoEST, 2019: 88.

[3] 表格中生均经费为实际拨付总额除以人数所得（四舍五入后取整数）。

在 GDP 中的比例保持不变，那么初中教育的成本预计将从 2018 年占教育总预算的 19% 上升到 2024 年的 35%，初中的年人均投入将从 2018 年的 270 美元增加到 2024 年的 596 美元。如此快速的增长会严重影响其他部门的投入，并引发公平问题。[1]

（二）教育公平问题

首先，贫富差距带来学生成绩上的差距。学生素养项目 2017 年的调查结果显示，贫困家庭和非贫困家庭的儿童在识字和算数能力方面存在差异。例如，来自非贫困家庭的三至七年级学生的平均合格率为 67%，而来自极端贫困家庭的学生则为 60%。报告还显示，城市地区的儿童的表现优于农村地区的儿童。在城市地区就读的小学三至七年级的学生中，70% 的人能够阅读英语和斯瓦希里语的短篇小说；而在农村地区，59% 的人能够阅读。这种差距与学生素养项目以往的评估结果是一致的。例如，在 2015 年，城市地区约 65% 的小学三至七年级的学生通过了所有测试，而在农村地区只有 51% 的学生通过测试。[2]

其次，性别歧视带来教育机会不平等及学习成就上的差异。在小学教育阶段，由于免费教育政策的实施，无论是入学率还是学业表现，男女生无太大差异，但进入中学，尤其是高中阶段，男女生入学率和成绩表现差异加大，这在数学和科学领域表现尤为明显。性别差异主要根源于传统社会文化观念对女性的歧视，如早婚、割礼、重男轻女等对女性教育机会的

---

[1] ASIM S, CHUGUNOV D, GERA R. Fiscal implications of free education: the case of Tanzania[R]. Washington D. C.: World Bank, 2019: 8.

[2] UWEZO. Are our children learning? Uwezo Tanzania learning assessment report 2019[R]. Dar es Salaam: Twaweza East Africa, 2019: 30-31.

剥夺。例如，2003—2011 年，有 55 000 名女生[1] 因为怀孕而辍学。[2] 坦桑尼亚教育和科技部的数据显示，仅 2018 年就有 1 185 名小学生因怀孕而辍学。[3] 但从当地政府的统计方法来看，在女学生显怀之前就已辍学或秘密早婚等情况所导致的辍学，基本上被归类为旷课。[4] 这说明实际的怀孕人数远远超过官方的统计数据。在学习成就方面，性别刻板印象被认为是影响学生成绩的因素之一。例如，女学生被认为天生在数学和科学领域不可能取得好成绩，一些教师甚至对女孩表现出来的数学能力持负面态度，并期望男孩会表现得更好。[5]

最后，坦桑尼亚残疾儿童接受学校正规教育面临的主要困难包括：缺乏接受过专业培训的特殊教育教师；缺乏针对残疾学生的学习设施；缺乏鼓励残疾儿童继续学习的激励机制；父母对残疾子女态度不佳和残疾儿童在校遇到歧视；对身体或视力有缺陷的儿童来说，离学校太远而存在安全隐患。[6]

（三）教育质量低下

自 2016 年正式实施免费教育政策以来，小学和初中的学生数量越来越多，教室日渐拥挤：2019 年，公立小学的平均班额为 84 人，与坦桑尼亚政

---

[1] 主要是年龄阶段为 13—15 岁的小学生和 16—18 岁的中学生。

[2] Centre for Reproductive Rights. Forced out: mandatory pregnancy testing and the expulsion of pregnant students in Tanzanian schools[R]. New York: Centre for Reproductive Rights, 2013: 17.

[3] MoEST. National basic education statistics in Tanzania (BEST) 2019[R]. Dodoma: MoEST, 2020: 66.

[4] MoEST, UNESCO, UNICEF. Tanzania qualitative study report: towards reaching the remaining children in Tanzania[R]. Dar es Salaam: UNICEF Tanzania, 2020: 21.

[5] ZILIMU J A. Exploring the gender gap in Tanzanian secondary school mathematics classrooms[D]. Champaign and Urbana: University of Illinois at Urbana-Champaign, 2014.

[6] ROHWERDER B. Disability inclusive development Tanzania situational analysis[R]. Brighton and Hove: Institute of Development Studies, 2020: 23.

府规定的45人标准班额还有较大差距。[1] 学习环境的恶化不可避免地对学生学习质量产生了负面影响。

不论是坦桑尼亚政府自己开展的学业测试还是国际合作伙伴开展的评估项目都显示，坦桑尼亚学生的学习质量处于危机之中。

2017年，国家考试委员会开展了针对小学二年级的3Rs学业抽样测试。结果表明，与2015年的测试相比，这些小学生在阅读和写作方面有了些许进步，但算术成绩却有所倒退（见表5.11）。[2] 具体来说，尽管读字词和句子的能力有了些微进步，但综合性阅读仍然是一个挑战；"确定缺失数字"和"加减法（借位和进位）"两项中，学生更擅长后者。[3]

表5.11 2015年与2017年3Rs学业抽样测试结果

年份	阅读		写作		算术	
	学生数量	通过率	学生数量	通过率	学生数量	通过率
2015	5 385	89.9%	5 288	88.3%	4 918	82.3%
2017	5 826	90.1%	5 486	88.9%	4 770	77%

2017年，教育和科技部在美国国际开发署的支持下，对小学二年级学生开展了小学低年级数学测试（Early Grade Mathematics Assessment，以下简写为EGMA）和小学低年级阅读测试（Early Grade Reading Assessment，以下简写为EGRA）。结果显示，仅有6.7%的学生达到了EGMA的国家标准线（加减法），而2013年的基线测试通过率是8.2%。5.4%的学生达到了EGRA的标准线（阅读），而2013年的基线测试通过率是8.1%。考虑到数据的置信

---

[1] MoEST. National basic education statistics in Tanzania (BEST) 2019[R]. Dodoma: MoEST, 2020: 83.
[2] MoEST. Education sector performance report 2017/18[R]. Dodoma: MoEST, 2018: 48.
[3] MoEST. Education sector performance report 2017/18[R]. Dodoma: MoEST, 2018: 49.

区间，事实上 2013 年与 2017 年的测试结果没有太大差异。[1]

2019 年，坦桑尼亚小学四年级学业测试的通过率为 91.91%，比 2018 年高了 26.21%。各科目的通过率如下：公民和道德教育（95.26%）、科学和技术（95.2%）、社会研究（93.31%）、斯瓦希里语（88.67%）、英语（81.09%）、数学（74.02%）。[2]

2019 年，小学毕业考试各科目的考试结果显示，与 2018 年相比，除数学外，其他科目的通过率（等级 A—C）都有所提高。[3] 斯瓦希里语通过率最高（87.25%），但数学、科学一直是坦桑尼亚学生的短板。其中一个很重要的原因就是小学教师接受的是两年的全科培养，因而在数学、科学方面的学科知识较薄弱。当初高中学习难度增大时，学生在这两个学科上的短板更加凸显（见表 5.12）。[4]

表 5.12　2018 年和 2019 年坦桑尼亚小学毕业考试成绩各等级占比 [5]

科目	等级 A—C		等级 D		等级 E	
	2018 年	2019 年	2018 年	2019 年	2018 年	2019 年
斯瓦希里语	85.42%	87.25%	10.17%	8.18%	4.41%	4.57%
英语	49.63%	53.21%	38.98%	42.13%	11.40%	4.67%
社会研究	73.62%	76.63%	21.00%	20.24%	5.38%	3.12%
数学	66.02%	64.97%	24.06%	25.54%	9.93%	9.50%
科学	76.64%	83.5%	18.11%	12.90%	5.25%	3.60%

---

[1] MoEST. Education sector performance report 2017/18[R]. Dodoma: MoEST, 2018: 49-50.
[2] 资料来源于坦桑尼亚考试委员会提供给作者的一手数据。
[3] 坦桑尼亚将小学毕业考试成绩分为 A、B、C、D、E 五个等级，A 为最高等级，E 为最低等级。通过小学毕业考试意味着该生获得了 A 或 B 或 C 的成绩等级。
[4] MoEST. Education sector performance report for financial year 2019/20[R]. Dodoma: MoEST, 2020: 71.
[5] 原报告数据可能经过四舍五入，故个别科目的各等级数据相加之和不等于 100%。

新冠肺炎疫情导致的学校停课进一步加剧了教育质量危机。2020年3月16日，坦桑尼亚报告首例确诊病例，次日，政府宣布中小学和大学停课。2020年6月1日，大学和高中二年级复课；6月29日，所有学校复课。尽管坦桑尼亚教育研究院在停课期间推出了线上课程，但由于网络和电力条件的限制，学生的学习很难得到保障。一项针对学校停课期间的调查[1]发现：只有6%的家庭报告说，他们的孩子在学校停课期间收听了广播课程，5.5%的家庭称观看了电视课程，不到1%的家庭称在互联网上观看了教育节目。[2] 根据笔者在复学后的走访来看，以达累斯萨拉姆为例，优质的公立学校会为学生准备各科作业，学生或学生家长每周来取作业并可以收到上一周的作业反馈，但更多的学校将关注点集中在马上要参加全国考试的毕业班学生身上。

二、应对策略

自2014年以来，坦桑尼亚政府与各援助机构一道，围绕加强基础教育质量开展了一系列改革。

（一）改善低年级学习质量

为了进一步提高基础教育质量，新的小学课程分别在2014年（针对小学一至二年级）和2016年（针对小学三到六年级）确定。课程改革聚焦小学低年级学生的阅读、写作和算术能力。2015年，新课程从小学一年级开始

---

[1] 电话调查，调查对象为2 240名小学生的监护人。
[2] CILLIERS J, OZA S. What did children do during school closures? Insights from a parent survey in Tanzania.[R]. Dar es Salaam: RISE Tanzania Team, 2021: 1-2.

实施，旧课程被逐步淘汰。为了更好地实施新课程，坦桑尼亚政府针对小学一至二年级的教师提供了专业培训。全球教育合作伙伴、英国国际发展署、美国国际开发署、联合国儿童基金会等提供了资金和技术支持。2015 年 1 月，多多马大学为每所小学至少一名教师提供了为期 8 天的培训课程，该培训课程分为两个阶段。第一阶段，坦桑尼亚教育研究院培训了 24 名国家级培训师。第二阶段，这些国家级培训师培训了 480 名来自公立教师培训学院的教师，这些教师又培训了全国各地的一年级和二年级教师。参加培训的教师回到各自的工作岗位后，也要对学校其他教师进行培训。[1] 援助机构的评估报告指出，通过向教师提供一系列可以在教学中使用的工具，并对教师开展专业培训，可以使受训教师更好地利用教具，使他们在授课、设计适合本地的学习材料方面变得更有信心、更有动力、更有创意。[2][3] 为了更好地监测学习质量，全国考试委员会将开发二年级学业测试工具，评估低年级学生学习情况，以此作为进一步改善教育质量的决策依据。

（二）落实质量保障框架内容

2018 年，在教育质量改进项目的支持下，坦桑尼亚开始采用新的以改善学校质量为根本目标的质量保障框架，该框架取代了以往的教育督查制度。在 2018/19 学年，教育和科技部学校质量保障司对 8 769 所学校（包括 7 288 所小学、1 436 所中学和 45 所教师培训学院）进行了质量评估。评估结果分为六个等级：优秀、良好、中等、基本合格、差和不合格，其中有

---

[1] KOMBA A, SHUKIA R. Accountability relationships in 3Rs curriculum reform implementation: implication for pupils' acquisition of literacy and numeracy skills in Tanzania's primary schools[R]. Dar es Salaam: RISE Tanzania Team, 2021: 13-14.

[2] RUDDLE N, RAWLE G. EQUIP—Tanzania impact evaluation final endline report[R]. Oxford: Oxford Policy Management, 2020: iv.

[3] SIDA. Evaluation of the global partnership for education (GPE)—literacy and numeracy education support (LANES) program in Tanzania (2014–2018)[R]. Helsinki: Nordic Morning, 2019: 58.

5 554 所学校被评为基本合格及以下，教育和科技部对这些学校进行了跟踪检查，并对其整改情况进行了评估。[1] 比较新旧质量保障框架可以看出，质量保障方式发生了巨大变化（见表 5.13）。[2]

表 5.13 坦桑尼亚新旧教育质量保障框架的比较

旧框架	新框架
没有工作指导框架，仅督查人员有学校督查手册	有全面的指导框架，有针对各类参与者的工作手册
学校督查司	学校质量保障司
评估清单用于判断是否符合规定	评估清单用于帮助学校提升质量
仅涉及学校督查人员	涉及所有的教育相关者（包括学校，社区，乡镇、省和中央相关部门）
一些偏远学校从未接受过督查	强调不让任何一个学校掉队
督查报告仅发送给关键部门	评估报告会及时发送给所有的教育相关者（包括家长与社区）
中学和教师培训学院的督查权限在区域一级	中学和教师培训学院的督查权限转移到省一级
自上而下的质量保障	自下而上的方式，关注学校内部改善情况

新的质量保障框架建立后，教育和科技部在各县设立学校质量保障办公室，对学校进行评估、后续回访，并提供专业支持。学校质量保障办公室在学校进行三种类型的检查：全校检查、后续检查和特别检查。全校检查是所有学校每四年接受一次的检查。为了保证在四年内对全国所有学校都进行一次检查，学校质量保障办公室每年按一定比例选定学校，推进检

---

[1] MoEST. Education sector performance report 2018/19[R]. Dodoma: MoEST, 2019: 51-52.
[2] MoEST. Education sector development plan (ESDP) 2016/17-2020/21[R]. Dodoma: MoEST, 2017: 36-37.

查工作。在全校检查中被评为差或不合格的学校将接受后续检查，目的是检查学校是否根据反馈报告中的要求进行了整改。后续检查一般在全校检查后的 60 天内进行。特别检查有两种情况：学生安全面临很大威胁或者道德伦理方面出现问题，或一个新的学校要求认证。[1]

通常，质量检查的目标学校根据学校在毕业考试中的表现而选定，选择小学的依据是小学毕业考试成绩，选择中学的依据是中等教育证书考试成绩。根据考试结果，国家考试委员会将学校分为 1—9 个等级，1 代表最好，9 代表最差。质量保障团队选择目标学校的比例见表 5.14。[2]

表 5.14 选择目标学校的比例

学校等级	在该分段内选择目标学校的比例
7—9 级	50%
4—6 级	25%
1—3 级	25%

通常，一个完整的质量保障周期包括四个阶段。[3]

第一阶段，学校自评准备迎接质量检查。学校自评是学校改进的核心，通过自评，学校领导者和社区可以对学校的优势和劣势有一个全面的认识，改正问题，改善学生学习情况。学校自评使用自评表，该表与质量保障框架的指标一致，由学校在当地教育官员的协助下完成，当地教育官员核对数据，检查学校自评信息是否正确。

第二阶段，学校质量保障检查。在检查前，学校质量保障小组组长会

---

[1] MoEST. School quality assurance operational manual[R]. Dodoma: MoEST, 2017: 2-3.
[2] MoEST. School quality assurance operational manual[R]. Dodoma: MoEST, 2017: 8-9.
[3] MoEST. School quality assurance handbook[R]. Dodoma: MoEST, 2017: 5-14.

根据各方信息大致了解学校近期表现，并制定检查计划。随后，质量保障小组会开展一系列的活动来搜集关于学校运作的全面且准确的数据，质量保障小组会进入教室观摩，对学生进行随机抽查，对学校领导、教师、学生、家长、学校委员会和社区其他成员进行焦点小组访谈。在检查工作接近尾声时，质量保障小组会进行总结并将总结内容实时反馈给学校。

第三阶段，撰写学校质量评估报告和学校总结报告。其内容包括限制有效学习的因素，以及对每个领域的行动建议。这份报告也会发送给地区教育行政官员。

第四个阶段，追踪、支持和指导。在这一阶段，县级教育官员作为与学校联系最密切的基层官员，在协助学校根据建议进行整改的过程中扮演着重要的角色。他们对质量保障小组所提出的问题进行追踪，并对学校提供支持和指导。

2019—2020年，教育和科技部计划对5 967所学校（占全国学校总数的25%）进行全校检查，包括4 667所小学、1 244所中学和56所教师培训学院。在实际实施过程中，教育和科技部对5 058所学校进行了全校检查，约占计划的84.8%。在这5 058所学校中，3 953所是小学，1 089所是中学，16所是教师培训学院。根据表5.15，在接受检查的5 058所学校中，有3 439所学校低于"中等"的标准。对这类学校需要进一步追踪和支持来提升质量。在这些学校中，共有569所接受了后续检查和改进支持（其中494所是小学，75所是中学）。[1]

---

[1] MoEST. Education sector performance report for financial year 2019/20[R]. Dodoma: MoEST, 2020: 62.

表 5.15 2019 年 7 月—2020 年 6 月坦桑尼亚学校质量评估情况

类别	质量评估等级						总计
	优秀（81—100 分）	良好（65—80 分）	中等（45—64 分）	基本合格（25—44 分）	差（24—10 分）	不合格（0—9 分）	
小学	3	72	1 379	2 269	211	19	3 953
中学	0	8	147	818	115	1	1 089

除此之外，为了进一步落实学校质量保障框架，坦桑尼亚政府还优化了学校质量保障工作的资源配置，并为相关工作人员提供了专业培训。教育和科技部在全国 100 个地区新建了质量保障办公室，为 55 个新的质量保障办公室的建设工作和 33 个办公室的修复工作分配了资金，以此改善质量保障官员的工作环境。2019/20 年度，教育和科技部共招聘了 400 名新的学校质量保障官员，并对他们进行了相关培训，以确保他们能够有效地履行其职责；坦桑尼亚教育管理发展局为中小学在职教师提供学校质量保障文凭课程，2019/20 年度，共有 538 名教师顺利获得该文凭。这些从教育管理发展局毕业的教师回到各自的学校后，为所在学校其他教师提供指导或支持，进一步促进质量保障工作在学校内部得到理解、支持和落实，从而达到改善教学和学习质量的最终目的。[1]

（三）改善教师的职前和在职培训

自 2014 年以来，随着各项教育改革进入深水区，坦桑尼亚政府和援助机构越来越意识到职前教师培养的重要性。为了提升小学教师的能力素养，

---

[1] MoEST. Education sector performance report for financial year 2019/20[R]. Dodoma: MoEST, 2020: 63-64

培养能够实施新课程的合格教师，2020 年，坦桑尼亚教育研究院对已有的两年制小学教师教育证书课程进行了修订，将其升级为三年制的专科课程。此次教师职前课程的升级，一方面保证了师范生有充足的时间学习学科知识，这在一定程度上保证了教学质量；另一方面也增加了师范生在小学实习的时间。尽管截至 2021 年 9 月，新课程还未正式实施，但这依然预示着小学教师培养正在往更高质量的道路上前行。在基础教育教师在职培训方面，尽管囿于资金和能力，坦桑尼亚很难建立起一套完善的、可持续的教师在职培训体系，但近年来，也出现了一些比较有前景的在职培训模式。例如，建立教师校本专业学习共同体被认为是一种效益较高的教师在职培训模式，近年来也较多地被纳入教育援助项目。

第六章 高等教育

坦桑尼亚的高等教育虽起步较晚，但其规模在近年有了一定的提升，构建起了一套完整的科学研究体系，为国家建设培养了大量人才。同时，坦桑尼亚高等教育的发展也面临不少挑战，主要体现在财政、教育公平、信息化水平三方面。

第一节 高等教育的发展和现状

一、高等教育的规模

坦桑尼亚的高等教育起步较晚，尽管早在1954年就提出建立坦噶尼喀大学学院的想法，但直到1961年才正式成立第一所高等教育机构——达累斯萨拉姆大学学院，达累斯萨拉姆大学学院附属于伦敦大学，为即将建立的新国家培养社会发展所急需的人才。新建立的大学学院，只有法学一个专业，首批有14名学生入学。[1] 1963年，达累斯萨拉姆大学学院成为东非大

---

[1] SANYAL B C, KINUNDA M J. Higher education for self-reliance: the Tanzanian experience[M]. Paris: International Institute for Educational Planning, 1977: 100.

学的一部分。1970 年，东非大学被拆分为达累斯萨拉姆大学、马克雷雷大学和内罗毕大学。达累斯萨拉姆大学不再附属于任何机构，可以更好地服务于坦桑尼亚人民和国家，它的诞生标志着坦桑尼亚高等教育的真正开始。

截至 2020 年，坦桑尼亚共有 78 所高等教育机构提供专科、本科、研究生层次的教育，其中 43 所公立，35 所私立。[1] 2019/20 年度，坦桑尼亚高等教育在校生共有约 19 万人（见图 6.1）。[2]

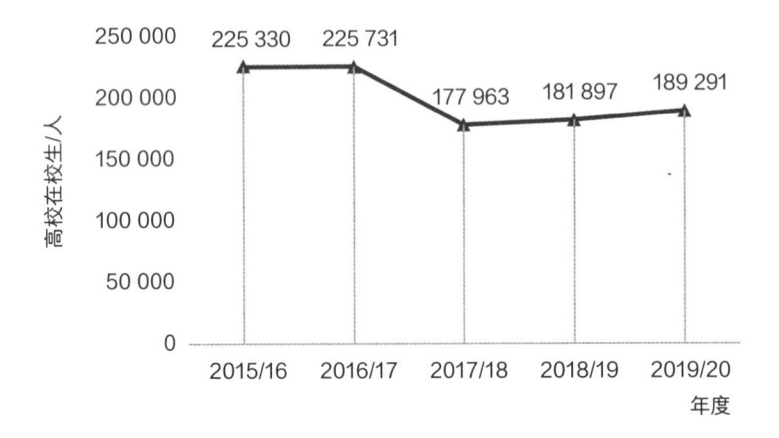

图 6.1　2015/16 年度—2019/20 年度坦桑尼亚高校学生人数

从各专业领域的学生人数来看，选择教育学（29%）、商科（15%）、社会科学（13%）、医学与健康科学（12%）的学生相对较多（见图 6.2）。[3] 只有 26.1% 的学生选择科学和数学。在性别分布方面，科学、数学和工程学专业男生非常多，而女生只占 32.6%。[4] 随着坦桑尼亚成为中等收入国家，对科学领域的投入和人才培养异常关键。

---

[1] MoEST. Education sector performance report for financial year 2019/20[R]. Dodoma: MoEST, 2020: 54-55.

[2] Tanzania Commision for Universities (TCU). VitalStats on university education in Tanzania 2019[R]. Dar es Salaam: TCU, 2020: 8.

[3] Tanzania Commision for Universities (TCU). VitalStats on university education in Tanzania 2019[R]. Dar es Salaam: TCU, 2020: 11.

[4] MoEST. Education sector performance report 2018/19[R]. Dodoma: MoEST, 2019: 46-47.

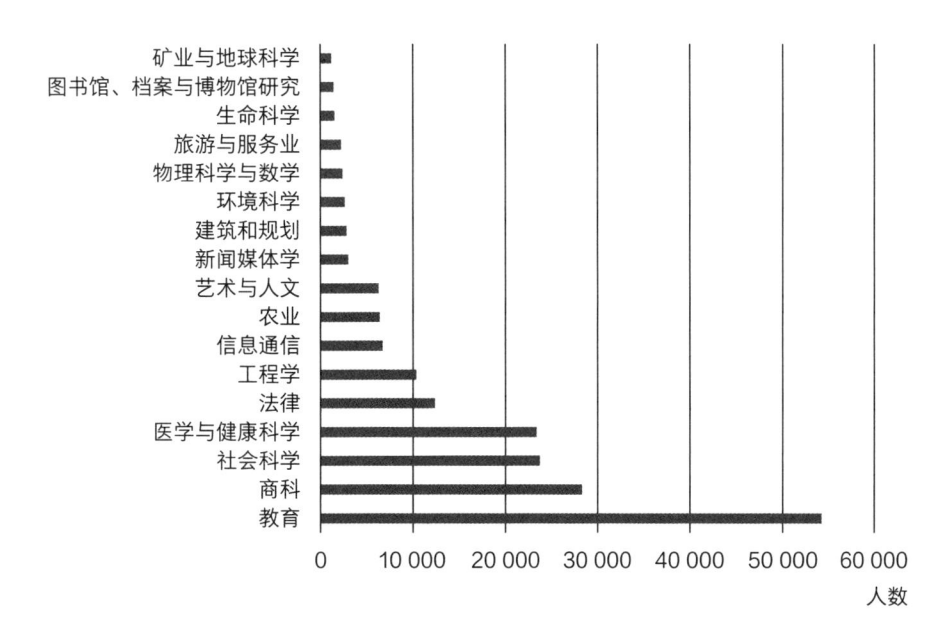

图 6.2 2019 年坦桑尼亚在校大学生的专业分布

　　从培养学生的教育层次[1]来看（见图 6.3），坦桑尼亚高校以培养本科生为主，博士研究生层次的学生人数尤其少，这说明坦桑尼亚本土高校培养博士的能力非常有限。[2] 当前高校教师的教育背景结构（见表 6.1）也能说明这个问题：2018 年，坦桑尼亚共有高校教师 8 307 名，其中 7 647 名为教学人员，而坦桑尼亚高校拥有博士学位的教师比例仅为 26.4%。[3] 2018 年，高校教师的职称情况显示，近一半的教师仅为助理讲师（见表 6.2）。[4] 以上这些数据都意味着，坦桑尼亚目前需要培养更多的博士，提升更多人员的

---

[1] 坦桑尼亚没有严格意义上的学历和学位之分，本书根据坦桑尼亚具体情况而出现"学历"或"学位"。图 6.3、表 6.1 用对应阶段的中译名指示相应层次。

[2] Tanzania Commision for Universities (TCU). VitalStats on university education in Tanzania 2019[R]. Dar es Salaam: TCU, 2020: 11.

[3] MoEST. Education sector performance report 2018/19[R]. Dodoma: MoEST, 2019: 78-79.

[4] MoEST. Education sector performance report 2017/18[R]. Dodoma: MoEST, 2018: 48.

教育背景，以满足本科以及研究生教学的师资要求。[1]

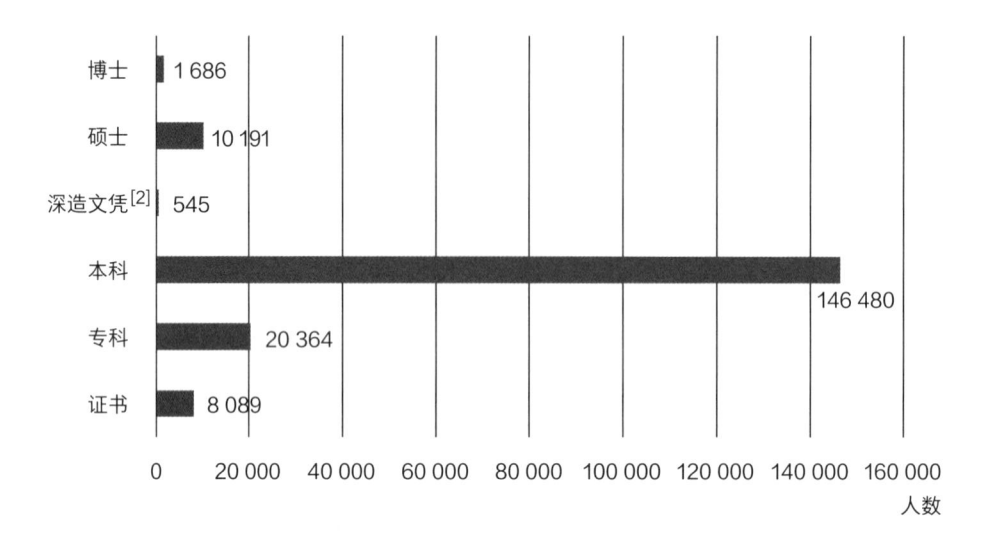

层次	人数
博士	1 686
硕士	10 191
深造文凭[2]	545
本科	146 480
专科	20 364
证书	8 089

图 6.3　2019 年坦桑尼亚大学在校生的教育层次分布

表 6.1　2018 年坦桑尼亚高等教育机构教师的教育背景结构

教育程度	大学	大学学院	大学分校或机构	总数	比例
博士	1 927	208	62	2 197	26.4%
硕士	3 231	542	189	3 962	47.7%
本科	1 389	293	72	1 754	21.1%
高专	14	4	0	18	0.2%
普专	140	31	0	171	2.1%
证书	88	18	5	111	1.3%
中学	54	0	0	54	0.7%

---

[1] "深造文凭"（postgraduate diploma），没有硕士学位。
[2] "证书"（certificate），学生接受相应课程学习所获得的合格文凭，比专科低一层次，相当于中文里的中专水平。

续表

教育程度	大学	大学学院	大学分校或机构	总数	比例
小学	40	0	0	40	0.5%
总数	6 883	1 096	328	8 307	100%

表6.2 2018年坦桑尼亚高等教育机构教学人员的职称

职称	公立	私立	合计
教授	155	74	229
副教授	221	105	326
高级讲师	363	244	607
讲师	990	533	1 523
助理讲师	1 920	1 359	3 279
助教	679	322	1 001

二、高等教育的财政情况

（一）高等教育财政分担政策

独立之后的坦桑尼亚政府废除了殖民时期的费用分摊模式。但是，法律要求所有高等院校的毕业生必须参加为期6个月的兵役，且就业后的前18个月内只能领取工资的40%。这意味着，虽然政府声称取消了费用分摊模式，但实际上，兵役和兵役后的18个月，是为了收回政府在大学生身上投入的助学金成本。[1]

---

[1] KOMBA S C. Issues on financing higher education in Tanzania[M]// ALPHIN H C, Jr, CHAN R Y, LAVINE J. The future of accessibility in international higher education. Hershey：IGI Global, 2017: 125-138.

20 世纪 80 年代，坦桑尼亚面临严重的经济危机，政府无力为免费的公共高等教育提供资金。在国际货币基金组织和世界银行的结构调整计划下，坦桑尼亚政府于 1988 年决定在高等教育中推行成本分担政策，该政策于 1992 年 1 月正式宣布实施。政府的声明称，在高等教育中实行成本分担是有必要的，这样可以保证学术课程的质量，增加高等教育入学的机会，同时控制政府在高等教育中的开支。[1] 分担成本、同更广大的利益相关者合作办学是当时的主流思想。与之前政府关注教育机会和公平不同，教育质量、教育成本和教育的培训功能成为政府的核心议题。[2]

随着财政分担政策的实施，私立高等院校的处境变得艰难。私立高校经费的主要来源是学费，而生源状况直接决定了其经费的多少，存在一定程度的不确定性，因而加剧了其财政困难。

（二）高等教育拨款

与发达国家不同的是，很多非洲国家高等教育学生人数急剧增加，但分配的资金却在减少。也就是说，学生的入学率与预算拨款的变化趋势是不匹配的，坦桑尼亚也存在这种情况。虽然在大多数情况下，坦桑尼亚政府对高等教育拨款占教育总支出的比例超过 20%，但在最新统计报告中，对高等教育的拨款整体呈下降趋势（图 6.4）。[3]

---

[1] ISHENGOMA M J. Cost-sharing in higher education in Tanzania: fact or fiction?[J]. Journal of higher education in Africa, 2004: 101-133.

[2] BUCHERT L. Education in the development of Tanzania 1919-1990[M]. Dar es salaam: Mkuki na Nyota Publisher, 1994: 144.

[3] MoEST. Education sector performance report for financial year 2019/20[R]. Dodoma: MoEST, 2021.

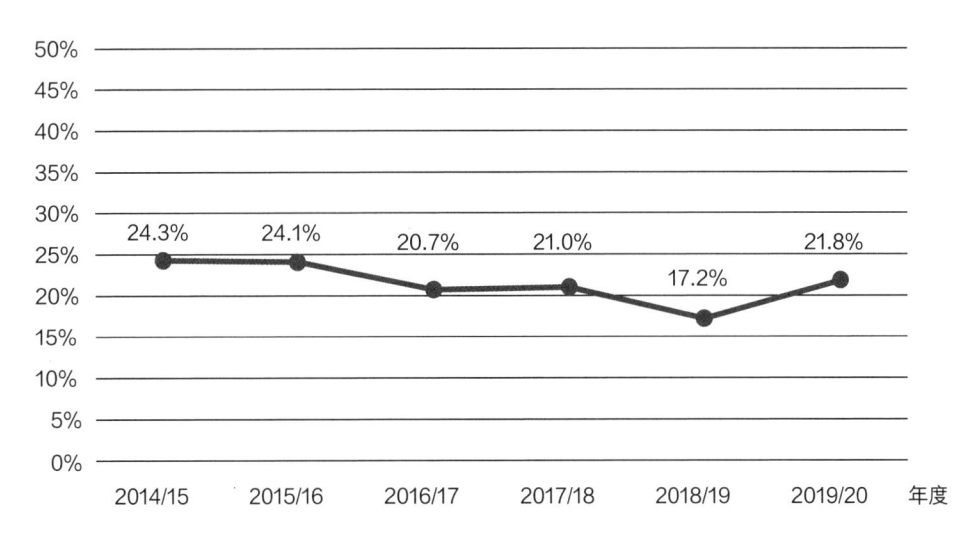

图 6.4　2014/15 年度—2019/20 年度坦桑尼亚高等教育（含高等技术教育）拨款占教育总支出的比例

（三）学生资助体系

2004 年，坦桑尼亚政府成立了高等教育学生贷款委员会（Higher Education Students Loan Board，以下简写为 HESLB）。HESLB 向就读于经过认证的国内外高等教育机构的贫困家庭学生发放贷款，使之有在高等院校学习的机会。

最初，发放的学生贷款是免息的。从 2011/12 年度起，所有发放的贷款都要收取年利率 6% 的利息。[1] 贷款额度因学生的贫困程度而异，由申请人的收入来确定，与性别等因素无关。贷款受益人在完成或终止高等教育后，应按月扣除不少于 15% 的收入来偿还贷款；自由职业者每月应偿还的金额

---

[1] HESLB. Guidelines and criteria for granting loans in academic year 2014/15[R]. Dar es salaam: Higher Education Students' Loans Board, 2014: 10.

不得少于 10 万坦先令。[1] 在 2014/15 年度—2016/17 年度，申请贷款的人数约增加了 39%，由 2014/15 年度的 62 357 人增至 2016/17 年度的 86 904 人。在这一时期，通过批准的人数也增加了 2.53%。然而，除了 2015/16 年度，HESLB 的资助范围扩大到 47 752 名新生外，过去三年受益的新生人数基本保持不变。平均而言，2012/13 年度—2016/17 年度，该举措让约 58.7% 的新生获益。[2]

从助学金的偿还情况来看，HESLB 要在 2017 年收回 80% 的助学贷款才有可能保证助学金的可持续发放。尽管近年来还款率有所上升，但截至 2016/17 年度，年还款率仅为 47.6%，与所定目标相差甚远。[3]

三、高等教育管理和质量保障

坦桑尼亚教育和科技部下设高等教育司，负责监督高等教育政策的制定和执行，以提高高等教育的入学率、质量和公平度。1995 年，政府准许建立私立大学后，坦桑尼亚政府成立了高等教育认证委员会，负责公立和私立大学的注册和认证工作。2005 年，坦桑尼亚建立高等教育资格框架，成立坦桑尼亚大学委员会，取代了之前的高等教育认证委员会。该机构的主要职能是认证坦桑尼亚的大学，认证本国或者外国大学提供的学历学位，保障坦桑尼亚所有大学的正常运作。

坦桑尼亚大学委员会有三个核心职能。第一为监管职能，大学委员会对大学、专业进行定期和不定期的评估，为所有大学建立质量保障体系，

---

[1] HESLB. Guidelines and criteria for issuance of students' loans and grants for the 2020/2021 academic year[R]. Dar es salaam: Higher Education Students' Loans Board, 2020: 6.

[2] HESLB. Strategic plan 2017/18-2020/21[R]. Dar es salaam: Higher Education Students' Loans Board, 2017: 9.

[3] HESLB. Strategic plan 2017/18-2020/21[R]. Dar es salaam: Higher Education Students' Loans Board, 2017: 10.

在此过程中对各机构进行注册和认证，方便其在坦桑尼亚提供高等教育服务，同时还负责认证本国或外国高等教育机构所颁发的学历学位证书，以确保其可信度。第二为咨询职能，大学委员会向政府和公众提供高等教育专业和政策制定方面的咨询服务。第三为支持职能，通过协调学生入学，在质量保障、大学领导和管理、筹资和资源调动、创业技能和性别平等等领域提供培训和宣传，确保大学在达到既定标准的基础上有序开展服务和管理。[1]

高等教育质量保障职能主要由坦桑尼亚大学委员会承担，为了规范质量保证标准和流程，坦桑尼亚大学委员会颁布了《大学资格框架》《大学教育指导方针》等文件，并制定了专业认证相关流程，各高校也都建有独立的质量保障部门，并制定了相应的内部质量保障框架。虽然坦桑尼亚建立起了高等教育质量保障体系，但这并不意味着大学委员会有能力让所有大学都执行相关的质量标准，私立大学的质量保障体系仍然薄弱。[2]

四、科研体系

（一）科研政策

坦桑尼亚是东非最早制定科研领域相关政策的国家之一。1986年，《坦桑尼亚科学和技术委员会法案》确立了科研体制框架，并延续至今。除颁布这一框架性法案外，坦桑尼亚还设立了坦桑尼亚国家科技委员会及其研发咨询委员会、技术转化与发展中心和国家科技进步基金，用以为科研产

---

[1] 资料来源于坦桑尼亚大学委员会官网。
[2] MGAIWA S J, ISHENGOMA J M. Institutional constraints affecting quality assurance processes in Tanzania's private universities[J]. Journal of higher education in Africa, 2017, 15(1): 57-67.

出和培训提供贷款和资金。1996年,《科学技术政策》设立"国内生产总值的1%左右用于科学研究和技术发展"的目标,但截至2020年,该目标尚未实现。2010年,《国家研究和发展政策》明确了坦桑尼亚科研政策的总体方向,指出了国家科研体系的缺陷,并制定了相应的解决措施。但该政策设定的目标似乎与以往文件所设目标没有太大区别,这表明,自1986年以来,坦桑尼亚科研方面的进展甚微。除此之外,该文件还承诺改善研发相关部门和机构之间的关系;通过建立卓越研究中心,提高科研中通信技术以及社会经济调查的使用频率;制定人力资源发展计划,为科研工作者提供更好的报酬和奖励。

坦桑尼亚每五年会发布一次科研战略文件,以确定科研的重点领域。《坦桑尼亚2015—2020年科研重点》确定了科研的关键领域(教育、健康、食品和营养、水和卫生、土地管理),提高经济竞争力的关键领域(能源、制造业、运输业、采矿业、农业和旅游业)以及关键的环境领域(自然资源管理、生态系统和气候变化)。

总体而言,坦桑尼亚有一个完善的、依靠长期规划的、强调研究与经济发展之间联系的科研政策框架。这些政策文件列出了众多雄心勃勃的目标,但少有关于实施细节方面的描述。政策制定和政策执行之间存在鸿沟,存在鸿沟的原因包括资金缺乏、执行者能力有限和政府部门对科研的重视程度不一。从整体上来看,坦桑尼亚和其他许多撒哈拉以南非洲国家一样,需要做的不是制定政策,而是要努力将愿景变为现实。[1]

(二)科研机构

自1986年以来,国家科技委员会就承担着坦桑尼亚科研政策制定、科

---

[1] FOSCI M, LOFFREDA L, CHAMBERLAIN A, et al. Country needs assessment: research systems in Tanzania[R]. Nottingham: Research Consulting, 2019: 3-5.

研活动协调与资助、向政府提供科研相关咨询的工作，是坦桑尼亚科研体系的核心机构。其他相关机构包括通信与科技部，执行国家研究和发展政策，并确保国家战略目标得以实现；教育和科技部，负责确定国家在技能和发展方面的需求，并管理科技研究活动，这主要是通过教育和科技部下属的高等教育机构实现的；研发咨询委员会，主要就其主管领域内（如农业和畜牧业、自然资源、环境、工业和能源研究、公共卫生和医学研究、基础科学、社会科学）的问题向国家科技委员会提出建议；技术转化和发展中心，它是国家科技委员会下属机构，负责评估和确定进口的技术、技术转让等有关事务。

坦桑尼亚的科研体系主要由公共机构组成，科研工作主要由大学和研究机构承担。截至2020年，坦桑尼亚有43所公立大学，以及一些研究机构，包括16所农业研究机构/研究站，6个动物科学和动物疾病研究机构，9个人类健康、营养和医学研究机构，6个自然资源研究机构和7个产业研究机构。其他重要的科研机构还包括坦桑尼亚科学院，这是一个非营利的科研机构，与坦桑尼亚政府、坦桑尼亚国内的科学组织合作，推动科技应用和创新；非洲科学院网络，这是非洲科学院的一个协会，它是一个有影响力的国际中介机构。这些机构之间的关系如图6.5所示。[1]

---

[1] FOSCI M, LOFFREDA L, CHAMBERLAIN A, et al. Country needs assessment: research systems in Tanzania[R]. Nottingham: Research Consulting, 2019: 6.

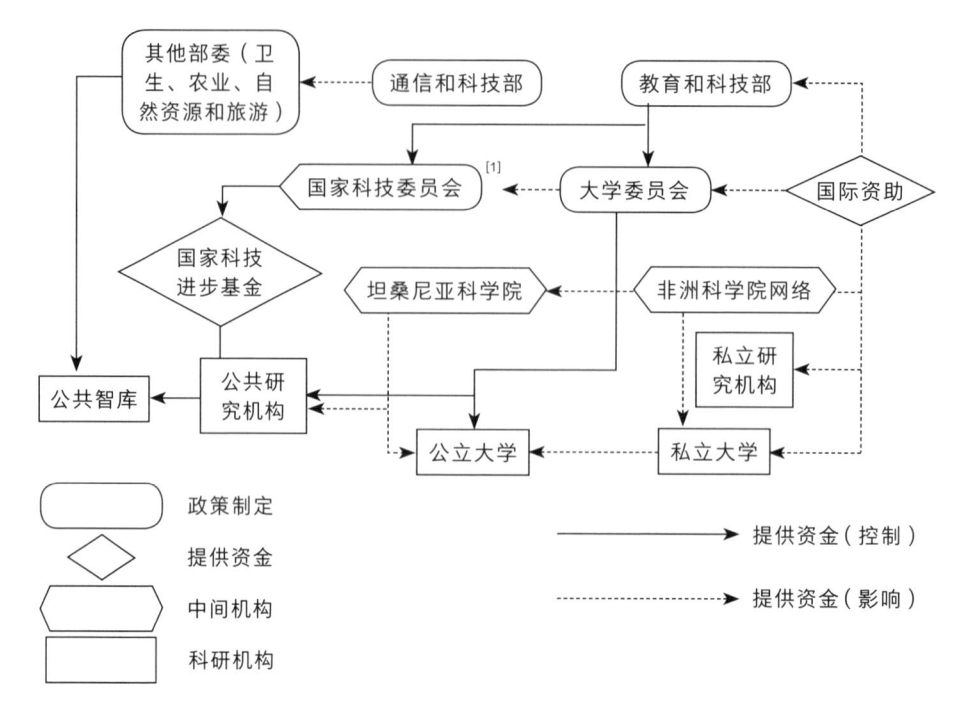

图 6.5 坦桑尼亚科研体系的主要参与者

（三）科研投入与产出

根据联合国教科文组织的数据，坦桑尼亚国内研发支出总额相当于国内生产总值的 0.5%，是 1996 年《科学技术政策》所述目标的一半。按人均计算，坦桑尼亚每年在每个科研人员身上支出高达 671 美元。根据一份关于坦桑尼亚科研需求的报告，这个数字在该系列报告的七个国家中是最高的[2]，且远远高于一些高收入国家的支出（例如，英国每年在每位研究人员身上的支出为 165 美元）。当前，坦桑尼亚将约 60% 的国内研发支出用于高等教育机构，这不包含非营利部门或企业的研究机构。在撒哈拉以南非洲

---

[1] 国家科技委员会既是政策制定机构，又是中间机构。
[2] 这七个国家分别是：埃塞俄比亚、加纳、肯尼亚、尼日利亚、卢旺达、坦桑尼亚和乌干达。

国家中，对企业研发低投入的情况很常见，但坦桑尼亚对企业研究投入不足进一步证明了科研工作在坦桑尼亚是高度集中且由公共部门驱动的。同时，坦桑尼亚还设置有国家科技进步基金，其初始投入为6 340万坦先令，其中75%来自丹麦政府，其余资金来自坦桑尼亚教育和科技部、慈善机构和桑给巴尔总统。该数据远远低于政府提出的10亿坦先令的目标。此外，坦桑尼亚国家科技委员会还提供坦桑尼亚科学技术成就奖、国家科学技术研究奖、国家环境管理奖和学校科学奖。[1]

目前，坦桑尼亚的国内研发支出总额有42%来自国外。[2]在达累斯萨拉姆大学2009—2013年获得的资助中，瑞典国际发展合作署提供的资助占其获得总资助的58.1%。[3] 2015—2020年，由瑞典国际发展合作资助的合作计划是达累斯萨拉姆大学最大的资助研究项目。该合作计划5年来共为33名硕士生、64名博士生和20名博士后提供资助，金额为148 896 045瑞典克朗。该合作计划还支持建立了8个博士专业和3个硕士专业，修订了现有的2个博士专业和4个硕士专业，为达累斯萨拉姆大学提供了研究管理和协调服务，以及大学图书馆电子资源采购服务。[4]

对坦桑尼亚等许多非洲国家而言，国际援助有助于加强研究机构的研究能力和提高研究机构的国际知名度，但国际援助也存在一些问题。首先，根据现有数据，国际援助所提供的支持经常是零散和未经充分协调的，外部资金只在有限的时间内提供，项目结束资金断供有损已采取措施的长期效用。其次，国际资助为有才华的研究人员提供了在国外从事研究事业的机会，但也加剧了人才外流。再次，外部资金是由国际议程驱动的，往往

---

[1] FOSCI M, LOFFREDA L, CHAMBERLAIN A, et al. Country needs assessment: research systems in Tanzania[R]. Nottingham: Research Consulting, 2019: 8.

[2] FOSCI M, LOFFREDA L, CHAMBERLAIN A, et al. Country needs assessment: research systems in Tanzania[R]. Nottingham: Research Consulting, 2019: 8.

[3] 徐倩. 需求驱动与系统支持：瑞典国际发展合作署与达累斯萨拉姆大学的科研合作[J]. 比较教育研究. 2017, 39（7）：34-40.

[4] University of Dar es Salaam. UDSM annual report 2016-2017[R]. Dar es Salaam: UDSM, 2018: 41.

忽视了坦桑尼亚当地的专业知识需求、期望和政策重点。最后，国际资助往往存在资助者不愿让接受者自己管理研究项目的情况，这对当地研究人员是一种打击。[1]

从科研产出情况来看，1996—2013 年，与非洲大陆其他几所旗舰大学相比，达累斯萨拉姆大学的研究成果发表数量少且增速慢。[2] 达累斯萨拉姆大学在 2016/17 年度的科研产出中虽期刊论文占较大比重，但产出数量呈下降趋势：2013/14 年度为 659 篇，2014/15 年度为 461 篇，2015/16 年度为 337 篇。如表 6.3 所示，自然与应用科学学院在发表期刊论文数量方面以较大优势领先，2016/17 年度发表的期刊论文总数为 106 篇。[3]

表 6.3 2016/17 年度达累斯萨拉姆大学的科研产出情况

学院	科研项目/个	创办期刊/本	期刊论文/篇	会议论文/篇	研究报告/篇	专著/本	章节/章
农业科学与渔业技术学院	11	0	16	2	1	0	1
工程与技术学院	23	2	11	10	4	0	1
人文学院	10	5	17	0	0	2	1
信息技术学院	8	0	26	4	0	0	1
自然与应用科学学院	27	2	106	3	0	0	3
社会科学院	52	14	4	4	6	2	2
商学院	7	4	18	4	0	1	3
法学院	4	6	2	4	2	0	0

---

[1] FOSCI M, LOFFREDA L, CHAMBERLAIN A, et al. Country needs assessment: research systems in Tanzania. report for the SRIA programme[R]. Nottingham: Research Consulting, 2019: 8.

[2] TIJSSEN R. Research output and international research cooperation in African flagship universities[M]// CLOETE N, MAASSEN P, BAILE Y T. Knowledge production and contradictory functions in African higher education. Cape Town: African Minds, 2015: 61-74.

[3] University of Dar es Salaam. UDSM annual report 2016-2017[R]. Dar es Salaam: UDSM, 2018: 40-43.

续表

学院	科研项目/个	创办期刊/本	期刊论文/篇	会议论文/篇	研究报告/篇	专著/本	章节/章
教育学院	4	2	10	5	0	4	4
健康科学学院	1	0	0	0	0	0	0
新闻与传播学院	0	0	0	3	0	0	0
发展研究所	3	1	6	0	0	0	1
斯瓦希里研究所	0	6	14	25	0	7	2
海洋科学研究所	11	0	17	25	12	0	0
资源评估研究所	22	0	27	0	0	3	0
达累斯萨拉姆大学教师学院	15	2	60	1	0	0	0
姆夸瓦大学教师学院	11	0	20	4	0	0	0
图书馆	0	2	0	0	0	0	0
总计	209	46	354	94	25	19	19

五、国际排名

从近年来的大学国际排名来看，坦桑尼亚的大学很少进入泰晤士高等教育世界大学排名、QS 世界大学排名和美国《新闻与世界报道》大学排名等常见的大学排名榜。2021 年，坦桑尼亚仅有三所大学在 SCImago 高等教育机构排名中上榜，排名最高的是莫西比利健康与联合科学大学（见表 6.4）。[1] 达累斯萨拉姆大学近年的排名落后，这一定程度上是由于医学和工科类的大学科研产出较多从而在该排名中取得有利结果。

---

[1] 根据 SCImago 官网上 2016—2021 年非洲地区的大学排名情况整理而成。

表 6.4 2016—2021 年坦桑尼亚大学在 SCImago 上的排名情况

年份	非洲排名	全球排名	大学名称
2016	51	653	莫西比利健康与联合科学大学
	64	667	索科因农业大学
	64	667	达累斯萨拉姆大学
2017	46	650	莫西比利健康与联合科学大学
	58	663	达累斯萨拉姆大学
	66	672	索科因农业大学
2018	65	726	达累斯萨拉姆大学
	69	731	莫西比利健康与联合科学大学
	80	745	索科因农业大学
2019	20	679	莫西比利健康与联合科学大学
	46	725	索科因农业大学
	86	782	达累斯萨拉姆大学
2020	22	702	莫西比利健康与联合科学大学
	52	749	索科因农业大学
	79	779	达累斯萨拉姆大学
2021	16	701	莫西比利健康与联合科学大学
	56	763	索科因农业大学
	84	800	达累斯萨拉姆大学

第二节 高等教育的特点

一、高等教育发展水平低

在1995年之前，坦桑尼亚只有达累斯萨拉姆大学和索科因农业大学两所高校。截至1990年，这两所大学只有3 146名学生，不及当时肯尼亚大学学生人数的十分之一。索科因农业大学的入学人数从1986年的465人下降到1990年的383人，坦桑尼亚高等教育入学人数情况与整个撒哈拉以南非洲的趋势形成鲜明对比。[1] 1970—2003年，坦桑尼亚仅增加了4所公立大学，即索科因农业大学、姆祖贝大学、坦桑尼亚开放大学和桑给巴尔国立大学。这四所大学在成立之初，由于社会处于经济困难时期，只有部分家庭能负担得起高等教育，因此这四所大学只接收了很少的学生。[2] 这一时期，坦桑尼亚高等教育发展缓慢。

社会对高等教育的需求不断增加，这引发了政府对私有资本参与坦桑尼亚高等教育的政策考量。1995年，坦桑尼亚第10号教育法案通过，允许私立大学招生。此后，坦桑尼亚私立大学数量大大增加。[3] 尽管高等教育市场需求旺盛，但坦桑尼亚的高等教育毛入学率仍然较低，2015/16年度—2019/20年度高等教育（包括高等技术教育）毛入学率分别为5.2%、6.9%、

---

[1] COOKSEY B, MKUDE D, LEVEY L. Higher education in Tanzania: a case study[M]. Dar es Salaam: Mkuki na Nyota Publishers, 2003: 63.

[2] ISTOROYEKTI Y M. Issues challenging universities: a case of Tanzanian higher education[J]. Ahmad Dahlan journal of English studies, 2016, 3(1): 51-62.

[3] MGAIWA S J, ISHENGOMA J M. Institutional constraints affecting quality assurance processes in Tanzania's private universities[J]. Journal of higher education in Africa, 2017, 15(1): 57-67.

8.5%、6.1%、6.2%。[1] 这意味着坦桑尼亚的高等教育属于精英教育阶段[2]，尼雷尔担任总统期间所倡导的教育为人民服务的理念，尚未实现。

二、高校发展同质化

一般来说，大学的基本功能包括教学、科研和社会服务。科研是高等教育的重要使命，坦桑尼亚的所有大学（包括公立和私立大学）在法律上都有义务将研究作为其核心职能之一。这在坦桑尼亚的政策文件中也可印证。例如，《坦桑尼亚大学教育一般准则和最低标准》和《国家高等教育发展方案（2010—2015年）》都声明，大学有法律义务将研究作为其核心职能之一。

从不同大学对这三项功能的重视程度来看，坦桑尼亚的高等教育系统发展比较同质化，所有的高等教育机构似乎都可以被称为研究型大学。研究型大学被视为生产知识的关键场所，是国家发展的重要引擎，是培养受过良好教育的关键领域劳动力，特别是培养拥有博士研究生学位人才的地方。但研究型大学需要投入大量的财力、物力和人力，以实现其有效运行和可持续性。考虑到成本效益的平衡，世界上很多国家都选择了研究型大学和教学型大学兼顾的发展模式。[3]

尽管坦桑尼亚有发展科研文化、改善研究型知识的生产和应用情况的意愿，但作为一个刚刚迈入中等收入国家门槛的发展中国家来说，不采用研究型和教学型大学兼顾的发展模式，而倾向于研究型大学的发展模式，是需要慎重考虑的。一项对坦桑尼亚大学科研状况的研究表明，坦桑尼亚

---

[1] MoEST. Education sector performance report for financial year 2019/20[R]. Dodoma: MoEST, 2020: 19.
[2] 按照马丁·特罗对高等教育发展阶段的划分，高等教育毛入学率低于15%为精英教育阶段。
[3] FUSSY D S. Policy directions for promoting university research in Tanzania[J]. Studies in higher education, 2018, 43(9): 1573-1585.

政府在为高等教育机构提供充足和持续的科研经费方面表现不佳，坦桑尼亚的大多数大学缺乏研究经费、支撑研究型大学运营的基础设施、训练有素的研究人员等基本要素，这迫使大多数坦桑尼亚高等教育机构在实践中以教学型大学的形式运作。[1]

第三节 高等教育的挑战和对策

一、面临的挑战

（一）高等教育财政支持不足

坦桑尼亚政府对公立大学的资助主要采用直接拨款的方式，即根据每个学生培养成本乘以某所大学的学生总数，将经费一次性支付给公立大学。这种一次性拨付的经费分为发展性资金和经常性资金。发展性资金用于投资基础设施，例如，购买土地，建造或修复现有教室、实验室和图书馆。这类资金只能严格用于上述用途。经常性资金则用于开展教学、研究和公共服务，例如，支付大学日常开支，用于教学活动、员工发展、研究活动、知识转移或增值活动。这意味着，研究经费被列入了与电费、水费、教辅材料和人员培训等支出相同的类别，科研工作并没有从政府预算中获得专门的基金或拨款。同时，是否为研究提供资金的决定权在大学高层领导，当面对经常性资金有限且不断减少、其他费用占比较大、公立大学难以获

---

[1] FUSSY D S. Policy directions for promoting university research in Tanzania[J]. Studies in higher education, 2018, 43(9): 1573-1585.

得其他可利用资金时，科研活动便会受到影响。[1]

作为公立大学资金的主要提供者，坦桑尼亚政府的资助既不足额，也不可持续。由于通货膨胀、学生入学率上升、注册人数增加等因素，大学的经费需求持续增加，但政府提供的资助却呈下降趋势。大学经费的减少在很大程度上影响了教学、实验、研究和实习活动的质量。就坦桑尼亚的大学而言，在高等教育招生人数极其有限时引入的补贴模式，随着招生人数的扩大而被证明是不可持续的。如果没有足够的资金，学术服务质量就会受到威胁。[2]有证据表明，坦桑尼亚大多数公立大学的基础设施、教学材料等都已经过时，而且由于资金不足没有得到及时修复或更新。[3]在这种情况下，大学教学质量普遍受到影响。

（二）女性的参与率低

高等教育中两性平等的基本含义是指消除限制不同性别参与高等教育的障碍和刻板观念。自1961年独立以来，坦桑尼亚政府在缩小教育领域的性别差异方面做出了一些努力，与妇女权利有关的国际和区域性协定也促使坦桑尼亚制定了一系列法律和政策来禁止基于任何理由的性别歧视。《国家教育法案（1978年）》《教育和培训政策（2002年）》《国家高等教育政策（1999年）》为各级教育实现两性公平和平等提供了指导方针。[4]随着受教育程度的增高，女孩受教育人数逐渐减少，在高等教育阶段表现尤为突出。

---

[1] FUSSY D S. Policy directions for promoting university research in Tanzania[J]. Studies in higher education, 2018, 43(9): 1573-1585.

[2] MATERU P N. Higher education quality assurance in Sub-Saharan Africa: status, challenges, opportunities, and promising practices[M]. Washington D.C.: The World Bank, 2007: xix.

[3] ABELI W. Higher education and development: a critical nexus[J]. Investment in higher education for development: new directions, SARUA leadership dialogue series, 2010, 2(2): 9-18.

[4] KILANGO N C, QIN Y H, NYONI W P, et al. Interventions that increase enrolment of women in higher education: The University of Dar es Salaam, Tanzania[J]. Journal of education and practice, 2017, 8(13): 21-27.

尽管在 2015—2020 年，整体上高等教育在校生的性别分布差异有所缩小，但女性人数仍远少于男性（见图 6.6）。[1] 以达累斯萨拉姆大学为例，女生占年度总入学人数的比例从 2011/12 年度的 40% 下降到 2016/17 年度的 34%。在高等教育领域，如图 6.7 所示，几乎所有专业的男性就读人数都超过女性，即便是教育学这类人文学科，男性的人数也远远高于女性。[2] 与此相对应的，女性在高等教育机构就职的比例也很低，以达累斯萨拉姆大学为例，虽然该大学专职教师中女性人数从 2011/12 年度的 332 人增长到 2016/17 年度的 402 人，但女教师的比例仍然远远低于男教师（见图 6.8）。[3]

阻碍女性接受高等教育的因素有很多，例如，传统观念中对女性的角色定位根深蒂固，认为女性仅应该承担生育和照顾家庭的责任[4]，这在一定程度上导致坦桑尼亚社会不重视女性教育。

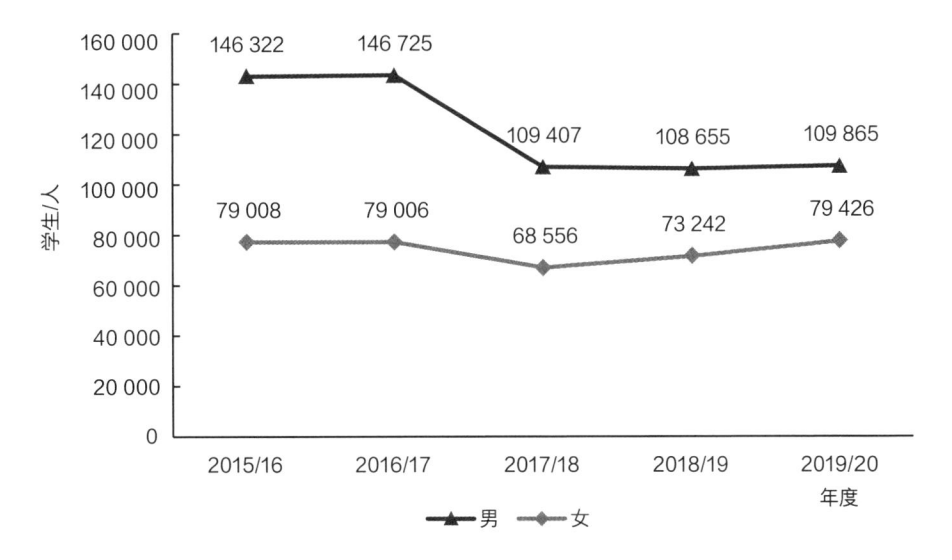

图 6.6 2015/16 年度—2019/20 年度坦桑尼亚高校的男女生人数

---

[1] TCU.VitalStats on university education in Tanzania 2019[R]. Dar es Salaam: TCU, 2020: 8.
[2] TCU.VitalStats on university education in Tanzania 2019[R]. Dar es Salaam: TCU, 2020: 12.
[3] UDSM. Facts and figures 2011/12-2016/17[R]. Dar es Salaam: University of Dar es Salaam, 2017.
[4] MWALONGO L J. The role of social cultural factors in women access to higher education in Tanzania[J]. International journal of innovation and research in educational sciences, 2017, 4(3): 260-264.

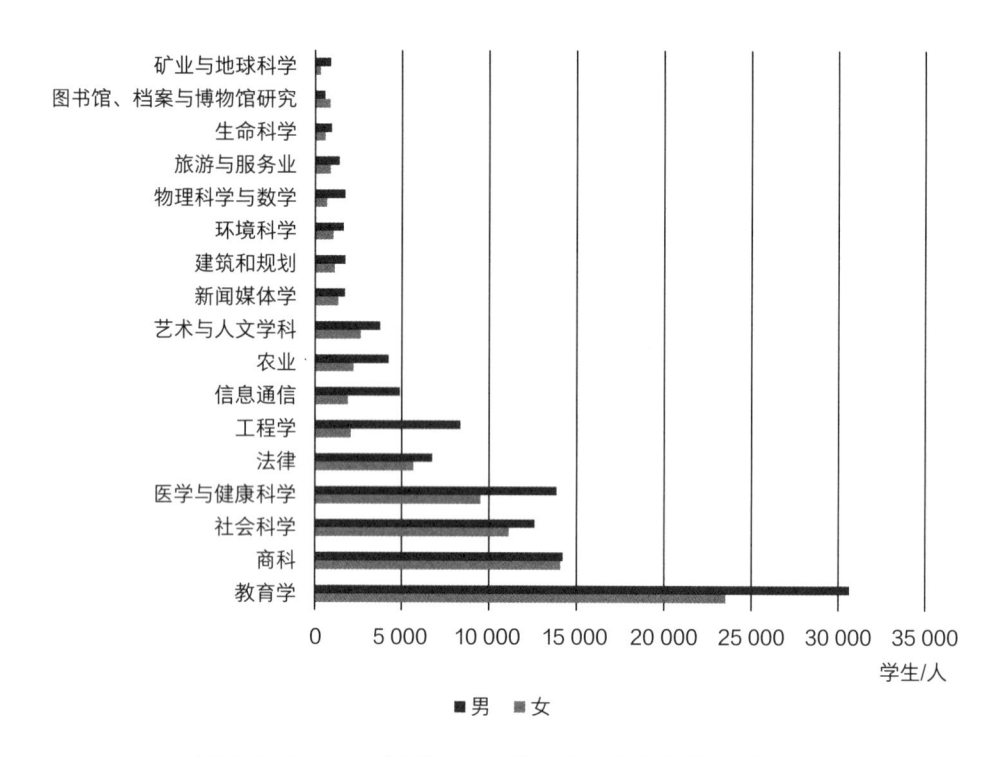

图 6.7 2019 年坦桑尼亚大学生在各专业上的性别分布

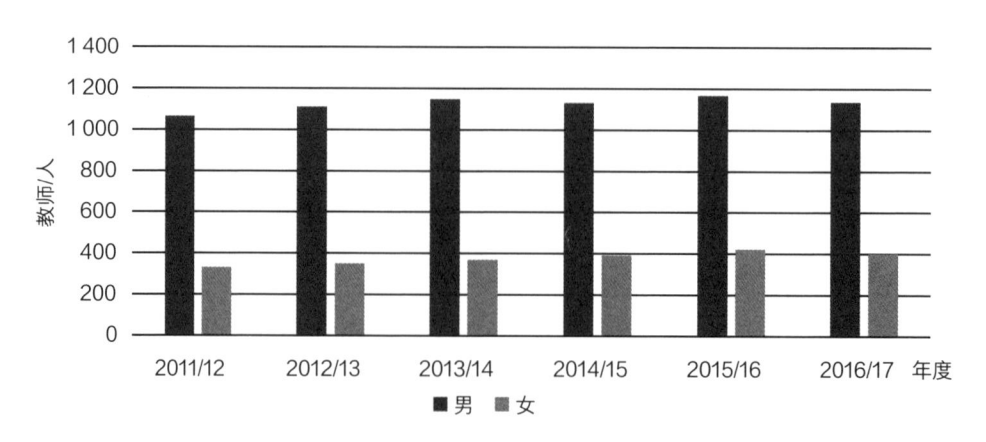

图 6.8 2011/12 年度—2016/17 年度达累斯萨拉姆大学专职教师的性别分布

（三）高等教育信息化水平低

信息化的基础是拥有相应的数字设施，但坦桑尼亚数字设施匮乏，其互联网连接率在137个国家中排名第126位。根据世界经济论坛2016年收集的数据，坦桑尼亚只有9.2%的人口开通了移动互联网，0.3%的人拥有固定宽带。同时，坦桑尼亚的互联网质量很差，每个用户的宽带速度平均每秒只有1.7千字节。[1] 当然，互联网覆盖率正逐步提高，坦桑尼亚通信管理局数据表明，2020年，坦桑尼亚有2 700万人在使用移动互联网，约占总人口的一半。[2]

坦桑尼亚高等教育的信息化处于缓慢发展中。以达累斯萨拉姆大学的在线教学为例，达累斯萨拉姆大学使用网络化学习系统来教学可以追溯到20世纪90年代，当时该大学在技术强化自主学习项目下建设网络课程，到2007年年底，共创建和上传了402门课程，约有16 000名注册用户。然而，早期举措的一个主要弱点是，它侧重于激励教师使用该系统，而不是向教师提供具体操作方法，因而许多课程标题下面实际上没有任何内容或资源很少。而大学每年要为使用该系统支付大约18 000美元的费用，这对大学来说是一个负担。后来，达累斯萨拉姆大学决定选择一个更强大、更稳定的系统：Moodle。到目前为止，有超过15 000名活跃用户正在使用该系统，平台上已上传400多门课程，同时，达累斯萨拉姆大学将面对面授课与学生通过Moodle获取线上学习资源相结合。[3] 尽管从无到有地建立了在线学习系统，但大学教师信息化素养低和学生电脑拥有率低仍然是一个比较大的挑战。

---

[1] FOSCI M, LOFFREDA L, CHAMBERLAIN A, et al. Country needs assessment: research systems in Tanzania[R]. Nottingham: Research Consulting, 2019: 10.

[2] 资料来源于坦桑尼亚《公民报》官网。

[3] MTEBE J S, RAPHAEL C. Key factors in learners' satisfaction with the e-learning system at the University of Dar es Salaam, Tanzania[J]. Australasian journal of educational technology, 2018, 34(4): 107-122.

2020年,在新冠肺炎疫情停课期间,达累斯萨拉姆大学成立了在线教学工作组,该工作组的职责是在已有的线上教学平台基础上,实现研究生在线课程的全覆盖。工作组首先对现有的信息和通信基础设施、教师的信息技术技能以及可采用的信息系统进行了调查。6月1日大学复课,虽然在线教学不再是迫切的任务,但在线教学工作组仍然按照计划,对全校所有院系的相关教学人员进行了在线课程资源建设的培训,并新建了369门研究生线上课程。[1]

除此之外,对于高等教育研究比较重要的数据库,主要由各高校和研究机构自行开发和购买。坦桑尼亚目前没有国家级的研究数据库。

二、应对策略

(一)提高高等教育财政的可持续性

鉴于高等教育对社会、经济、技术发展的影响,高等教育应成为政府预算编制和资金拨付的重点对象。坦桑尼亚政府在《教育部门五年发展规划(2016/17年度—2020/21年度)》中,在高等教育财政方面提出了重要的发展方向,例如,调动全面、可持续的财政资源,建立公私伙伴关系;进一步加强高等教育学生贷款委员会在贷款管理方面的能力等。[2]

---

[1] MTEBE J S, FULGENCE K, GALLAGHER M. COVID-19 and technology enhanced teaching in higher education in Sub-Saharan Africa: a case of the University of Dar es Salaam, Tanzania[J]. 2021, 8(2): 383-397.

[2] MoEST. Education sector development plan (ESDP) 2016/17-2020/21[R]. Dodoma: MoEST, 2017: 106.

（二）保障高等教育的公平与质量

根据坦桑尼亚《教育部门五年发展规划（2016/17 年度—2020/21 年度）》，高等教育领域的重要目标是增加入学机会和提升教育质量，促进科学和技术专业领域的性别平等。[1]

一项利用 2001 年、2006 年和 2014 年收集的综合劳动力数据的研究表明，鉴于女性受教育的回报率高于男性，坦桑尼亚政府应努力增加妇女就业机会，降低其失业率，为此，政府应增加对妇女教育的投资，提供更多、更优质的教育。更多妇女接受教育并进入劳动力市场，将对她们的生计和经济独立产生积极影响，从而增强经济赋能。[2]

坦桑尼亚政府所设置的高等教育学生贷款委员会以及其促进女性入学的各种举措，都在一定程度上保障了高等教育的公平。1974 年的《穆索马决议》规定，女性可以直接从中学进入大学，不必像男子一样承担两年的义务兵役。[3] 坦桑尼亚高等教育机构也采取了各种措施来提高女性入学率，例如，达累斯萨拉姆大学在 1997/98 年度制定了平权政策，其主要措施包括：将女生的入学分数线降低 1.5 分，以此提高女生的入学率；为女性开设补习班，提高她们在科学和数学科目上的成绩，增强她们学习这些科目的信心；向女生提供奖学金，设立鼓励工程本科专业女性入学专项奖等。[4]

在提升高等教育质量方面，坦桑尼亚政府努力为高等院校提供足够数量的教学人员，并按学科进行合理分配；做好本科层次科学教师的培养工作，以满足不断增加的入学人数带来的教育需求。例如，2019/20 年度，坦

---

[1] MoEST. Education sector development plan (ESDP) 2016/17-2020/21[R]. Dodoma: MoEST, 2017: 106.

[2] JOSEPH C. Education and labour market earnings in low income countries: empirical evidence for Tanzania[J]. Tanzania journal for population studies and development, 2020, 26(2):1-34.

[3] KILANGO N C, QIN Y H, NYONI W P, et al. Interventions that increase enrolment of women in higher education: The University of Dar es Salaam, Tanzania[J]. Journal of education and practice, 2017, 8(13): 21-27.

[4] KILANGO N C, QIN Y H, NYONI W P, et al. Interventions that increase enrolment of women in higher education: The University of Dar es Salaam, Tanzania[J]. Journal of education and practice, 2017, 8(13): 21-27.

桑尼亚政府向 72 名公立高等教育机构的教师提供了攻读博士学位的奖学金，涵盖以下专业：理论与应用数学、核医学物理学、动物生理学、电子与通信、土木工程、地理信息学、建筑学、农业综合企业中的微型金融、内科学等。[1]

（三）提高国际化水平

非洲高等教育也许是世界上最国际化的高等教育系统。独立之初，附属于伦敦大学的达累斯萨拉姆大学的大部分授课教师都不是坦桑尼亚人，其课程和专业设置与其他英联邦国家的大学如出一辙，这一做法招致批评，人们认为这种延续殖民时期的做法无法满足新生国家独立发展的需求。但在一定程度上，也说明这一时期达累斯萨拉姆大学具有国际标准的运营模式。[2] 20 世纪八九十年代，达累斯萨拉姆大学经历了一段比较艰苦的时期，全球经济危机下，政府对大学的投入急剧减少。人们意识到大学暴露出的很多问题，而这些问题已渗入大学的体制结构中，零敲碎打的方法无法解决问题。虽然改革的动力和倡议来自坦桑尼亚内部，但国际援助机构也发挥了重要作用，它们促使达累斯萨拉姆大学构思、规划和实施改革。[3] 进入 21 世纪，为了满足国际化的需求，达累斯萨拉姆大学将学校职能定位为"在国家、区域、全球范围内，同其他高等教育机构建立协商互利、友好持久的关系"。[4]

提高国际化水平被坦桑尼亚的教育部门视为一项重要工作，教育和科

---

[1] MoEST. Education sector performance report for financial year 2019/20[R]. Dodoma: MoEST, 2020: 90.

[2] TEFERRA D, KNIGHT J. Higher education in Africa: the international dimension[M]. Oxford：African Books Collective, 2008: 553.

[3] COOKSEY B, MKUDE D, LEVEY L. Higher education in Tanzania: a case study[M]. Dar es Salaam: Mkuki na Nyota Publishers, 2003: 10-12.

[4] TEFERRA D, KNIGHT J. Higher education in Africa: the international dimension[M]. Oxford：African Books Collective, 2008: 553.

技部负责协调和监督在海外学习的本国人员、在坦桑尼亚学习的外国学生、坦桑尼亚公立大学外教的状况，找出高等教育机构存在的问题和确定优先事项。例如，在 2018/19 年度，有 241 名坦桑尼亚大学教师得到了海外学习的机会。这些大学教师的留学目的国包括中国、日本、韩国、印度等亚洲国家；挪威、瑞典、丹麦、芬兰、比利时、荷兰、德国、英国等欧洲国家；以及南非、肯尼亚、乌干达、尼日利亚等非洲国家。坦桑尼亚大学也在不同层次的不同专业中招收了 312 名外国学生[1]，聘任了 26 名外教[2]。单从这两个数字来看，坦桑尼亚的大学对外国人的吸引力并不强。因而，如何做好国际学生相关的管理和服务工作，吸引更多的国际友人，提供特色化和优质的专业课程，是坦桑尼亚高校国际化改革的关键。

在研究方面，根据 SCImago 期刊评价数据，2020 年，坦桑尼亚大约有 81% 的论文是国际合作的结果，这一情况在 2010—2020 年呈现上升的趋势（见图 6.9）。[3] 坦桑尼亚的科研活动更倾向于选择国际伙伴而不是国内研究伙伴，而这种情况极有可能越来越普遍。坦桑尼亚在国际上的主要合作伙伴包括美国、比利时、瑞典、荷兰、肯尼亚和英国。[4] 中国和其他亚洲国家也正成为坦桑尼亚科研活动的资助者和合作伙伴。在高等教育国际化浪潮的推动下，在"一带一路"倡议背景下，中国加快教育"走出去"的步伐，与坦桑尼亚开展教育合作的热情高涨。坦桑尼亚高等教育机构也乐于与更多国际合作者建立合作伙伴关系，希望从这种合作中受益。

---

[1] 例如，截至 2021 年 9 月，达累斯萨拉姆大学共有 302 名国际学生。数据来自达累斯萨拉姆大学国际办公室。

[2] MoEST. Education sector performance report 2018/19[R]. Dodoma: MoEST, 2019: 81.

[3] 资料来源于 SCImago 期刊评价官网。

[4] FOSCI M, LOFFREDA L, CHAMBERLAIN A, et al. Country needs assessment: research systems in Tanzania[R]. Nottingham: Research Consulting, 2019: 12.

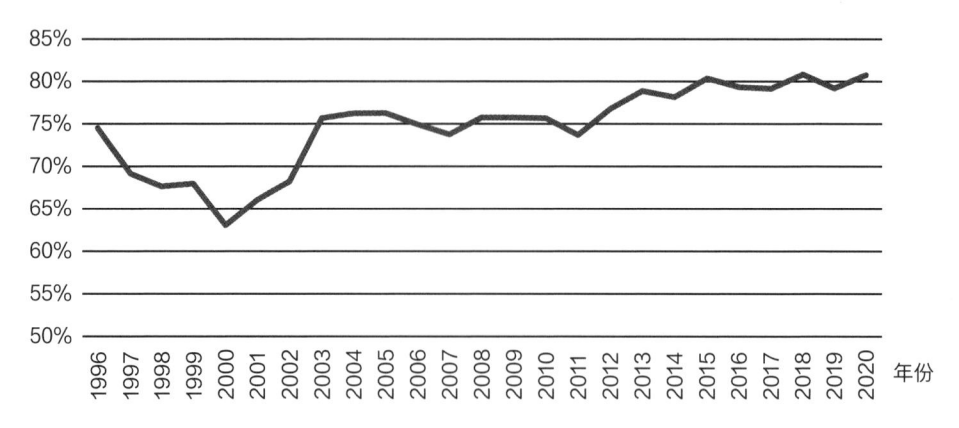

图 6.9 1996—2020 年坦桑尼亚发表论文中国际合作所占比例

第七章 职业教育

国际上常使用技术与职业教育和培训这一概念来指称职业教育。在坦桑尼亚，由于技术教育和职业教育目前仍分属不同的部门管辖，且有明显的层次差异，因而在很多场合是分别指称。为了统一行文、便于读者理解，此章节若无特殊说明，职业教育一词包含坦桑尼亚情境中的职业教育和技术教育，职业教育和培训、技术教育和培训分别指代坦桑尼亚情境中的职业教育和技术教育。

第一节 职业教育的发展和现状

一、职业教育的历史沿革

（一）起步阶段（20世纪60年代）

坦桑尼亚的职业教育可以追溯到前殖民时期基于家庭或社区提供的手工艺教育。这类教育服务于当地村庄的需要，主要表现为观察长辈如何工作，从实践中学习。所观察的工作活动包括金属加工和木工，如炼铁，修理斧子、刀具、锄头等工具。西方传教士的到来促进了坦桑尼亚职业教育正规化，正式的职业培训中心得以建立，这些职业培训中心主要是为基督徒提供教育，从而建立自给自足的传教点。培训内容包括金属制造、剪裁、印刷、木工、烹饪、制垫等。1910年，德国人在姆贝亚镇建立的职业技术中心是最早的、由政府建立的职业技术中心。在英国殖民统治时期，殖民政府要求更多的政府工作人员具有专业技术背景，因此，殖民政府分别于1951年和1957年建立了伊丰达职业学校和莫希职业学校。[1]这两所职业学校开展为期三年的培训项目，通常从八年级开始招生。第一年的课程内容很广泛，如木工、油漆、管道、电气工程等，在学校培训之后进行的是为期两年的契约学徒培训。到1958年，这两所学校累计培养学生1 200人。第一批参训学员主要是在小学毕业后有一些社会经验的人。到1961年，这种学徒制培训的毕业率达到80%。[2]

坦桑尼亚独立后，政府接管了这两所职业学校，1967年，两所职业学校关闭。这两所学校共培养了2 634名学生，在1962—1965年，每年毕业320—360人。在独立后的第一个十年里，坦桑尼亚职业教育的规模非常有限：只有以上两所属于政府的职业学校和少量由基督教传教会等机构志愿运营的职业培训中心。在很多人心中，与正规中学的学习和所获得的文凭相比，职业教育的地位较低。总的来说，在选择升学的小学毕业生中，大部分人会升入中学，只有四分之一的人进入职业学校或接受教师培训等各类职业培训。1968年，政府在联合国开发计划署和国际劳工组织的援助下启动了国家职业培训计划，在达累斯萨拉姆建立了一个职业培训中心。这一时期，坦桑尼亚在提高职业教育的公众形象、地位等方面的相关工作乏善可陈，与周边国家形成对比。

---

[1] ISHUMI A G M, ANANGISYE W A L. Fifty years of education in Tanzania: 1961-2011[M]. Dar es Salaam: Dar es Salaam University Press, 2014: 40.

[2] LAUGLO J. Vocational training in Tanzania and the role of Swedish support[R]. Stockholm: Swedish International Development Authority, 1990: 32.

（二）规范化阶段（20世纪70—80年代）

基于1970年修订的新教学大纲，政府于1971年在教育体系中引入"职业倾向"概念，即课程的"多元化和职业化"。这种课程设置的目的是希望对学生在课堂上接受的理论学习进行一些实践技能方面的补充，通过理论与实践相结合的方式，帮助中学毕业生更好地就业或创业。这类课程的职业培训主要包含四个方面：农业、商业、技术和家政学，学校也根据四个培养方向相应地被分为四类。到1975年，有36所侧重于农业培训的中学，15所集中于商业培训的中学，14所集中于技术培训的中学，其余的为提供家政学教育的中学。中等教育职业化和相关学校的"职业倾向"是针对所有公立学校的强制性规定。尽管政府没有强制要求私立学校开展此类课程，但仍鼓励他们效仿公立学校的做法。[1] 1978年，坦桑尼亚共有292所小学后技术培训中心，共招收了2 259名学生。[2]

1974年，坦桑尼亚议会通过了《职业培训法案》，法案规定，由劳动和人力发展部承担职业教育的总体责任。根据该法案，国家职业培训委员会成立，隶属于劳动和人力发展部，主要由政府代表、雇主代表、雇员代表组成。出于提高组织管理效率的目的，1979年7月，政府成立了技术培训协调部，隶属于当时的教育部[3]。该部门协调全国的技术教育和培训工作，并就如何加强技术教育和培训提供建议。[4]

---

[1] ISHUMI A G M, ANANGISYE W A L. Fifty years of education in Tanzania: 1961-2011[M]. Dar es Salaam: Dar es Salaam University Press, 2014.

[2] ISHUMI A G M, ANANGISYE W A L. Fifty years of education in Tanzania: 1961-2011[M]. Dar es Salaam: Dar es Salaam University Press, 2014: 93.

[3] 坦桑尼亚负责教育事务的部委名称多次变更，2015年至今，为教育和科技部。

[4] ISHUMI A G M, ANANGISYE W A L. Fifty years of education in Tanzania: 1961-2011[M]. Dar es Salaam: Dar es Salaam University Press, 2014: 97-98.

(三)加速发展(20世纪90年代)

1993年,针对如何满足21世纪的教育需求,特别工作组报告强调了职业教育在坦桑尼亚教育系统中的重要性。[1]随后,《教育和培训政策(1995年)》也指出,职业教育和培训是促进就业的可靠手段。在这一时期,中等教育的职业化在一些学校继续施行,学生有机会获得农业、商业、技术和家政方面的技能。然而,在20世纪90年代,这些职业中学的大多数毕业生仍没有工作,这一现象让人们对职业教育的质量产生了疑问。职业中学的教学内容与社会实际所需之间似乎并不匹配。自殖民时期以来,不管是城市还是农村地区的坦桑尼亚人,都把教育看作是在大城市获得好工作的通行证,年轻人回到农村谋生常受到嘲讽。这促使许多毕业生去其他地方继续接受更高层次的教育,而不是尝试用他们新掌握的不熟练技能回乡谋生。[2]

尽管如此,政府和私人继续投资职业教育和培训,以满足全国各地中小学毕业生的需求。1994年,坦桑尼亚议会通过了《职业教育和培训法案》,该法案的总体目标是提供"一个法律框架,以实施一种能够迅速满足劳动力市场需要的、灵活的职业教育和培训制度",该方案包含三个主要措施。第一,建立职业教育和培训局,职业教育和培训局作为一个自治的政府机构,由自己的委员会全面行使行政权力。第二,对拥有4名或4名以上雇员的企业征收工资总额2%的培训税。第三,进一步下放权力,建立省级职业教育和培训委员会。[3]同年,莫罗戈罗职业教师培训学院成立,该学院的成

---

[1] 该报告是由一个以学术人员组成的特别工作组编写的,由当时达累斯萨拉姆大学教育学院院长领衔。报告的主要内容是坦桑尼亚的教育如何适应未来全球化。

[2] ISHUMI A G M, ANANGISYE W A L. Fifty years of education in Tanzania: 1961-2011[M]. Dar es Salaam: Dar es Salaam University Press, 2014: 204-205.

[3] BENNELL P, BENDERA S, KANYENZE G, et al. Vocational education and training in Tanzania and Zimbabwe in the context of economic reform[R]. London: Department for International Development, 1999.

立标志着坦桑尼亚开始非常认真地对待职业教育师资培训的问题。[1] 职业教育和培训局的行动计划（1996—1999 年）侧重五个方面，即改善管理体系，建立省级委员会和八个核心的省级职业培训和服务中心，完善职业培训系统，改善职业教育中的性别比例，更加重视创业培训。[2]

在 20 世纪 90 年代，职业教育质量问题突显。许多由政府运营的职业教育中心设施破败不堪；公私立职业教育机构并立，但缺乏统一标准，质量参差不齐；职业教育领域的合格教师人数长期不足。[3]

为了进一步加强对技术教育和培训的监督和质量保障工作，国家技术教育委员会于 1997 年成立，其主要职责是协调全国的技术教育和培训工作，建立国家资格制度，确保技术教育和培训的质量。

二、职业教育的发展现状

（一）职业教育的基本情况

2014 年，坦桑尼亚政府出台了《教育和培训政策（2014 年）》，其重点之一便是振兴职业和技术学校。该政策明确了职业教育是终身教育的一环而不是终点。为了解决青年希望通过就业改善生活但缺乏就业技能的问题，坦桑尼亚政府与私人部门和其他主要利益相关者合作，制定了《国家技能发展战略（2016—2027 年）》。该战略的目的是培养一支有技能、有竞争力

---

[1] ISHUMI A G M, ANANGISYE W A L. Fifty years of education in Tanzania: 1961-2011[M]. Dar es Salaam: Dar es Salaam University Press, 2014: 175.

[2] BENNELL P, BENDERA S, KANYENZE G, et al. Vocational education and training in Tanzania and Zimbabwe in the context of economic reform[R]. London: Department for International Development, 1999.

[3] ISHUMI A G M, ANANGISYE W A L. Fifty years of education in Tanzania: 1961-2011[M]. Dar es Salaam: Dar es Salaam University Press, 2014: 205.

的坦桑尼亚劳动力队伍，从而促进具有包容性和可持续的社会经济增长。[1]

坦桑尼亚的职业教育为中小学毕业生提供了更多的受教育和培训的机会，使之成为各经济部门的技术工人和专业人士。教育和科技部下设有职业教育培训司，负责协调所有的职业教育活动，制定职业教育政策和标准，以及监督两个负责职业教育的相关机构：职业教育和培训局、国家技术教育委员会。职业教育和培训局负责监督和协调职业教育培训中心技能性人才的培养工作，下设27个职业教育培训中心提供职业教育和技能培训，类似于中国的中等职业院校。国家技术教育委员会负责协调技术教育和培训工作。技术教育和培训的人才培养目标定位高于职业技能性人才，主要招收初中和高中毕业生，类似于中国的高等职业院校。

除了正规的职业教育之外，还有民间教育和为职业教育做准备的综合性小学后教育。民间教育主要由社区的民间发展学院提供，主要目的是促进就业、使人们参与社区的社会经济事务并实现自力更生。民间教育向全社会开放，不限制年龄和教育背景。课程通常包括短期课程（最长为90天）和长期课程（最长为两年）。目前坦桑尼亚共有55所民间发展学院，大部分在农村或城乡接合部。综合性小学后教育一方面培养学生掌握相应的技能以就业或创业；另一方面也为通过了小学毕业考试但没有升入初中的学生提供继续教育，为他们参加中等教育证书考试做准备。民间发展学院和综合性小学后教育在功能方面与成人教育有重叠之处，但因为未成年人对于获得谋生技能的需求非常大，所以两者都有很大的发展空间。[2]

国家技术教育委员会与职业教育和培训局合作制定了职业教育资格框架，框架共分为10级（1级为最低级）。职业教育和培训局负责认定国家职业资格（1—3级），国家技术教育委员会负责认定国家技术资格（4—10

---

[1] LEYARO V, JOSEPH C. Employment mobility and returns to technical and vocational training: empirical evidence for Tanzania[R]. Nottingham: Centre for Research in Economic Development and International Trade (CREDIT), 2019: 11-12.

[2] MoEST. Education sector development plan (ESDP) 2016/17-2020/21[R]. Dodoma: MoEST, 2017: 15.

级），其中，本硕博层次中的应用型专业由技术教育和培训学院提供，并由国家技术教育委员会认证，不同于大学提供的本硕博层次的其他专业，具体情况见表7.1。

表 7.1 坦桑尼亚职业教育资格体系

认有机构	资格级别	资格名称
国家技术教育委员会	10	博士
	9	硕士
	8	本科
	7	高专
	6	普专
	5	技术人员证书
	4	基础技术人员证书
职业教育和培训局	3	能力证书Ⅲ
	2	能力证书Ⅱ
	1	能力证书Ⅰ

（二）职业教育的规模

自 2000 年以来，完成小学和初中教育的学生人数大幅增加，这带动了职业教育入学人数的增长。事实上，大多数接受职业教育的学生都是初中毕业生，而非小学毕业生。根据职业教育和培训局的数据，2007—2015 年，职教类学校的招生总人数翻了一番。[1] 2016/17 年度—2019/20 年度，职业教

---

[1] ANDREONI A. Skilling Tanzania: improving financing, governance and outputs of the skills development sector[R]. London: SOAS University of London, 2018: 17-18.

育和培训入学人数也实现了跨越式的增长（见表7.2）。[1]

表7.2 2016/17年度—2019/20年度坦桑尼亚职业教育和培训入学人数

年度	男	女	总计
2016/17	80 135	49 944	130 079
2017/18	80 050	39 134	119 184
2018/19	120 249	102 434	222 683
2019/20	202 718	117 425	320 143

尽管近年来接受职业教育学生人数在增加，但从小学和初中毕业后未升学的学生数量上来说，政府还需提供更多的职业教育机会。2011—2015年，未升入高中的学生占初中毕业生总数的93%，未升入初中的学生占小学毕业生总数的44%，而这一时间段内进入职业教育领域学习的学生总数是885 053人，仅占未升学学生总数的14%，这说明职业教育领域仍然有巨大潜力去吸引更多的学生（见表7.3）。[2]

表7.3 2011—2015年升入和未升入初中和高中的学生人数

年份	小学毕业生	升入初中	未升入初中	初中毕业生	升入高中	未升入高中	未升学总数
2011	1 028 480	522 379	506 101	333 638	40 890	292 748	798 849
2012	909 435	514 592	394 843	404 585	39 173	365 412	760 255
2013	885 749	439 816	445 933	368 600	42 484	326 116	772 049

[1] MoEST. Education sector performance report for financial year 2019/20[R]. Dodoma: MoEST, 2020: 53.
[2] MoEST. Education sector development plan (ESDP) 2016/17-2020/21[R]. Dodoma: MoEST, 2017: 32.

续表

年份	小学毕业生	升入初中	未升入初中	初中毕业生	升入高中	未升入高中	未升学总数
2014	792 118	451 392	340 726	1 870 280	77 069	1 793 211	2 133 937
2015	763 603	518 034	245 569	1 774 383	126 024	1 648 359	1 893 928

在师资方面，根据2019年的数据，技术教育和培训机构共有9 809名教师，包括2 823名女性和6 986名男性，性别均等指数为0.4，表明这一领域的男性工作人员远多于女性。[1]

在毕业生情况方面，以2017/18年度为例，技术教育和培训机构的毕业生以商业、旅游和策划相关专业为主，而职业教育和培训机构的毕业生以自动化、信息和通信技术、电子等专业为主（见表7.4和表7.5）。[2]

表7.4 2017/18年度坦桑尼亚技术教育和培训类毕业生所学专业及其资格情况

单位：人

所学专业	基础技术人员证书（国家技术资格4级）	技术人员证书（国家技术资格5级）	普专（国家技术资格6级）	高专（国家技术资格7级）
商业、旅游和策划	3 915	2 146	7 086	6 313
健康及相关科学	841	125	127	0
科学和技术	874	4 245	1 245	1 201
教学和学习	0	0	382	0
总数	5 630	6 516	8 840	7 514
比例	19.47%	23.97%	30.57%	25.99%

---

[1] MoEST. Education Sector performance report for financial year 2019/20[R]. Dodoma: MoEST, 2020: 86.
[2] MoEST. Education Sector performance report 2017/18[R]. Dodoma: MoEST, 2018: 58-60.

表7.5 2017/18年度坦桑尼亚职业教育和培训类毕业生所学专业统计

单位：人

所学专业	学徒	全日制	非全日制	总数
农业和食品加工	0	877	216	1 093
自动化	0	8 413	32 617	41 030
商业管理	0	3 186	2 481	5 667
服装和纺织	10	3 851	1 476	5 337
建筑	45	4 931	616	5 592
电子	23	8 282	3 727	12 032
职业教育基础	0	1 050	2 681	3 731
服务和旅游	0	5 574	3 669	9 243
信息和通信技术	1	4 098	10 605	14 704
实验室技术	1	354	148	502
机械	16	2 603	419	3 038
采矿	0	611	1 185	1 796
教学法/成人教育法/教师培训	0	0	10	10
印刷	0	201	89	290
总数	96	44 031	59 939	104 065

（三）职业教育的主要形式

截至2020年，坦桑尼亚的职业教育和培训机构数量达到798所，技术教育和培训机构数量为430所。[1]其中，技术教育和培训主要由正规的学校教育提供，职业教育和培训的提供形式则较为多样，承担机构包括公私职

---

[1] MoEST. TVET indicators report[R]. Dodoma: MoEST, 2021: 3-4.

业教育和培训机构、民间社会机构、非政府机构、宗教机构、企业等。职业教育和培训局既是职业教育和培训的管理机构，也通过其下属的分布在各省的职业教育和培训中心提供职业教育和培训。国际组织的项目有德国的非洲可持续发展就业项目、学徒制项目，加拿大的技能提升与就业项目，世界银行的东非技术转型和区域一体化项目[1]，教育和技能促进就业项目等。职业教育和培训主要有以下五种形式。

一为基于学校的教育。这种形式主要由职业教育和培训局下属或经过其认证的职业教育和培训中心提供长短期课程。职业教育和培训中心一般有基本的培训设施和配有基本实训设备的工作坊。职业教育和培训根据时间长短一般分为长期课程（1—3年）和短期课程（3—9个月），培训内容包含4—8周的企业实习。顺利完成培训的毕业生可以获得职业教育和培训局颁发的证书。

二为技能增强项目。该项目旨在更新劳动者的技能。职业教育和培训局同私人部门合作确定需提高的技能并设计好课程。培训者主要来自职业教育和培训局、其他机构或公司，培训所产生的费用由职业教育和培训局和公司分摊。结业后，学员可以获得职业教育和培训局颁发的证书。

三为双元学徒制项目。该项目由德国汉堡商会提供资金和技术支持，由职业教育和培训中心以及相关企业提供结构化的培训，共53周的培训时间，项目时长共三年。职业教育和培训中心提供理论授课和实践培训；培训企业提供有经验的指导者以便监督培训工作。目前，该项目主要在酒店管理、电子、机械、农业机械四个专业进行试点。[2] 但遗憾的是，2021年年初，该项目被暂停。

四为推动创业综合化培训项目。该项目是以就业为目标，聚焦失业人群或在非正式部门工作的人群。

---

[1] 该项目在坦桑尼亚四所旗舰技术学院实施，用以支持建设其优势专业。这四所技术院校及其专业领域分别是：达累斯萨拉姆科技学院的信息和通信技术专业、达累斯萨拉姆科技学院姆万扎校区的皮革加工专业、国家交通学院的航空专业、阿鲁沙技术学院的水力发电专业。

[2] 资料来源于职业教育和培训局官网。

五为非正式的学徒制。与上文提到的双元学徒制相比，这种非正式的学徒制没有结构化的课程，而是以实际工作为基础。导师具有丰富的实践经验但缺乏教学法知识。毕业生没有正式的证书，但绝大多数学徒会被培训公司接收成为正式员工。这种非正式的学徒制广泛存在于非正式经济部门以及一些企业。[1]

（四）职业教育的资金来源

职业教育和培训的资金来源主要为职业教育和培训基金，该基金由职业教育和培训局委员会管理。1993年，职业教育和培训的资金来源从政府直接资助转变为政府与雇主分摊成本。目前，雇员超过（包含）四人的企业雇主，要向政府缴纳员工薪酬的4.5%作为技能发展税。技能发展税的本意是用来支持职业教育和培训局提供的培训、质量保障和能力建设工作，约占职业教育和培训局收入的87%，但实际只有三分之一的技能发展税收入被拨付到职业教育和培训局，其余的资金都被分配到高等教育学生贷款委员会。[2]

技能教育和培训的来源资金主要由技术教育和培训的提供者和客户（学生、家长、社区和私人机构）一起分摊。技术教育和培训的提供者主要通过提供咨询服务、产品、维修服务、开展国际学生交流项目等方式获得资金。同时，不仅由坦桑尼亚教育局[3]管理的坦桑尼亚教育基金会为中学后技术教育与培训提供部分支持，坦桑尼亚高等教育学生贷款委员会也会为技术教育和培训的专科和本科学生提供无息贷款。[4]

---

[1] ANDREONI A. Skilling Tanzania: improving financing, governance and outputs of the skills development sector[R]. London: SOAS University of London, 2018: 16-17.

[2] International Labour Organization. State of skills: Tanzania[R]. Genewa: ILO, 2020: 25.

[3] 坦桑尼亚教育局（Tanzania Education Authority），建立于2001年，主要职责是管理各种渠道筹集来的教育基金，以资助教育发展项目。

[4] LEYARO V, JOSEPH C. Employment mobility and returns to technical and vocational training: empirical evidence for Tanzania[R]. Nottingham: Centre for Research in Economic Development and International Trade (CREDIT), 2019: 13.

由于坦桑尼亚政府在教育预算中没有单列职业教育（含职业教育和培训与技术教育和培训），因而很难分析政府对这一领域的财政支持水平。例如，2016/17年度，政府的教育总支出为4.768万亿坦先令，其中20.7%用于技术教育和培训和高等教育。[1]

第二节 职业教育的特点和经验

一、职业教育的特点

（一）能力本位

技术教育和培训的特殊性在于强调实践能力，并与就业技能直接挂钩。为了更好地培养技术人才，坦桑尼亚将能力本位的理念贯彻于技术教育和培训之中。

自独立以来，坦桑尼亚一直努力实现优质教育，以满足社会需求、适应新的教育思维方式与实践。21世纪初，能力本位的教育理念被引入坦桑尼亚，并开始在技术学院实施。培养模式的转变主要是因为政府意识到，知识本位的教育不能培养拥有良好实践素养的毕业生。自能力本位课程在技术教育和培训领域实施以来，政府投入了大量的财力和人力，对教师、校长和其他教育专业人员进行再培训，支持他们有效地开展能力本位教育。可以说，实行能力本位教育是坦桑尼亚继1967年实施自力更生教育以来的

---

[1] MoEST. Education sector performance report for financial year 2019/20[R]. Dodoma: MoEST, 2020: 104.

第二次重大教学改革。[1]

根据国家技术教育委员会的《能力本位课程开发指南》，实施新课程有以下四个关键点：明确学生必须学习的内容；根据学生成绩评估教学进度；使用多种教学和评估策略，以满足每个学生的需要；提供充足的时间和支持，使每个学习者都能发挥其最大潜力。[2]

能力本位课程在坦桑尼亚的技术学院已实施十余年，相关调查结果显示，虽然大多数教师都接受过在职培训，但他们中的许多人对能力本位课程的意义和目的认识和理解有限。大多数教师也缺乏相应的知识和技能来运用相关教学方法，无法根据能力本位课程要求对学生学习情况进行评价。[3]

（二）国家资格认证框架的重要性

国家资格认证框架是国家用来修订、改革和巩固其教育和培训体系的工具。一般来说，采用国家资格认证框架有助于加强教育培训和就业之间的联系，促进普通教育和职业教育得到更大程度的认可。[4] 目前，坦桑尼亚职业教育领域有资格认证框架，但与基础教育、成人教育等领域的相关认证框架还未完全实现互通。

先前学习认定框架使个体所学的专业技能能获得官方认可。对于已经进入劳动力市场的人来说，获得这样一个正式资格认证，对他们的职业发展有很大的帮助。2009 年，职业教育和培训局制定了先前学习认定框架，用于评估和认证通过非正式/非正规学习获得的职业技能。2014 年和 2016 年，职业

---

[1] TAMBWE M A. Challenges facing the implementation of a competency-based education and training (CBET) system in Tanzanian technical institutions[J]. Education research journal, 2017, 7(11): 277-283.

[2] 资料来源于国家技术教育委员会官网。

[3] KANYONGA L, MTANA N, WENDT H. Implementation of competence-based curriculum in technical colleges: the case of Arusha City, Tanzania[J]. International journal of vocational and technical education, 2019, 11(1): 1-20.

[4] IIEP-UNESCO Dakar. Quality TVET for the successful training-to-employment transition of Africa's youth[R]. Dakar: IIEP-UNESCO Dakar, 2020: 17.

教育和培训局都对先前学习认定评估员、培训者和协调员开展了能力建设培训。目前，先前学习认定框架已在机械、能源、建筑和酒店四个行业的20个职业岗位中实施。2017—2018年，先前学习认定框架覆盖人数增为3 989人（其中，男性3 539人，女性450人）。《国家技能发展战略》也建议将技能认可制度纳入国家资格认证框架。[1]

二、职业教育的经验

以企业为基础的培训对提高人才质量和企业生产效率都有重要影响。在坦桑尼亚，与企业联系较为紧密的一般是实践环节，以及一些校企合作培养项目。学徒制是职业教育领域常见的校企合作形式，坦桑尼亚第一个认证的学徒制项目是酒店运营领域的双元学徒制项目。该项目始于2014年，受国际劳工组织资助，旨在解决毕业生进入劳动力市场后的技能缺乏问题。德国汉堡商会支持下的双元学徒制在达累斯萨拉姆、阿鲁沙和莫西三个城市开展，于2021年停止。该项目的报名和培训过程如下：企业与职业教育和培训局签署谅解备忘录；企业、职业教育和培训局提供指南招募学徒；学徒与企业签订学徒合同并在职业教育和培训局登记信息，随后开始学徒培训。职业教育和培训局的任务是为学徒提供脱产培训，提供培训材料，协调和监督项目。企业的职责是提供工作和学习环境，并指派导师监督企业内的培训工作。学徒可在企业的不同部门轮岗，以便在行业的各个领域得到实践，获得全方位的技能。与此同时，企业也会为学徒提供一定的补助，用于支付交通、卫生、膳食等在培训期间产生的部分费用。该学徒制项目总时长为3年，60%的时间为在工作场所的实践，40%的时间为课堂学

---

[1] IIEP-UNESCO Dakar. Quality TVET for the successful training-to-employment transition of Africa's youth[R]. Dakar: IIEP-UNESCO Dakar, 2020: 20-21.

习，工厂实习和理论学习交替进行，时间安排如表7.6所示。[1]

表7.6 坦桑尼亚双元学徒制项目的时间分配

职业教育和培训局	企业	职业教育和培训局	企业	职业教育和培训局	企业	总计	项目时长
7周	12周	7周	10周	6周	10周	52周	3年

该双元学徒制项目有以下优点。第一，降低职业教育与劳动力市场需求之间的不匹配程度，学徒在合格技工（导师）的指导下工作和接受培训，能确保学徒达到劳动力市场实际需要的技能水平。第二，保证熟练劳动力的稳定供应。青年人在工作场所接受就业培训，培训结束后，便可以成为企业所需要的具有实际操作技能的熟练劳动力。第三，可以解决青年失业问题。该项目确保年轻人完成培训后进入劳动力市场。第四，帮助青年获得相关软技能。在接受行业培训的同时，学徒也将学习公司的价值观和职业道德，这对他们的职业生涯很有帮助。第五，提高生产力。该项目通过创造足够的熟练劳动力，能帮助解决行业内熟练劳动力稀缺的问题，进而提高生产力。

第三节 职业教育的挑战和对策

坦桑尼亚职业教育发展面临诸多挑战，其中比较突出的是在培养过程中，学校、企业和政府之间缺乏紧密的联系和合作；职业教育的师资不足，亟需更多有产业经验的教师参与职业人才培养工作。

---

[1] 资料来源于职业教育和培训局官网。

一、面临的挑战

（一）学校、企业、政府三者关系脱节

1. 校企关系

职业教育院校和企业合作是将在校理论学习和企业实践相结合，培养实用型劳动人才的一种双赢模式。坦桑尼亚职业教育院校与企业的联系主要体现在实习环节。以技术教育和培训的相关学院为例，其提供项目里包含每学年8周的企业实习。但一项对旅游和酒店专业的研究发现，这些学院事实上很难保障为每一个学生都提供实习机会。该研究指出，旅游行业应努力接收更多的学生实习。[1]

又比如在农业领域，雇主认为职业教育毕业生以下方面的能力薄弱：管理和修理农业机械的技能、加工和生产机械的电子化技能、牧场建设和管理技能、密封控制技能、灌溉和奶牛养殖技能，以及水供应技能。为了更好地学习这些技能，职业教育学生有必要在小学阶段掌握高阶识字和计算能力。[2]

从整体上来说，企业参与职业教育的积极性不高。政府向企业征收的技能发展税，对企业，尤其是小型企业来说是一种负担。而坦桑尼亚的小型企业占其企业总数的97.3%。[3] 尽管国内一直有降低税率甚至废除该税种的声音，但目前该政策并无大变。

---

[1] ANDERSON W, SANGA J J. Academia–industry partnerships for hospitality and tourism education in Tanzania[J]. Journal of hospitality & tourism education, 2019, 31(1): 34-48.

[2] TAKEI K. The production of skills for the agricultural sector in Tanzania: the alignment of technical, vocational education and training with the demand for workforce skills and knowledge for rice production[D]. Brighton: University of Sussex, 2016.

[3] ANDREONI A. Skilling Tanzania: improving financing, governance and outputs of the skills development sector[R]. London: SOAS University of London, 2018: 10.

职业教育办学的校企合作在很多情况下是"校热企不热",改革的关键是调动企业的积极性,要求企业履行相应的社会责任,这是一种典型的"教育立场"。产教融合思维强调,职业教育办学模式改革不仅是教育问题,而且是经济问题。如果办学模式改革仅仅关注表面的教育现象,而忽视隐藏其后的经济社会背景,那么就很难取得实质性进展。对于办学模式改革而言,重构学校与企业之间的关系固然重要,但更为重要的是,对涉及产业与教育发展的相关制度做出整体规划。[1]

2．公私关系

坦桑尼亚公共部门和私人部门之间一直呈现不信任的关系。公私之间的不信任关系及其不可预测性是私人部门投资的主要障碍,技能发展税成为这种紧张关系的导火索。[2]

政府和企业对技能发展税的理解不同。雇主和工人组织认为技能发展税的税率太高,而且技能发展税应该完全用来支持职业教育,但是政府将其用于广泛意义上的"技能发展",即包括了高等教育层次的非技术类教育。[3] 企业认为雇主被征收双重税,这种说法主要基于三方面理由。首先,技能发展税并不是专款专用,它还用于补充中央教育拨款。其次,如果企业想获得更有针对性的短期培训课程,就必须支付额外的费用。最后,雇主认为,职业教育和培训局毕业生往往还没有做好工作准备,企业必须提

---

[1] 石伟平,郝天聪. 从校企合作到产教融合——我国职业教育办学模式改革的思维转向 [J]. 教育发展研究,2019, 39（1）: 1-9.

[2] ANDREONI A. Skilling Tanzania: improving financing, governance and outputs of the skills development sector[R]. London: SOAS University of London, 2018: 43-45.

[3] PALMER R. A review of skills levy systems in countries of the southern African development community[R]. Geneva: International Labour Organization, 2020: 136-139.

供大量的在职培训以弥补这种缺陷，这对雇主来说是额外成本。[1]总的来说，私人部门主要对技能发展税监督机制的有效性提出了质疑。

（二）职业教育师资培养

职业教育教师的知识和技能水平是职业教育质量的核心。研究表明，公立职业教育的师资培训者比较擅长理论与方法，但是实践能力需要加强和更新。而私立和非政府组织的师资培训者恰恰相反，他们通常是从劳动力市场上招聘而来，拥有更多的实践经验，但理论和方法层面的知识较为欠缺。[2]

与其他国家的职业教育师资培养主要由大学教育学院承担不同，坦桑尼亚设有莫罗戈罗职业教师培训学院专门培养职业教育和培训的师资，但这远远不能满足坦桑尼亚本国的职业教育和培训发展需求。而在技术教育和培训方面，坦桑尼亚没有专门的师资培训机构，技术院校的师资一般来自技术教育院校或者高等教育院校的毕业生，原则上要求有企业工作经验，但这并不是硬性要求。

在加拿大支持的技能提升与就业项目中，加拿大14所职业学院与坦桑尼亚11所职业教育学院结对。其中，坦桑尼亚莫罗戈罗职业教师培训学院与加拿大河谷学院和加拿大新斯科舍社区学院建立了为期四年的伙伴关系。这三所机构为有志于在职业教育领域深造的教师提供研究生文凭课程。加拿大河谷学院和加拿大新斯科舍社区学院为该项目开发了4门核心课程（课程开发、职业教育中的性别平等、开放和远程学习、创业教育）。该项目旨在解决坦桑尼亚职业教育教师严重短缺的问题，为坦桑尼

---

[1] ANDREONI A. Skilling Tanzania: improving financing, governance and outputs of the skills development sector[R]. London: SOAS University of London, 2018: 43-45.

[2] UNESCO. Tanzania education sector analysis: beyond primary education, the quest for balanced and efficient policy choices for human development and economic growth[R]. Dar es Salaam: UNESCO Dar es Salaam office, 2011: 328.

亚1 300多个职业教育机构提供职业教育与教学法方面的培训。同时，该项目还有信息和通信技术的基础设施和在线教学平台，用于提供开放和远程课程。[1]

二、应对策略

（一）加速工业化进程

工业化是职业教育发展的前提，两者相互支撑，相互影响。但当代非洲国家发展进程中面临的一大问题就是许多国家在过去数十年中始终不能从经济的角度理解政治的本质，始终没能将国家工作的中心转移到经济建设上来。[2] 这成为许多非洲国家职业教育发展薄弱的最主要原因。

职业教育既是教育问题，更是经济问题。工业化是马古富力政府的主要政策议程。根据世界银行的数据，坦桑尼亚工业的年增长率近年来一直保持在25%左右。[3] 根据工业、贸易和投资部部长的介绍，自2018年2月以来，坦桑尼亚已有大约3 306个行业机构，其中393个是大型机构，预计雇佣36 025人。[4] 坦桑尼亚2019年前三个季度的国内生产总值增长率为6.9%，这一增长主要由采矿业和建筑业等非制造业，以及运输、通信和金融服务业带动。[5] 工业化必将促进坦桑尼亚职业教育的蓬勃发展。

---

[1] 资料来源于加拿大技能提升与就业项目官网。
[2] 刘鸿武. 从中国边疆到非洲大陆：跨文化区域研究行与思[M]. 北京：世界知识出版社，2017：322-326.
[3] 资料来源于世界银行官网。
[4] KWEKA J. Monitoring policies to support industrialization in Tanzania: an update and policy recommendations[R]. London: ODI, 2018: 4.
[5] World Bank. Tanzania economic update[R]. Washington D. C.: World Bank, 2020: 9.

（二）理顺职业教育管理框架

从三个方面理顺当前的职业教育管理框架。首先，职业教育和培训局目前隶属于教育和科技部，而与私人部门就职业教育与培训、技术教育与培训事宜进行对接的是劳动和人力发展部。因而，有人建议将职业教育与培训局回归劳动和人力发展部，以避免职能错位。其次，职业教育和培训局既是职业教育和培训的监管机构，又是职业教育和培训的提供者，不少人认为这种模式可能影响职业教育和培训局有效和公正地行使职能，应进行改革。最后，坦桑尼亚的职业教育是一个双轨系统，国家技术教育委员会监管"技术教育和培训"，职业教育和培训局提供并监管"职业教育和培训"。这两个机构各自独立，但都接受教育和科技部的领导。这种模式背后的逻辑是，技术教育和培训注重技能培养的同时也注重理论知识的传授，而职业教育和培训侧重技能及其应用。事实上，这种管理体制既不符合把两者纳入统一的职业教育框架的通行做法，也造成了管理上的效率低下和资源浪费。

为了更有效地管理全国的职业教育，不少机构和组织都希望政府能够制定关于职业教育改革的法案，制定一个全国性的职业教育战略，明确职业教育和培训局与国家技术教育委员会的职责分工。目前，坦桑尼亚政府正着手合并职业教育和培训局与国家技术教育委员会，希望形成一个统一的职业教育管理机构，其进展仍需持续关注。

第八章 成人教育

坦桑尼亚的成人教育在独立后取得了瞩目的成就，虽然 20 世纪 80 年代以后不再是政府的优先议程，但仍在坦桑尼亚相关政策中有一定体现，如建立成人教育的支持体系、加强对成人教育的研究、建设相关数据库等。

第一节 成人教育的发展和现状

一、成人教育的历史沿革

（一）尼雷尔时代的成人教育实践

独立之后，坦桑尼亚政府在成人教育领域颁布了诸多政策，发布了诸多通知（见表 8.1）。[1] 这一阶段成人教育的主要任务是扫除文盲，将教育与社会生产实际和国家建设相结合。政府实施了不少创新举措，具体体现为创办民间发展学院、创办成人教育出版社和印刷厂、利用农村图书馆和大众传媒手段。

---

[1] KANUKISYA B. Contemporary adult education policies and practices in Tanzania: are they meeting national challenges? [D]. Oslo: University of Oslo, 2008: 22.

表 8.1　20 世纪 60—80 年代坦桑尼亚成人教育相关政策和通知

类别	名称	目标
政策	《国家发展过渡计划（1961—1964 年）》	消除文盲（扫盲重点集中在培养写作、阅读和计算能力上）
	《五年发展规划（1964—1969 年）》	消除文盲（扫盲重点集中在培养写作、阅读和计算能力上）
	《五年发展规划（1969—1974 年）》	提高半文盲将所学运用于工作的能力
通知	总统令（1970 年 1 号文件）	强调工人在工作场所中的参与度
	总理的指令（1973 年 7 月 5 日）	加强对工人的教育
	内阁文件（1974 年 96 号文件）	建立民间发展学院
	议会法案（1975 年 12 号法案）	设立成人教育研究院

1. 民间发展学院

尼雷尔对瑞典进行国事访问时，对其民间发展学院进行了深入研究，随后产生了在坦桑尼亚也建立民间发展学院的想法。民间发展学院不仅是学术学习中心，而且是生产中心（工厂），设计和生产供社区使用的、能维持生计的、具有价值的商品。民间发展学院既有走读生也有寄宿生。坦桑尼亚决定，在 1980 年之前，在大陆的每个地区建立一所民间发展学院。一些民间发展学院是通过改造区域培训中心而发展起来的，另一些则是在瑞典的援助下新建的。到 1980 年，民间发展学院的数目已达 52 个，其中恩琼贝、恩泽加、森盖雷马和松戈亚四个地区各有两所民间发展学院。[1]

民间发展学院既提供普通教育也提供职业教育并具备以下基本特点：在课程安排上具有高度的灵活性，强调个性发展和合作精神，在教学过程

---

[1] ISHUMI A G M, ANANGISYE W A L. Fifty years of education in Tanzania: 1961-2011[M]. Dar es Salaam: Dar es Salaam University Press, 2014: 84.

中没有正式的评分和纸质证书。在大多数民间发展学院，60%的培训课程为实践教学，其余为课堂理论教学。实践教学通过各种自力更生的生产项目进行，涉及农业、缝纫、编织、木工等领域，所提供的各种项目都是为了满足当地的社会生产需求。[1]

2. 成人教育出版社和印刷厂

为了加快出版成人教育书籍，20世纪70年代初，达累斯萨拉姆在联合国教科文组织的帮助下成立了一家成人教育出版社。出版、印刷与分配系统的改善工作同时进行，旨在对农村知识培训和生产活动提供及时的服务。1979年年末，坦桑尼亚仍有许多地区缺少成人教育材料，于是政府又建立了七家印刷单位，为成人学习者和新识字者印刷地方报纸。但是只有塔博拉、姆贝亚和松圭三个地区安装了印刷机。[2]

3. 农村图书馆和农村报纸

1976—1980年，坦桑尼亚建立了2 800余个农村图书馆，用以存放与成人教育相关的出版物。[3] 农村图书馆位于不同的地方，如小学、合作社、党政机关、部分私人住宅内。当然，中央政府也鼓励地方政府为农村图书馆建造标准化的永久性建筑。农村图书馆每天开放四个小时，允许图书馆用户借书或还书，也可以阅读报纸、书籍等。图书管理员每月获得约60坦先令的小额酬金。每个图书馆至少有400本书，大多数书籍由教育部集中

---

[1] KASSAM Y. Nyerere's philosophy and the educational experiment in Tanzania[J]. Interchange, 1983, 14(1): 56-68.

[2] ISHUMI A G M, ANANGISYE W A L. Fifty years of education in Tanzania: 1961-2011[M]. Dar es Salaam: Dar es Salaam University Press, 2014: 88.

[3] ISHUMI A G M, ANANGISYE W A L. Fifty years of education in Tanzania: 1961-2011[M]. Dar es Salaam: Dar es Salaam University Press, 2014: 88.

采购和分配。[1]

在此期间，坦桑尼亚还出版了七份农村报纸。在坦桑尼亚，农村报纸是大众传播和社会动员的有力工具。报纸中包括与成人教育有关的故事、观点和经验。这七份按地区划分的报纸分别是：《学习并提升自己》（东部）、《让我们学习》（南部）、《我们的光》（高地）、《我们的教育》（中部）、《教育是一片海洋》（西部）、《学习永无止境》（大湖区）和《让我们自我教育吧》（北部）。[2]

此外，广播也是用来开展成人教育中扫盲工作的重要工具。在坦桑尼亚，关于扫盲的无线电广播节目最早由政府在1974年于姆万扎扫盲中心和教育部设立的广播部门播送。当时主要有三个扫盲广播节目：《通过广播进行扫盲》，用于宣传成人教育和激励成人学习者；《教师的教师》，主要是为扫盲教师提供指导；《课堂支持计划》，用以辅助面对面的扫盲教学。[3]

4．整合管理

在推动成人教育发展的过程中，正规教育系统以多种方式与非正规教育系统进行了整合。1969年，指导、管理和协调成人教育的责任从农村发展部转移到教育部。为此，教育部专门成立了成人教育局。为了最大限度地利用现有资源，全国所有的小学都被作为成人教育中心来运作，其他许多地方，如诊所、社区中心、党政机关办公室、教堂、个人住宅的后院，甚至是大树树阴下也被作为成人教育中心。所有教师培训学院为小学教育

---

[1] MPOGOLO Z J. Post-literacy and continuing education in tanzania[J]. International review of education, 1984, 30(3): 351-358.

[2] ISHUMI A G M, ANANGISYE W A L. Fifty years of education in Tanzania: 1961-2011[M]. Dar es Salaam: Dar es Salaam University Press, 2014.

[3] MPOGOLO Z J. Post-literacy and continuing education in Tanzania[J]. International review of education, 1984, 30(3): 351-358.

师范生开设了成人教育教学方法的必修课，成人教育研究院和达累斯萨拉姆大学也为成人教育工作者提供专科和本科层次的专业培训。[1]

在成人教育的管理方面，从中央到基层都有全职的成人教育官员，他们与负责正规教育的官员合作开展工作。此外，还有一个成人教育委员会，负责协调成人教育机构和政府部门之间的工作，以及在县级层面引导将正规教育机构的资源用于成人教育。[2] 20 世纪七八十年代的成人教育总体上是成功的，1961 年文盲率超过 80%，到 1986 年文盲率仅为 9.6%。[3]

（二）后尼雷尔时代的成人教育

从 1985 年尼雷尔辞职到 1999 年他去世，成人教育不再是政府的重点关注对象，加上经济自由化对教育的冲击，成人识字率明显下降。进入 21 世纪，虽然坦桑尼亚做出了一些努力，但识字率仍然没有超过 80%。[4] 当然，成人教育不仅仅是识字教育，在坦桑尼亚，成人教育主要是指在正规教育体系外为失学儿童、青年和成人提供的继续教育。

虽然 20 世纪 80 年代的经济危机对教育产生了负面影响，但作为国际社会的一员，坦桑尼亚仍然履行在国际上对教育议题做出的承诺。在 1990 年的世界全民教育大会上和 2000 年的《达喀尔行动纲领》中，世界各国为实现全民教育目标而做出了集体承诺：到 2015 年，提高青年和成年人的学习和生活技能，在本国现有基础之上，将成人识字率提高 50%。

与此同时，政府意识到成人扫盲教育有助于改善参与者及其家庭的生活条件，并为此做出努力，值得一提的是，1993 年推出的基于社区的综合

---

[1] KASSAM Y. Nyerere's philosophy and the educational experiment in Tanzania[J]. Interchange, 1983, 14(1): 56-68.
[2] KASSAM Y. Nyerere's philosophy and the educational experiment in Tanzania[J]. Interchange, 1983, 14(1): 56-68.
[3] MoEST. National adult literacy and mass education rolling strategy 2020/2021-2024/25[R]. Dodoma: MoEST, 2020: 5.
[4] MoEST. Education sector development plan (ESDP) 2016/17-2020/21[R]. Dodoma: MoEST, 2017: 30-31.

成人教育方案修改了扫盲和扫盲后教育方案，使之适应学习者的新需要。该方案以瑞典国际发展合作署和加拿大国际开发署在四个县开展的四年制项目（1993—1997年）的模式为基础。政府的目标是将该模式推广到2 348个县，到2003年将630万成年人纳入此方案。与以往的扫盲和扫盲后教育方案不同的是，基于社区的综合成人教育方案包含了创收项目，且扫盲技能培训成为项目的重要组成部分，其培训对象是那些从未学习过读写的人、新文盲、失学青年。[1]

1998年，坦桑尼亚还采用了"赋权社区以革新弗莱雷式扫盲"的方法，该方法的理论基础是巴西教育家保罗·弗莱雷的觉醒理论，目的是将成人识字和社会变革结合起来。

这两项举措所包含的以学习者为中心的理念，被认为是成人学习的最佳方法，与以往自上而下的方法截然不同，其目的是如何在社区将扫盲作为地方创收的工具。在基于社区的综合成人教育方案取得初步成功后，政府正式将其作为国家成人扫盲的方式之一。[2] 但需要指出的是，尽管政府和成人学习者都希望通过成人教育来促进社会经济发展，但这个目标很难在短期内实现，需要持之以恒的努力。

除了以上扫盲举措以外，降低成人文盲率的有效方法之一是确保所有学龄儿童都有机会接受基础教育。由于并非所有儿童都能进入正规学校教育系统，所以政府决定将替代性学习作为基础教育的补充。1997年，坦桑尼亚政府与联合国儿童基金会合作制定了《坦桑尼亚补充性基础教育计划》，目的是让没能进入正规学校的学龄儿童完成三年课程并参加小学毕业考试，此后，他们将根据考试成绩进入初中，从而进入正规学校教育系统。

---

[1] BHALALUSESA E. Reflection on adult education policy development and implementation in Tanzania since independence: emerging issues and lessons[J]. Papers in education and development, 2021, 38(1): 15-34.

[2] BHALALUSESA E. Reflection on adult education Policy development and implementation in Tanzania since independence: emerging issues and lessons[J]. Papers in education and development, 2021, 38(1): 15-34.

这个计划的目标群体包括11—18岁的儿童和青年。[1]

评估表明,《坦桑尼亚补充性基础教育计划》为增加基础教育机会和提高基础教育质量做出了贡献。因此,政府决定于2003年在全国范围内推广该计划。当时坦桑尼亚小学净入学率远未达到100%,表明仍然有许多未进入学校的适龄儿童需要通过该计划获得帮助。[2]

进入20世纪90年代,成人教育不再局限于传统的学习中心,广播节目等也为成人教育提供了有价值的课程。例如,坦桑尼亚达累斯萨拉姆电台向全国广播不同的课程。这一时期,城市和农村地区超过60%的人口可以使用收音机,因而坦桑尼亚达累斯萨拉姆电台让更多人获益。除了传统的广播节目之外,电视用户数量和互联网使用人数增加,各年龄段的人有了学习新事物的新平台。[3]

这些媒介有助于运用以学习者为中心的教学方法,这种教学方法将学习者置于教学过程的中心,激励其获取新知识。除此之外,这些媒介还为传播消除贫困、创建终身学习社区、预防艾滋病等方面的知识做出了贡献。得益于信息和通信技术的发展,成人教育途径多元,尽管迄今为止还没有相关研究来评估这种发展所带来的影响,但20世纪90年代确实标志着成人教育媒介的转变。[4]

---

[1] BHALALUSESA E. Reflection on adult education policy development and implementation in Tanzania since independence: emerging issues and lessons[J]. Papers in education and development, 2021, 38(1): 15-34.

[2] BHALALUSESA E. Reflection on adult education policy development and implementation in Tanzania since independence: emerging issues and lessons[J]. Papers in education and development, 2021, 38(1): 15-34

[3] ISHUMI A G M, ANANGISYE W A L. Fifty years of education in Tanzania: 1961-2011[M]. Dar es Salaam: Dar es Salaam University Press, 2014: 192.

[4] ISHUMI A G M, ANANGISYE W A L. Fifty years of education in Tanzania: 1961-2011[M]. Dar es Salaam: Dar es Salaam University Press, 2014: 192.

二、成人教育的发展现状

（一）成人教育的战略规划

截至 2021 年 9 月，坦桑尼亚并没有专门的成人教育政策。进入 21 世纪，为了更好地开展成人教育工作，坦桑尼亚政府陆续出台了一系列的成人教育相关战略规划，第一个战略规划是《成人和非正规教育部门中期战略（2003/04 年度—2007/08 年度）》。该战略的主要目标是确保失学儿童、青年和成人，尤其是其中的妇女、游牧民等弱势群体，能够获得高质量的基本学习机会，将识字率提高 20%，将 11—13 岁的儿童纳入学校系统，减少失学现象，建设终身学习型社会。第二个战略规划是《成人和非正规教育部门中期战略（2008/09 年度—2011/12 年度）》。该战略的总体目标是建立政府与公民社会的伙伴关系，确保失学儿童、青年和成人有机会获得高质量的基本学习机会。第三个战略规划是《成人扫盲教育和大众教育实施战略（2010/11 年度—2014/15 年度》），该战略旨在确保失学儿童、文盲青年和成年人接受优质教育，加强人们对艾滋病等问题的认识，建设终身学习型社会，以改善人民的生活。2020 年年初，成人教育研究院颁布了《成人扫盲教育和大众教育实施战略（2020/21 年度—2024/25 年度）》，其主要目标是：提供易获取的、优质的成人扫盲和非正规教育项目；加强成人扫盲的支持系统；改进成人扫盲和非正规教育数据管理系统；制定成人扫盲和非正规教育项目的资格标准；编写高质量的成人扫盲和非正规教育教材；培养成人扫盲和非正规教育相关工作人员的能力；鼓励成人扫盲和非正规教育的研究和创新。[1]

---

[1] MoEST. National adult literacy and mass education rolling strategy 2020/21-2024/25[R]. Dodoma: MoEST, 2020: 14.

坦桑尼亚政府制定这些战略规划的目的是为了解决阻碍成人教育、非正规教育和继续教育发展的问题，实现全民教育目标、千年发展目标、《国家经济增长和减贫战略》以及《2025年愿景》中的相关目标。这些成人教育战略设定的目标有一定的相似性，它们都将成人教育质量作为重中之重，改革内容都涉及成人教育的课程、材料、师资等。

除了专门的成人教育战略规划，《教育和培训政策（1995年）》也提及提高非正规教育和成人教育入学率，培养更多的人才，提高教育质量，促进教育公平。坦桑尼亚在2005年颁布的《国家经济增长和减贫战略》也提到，到2015年，成人识字率至少达到80%。2007年，政府通过了一项职业培训政策，其中特别强调失学儿童、青年和成人的教育问题。[1]《教育部门发展规划（2016/17年度—2020/21年度）》指出，识字率对个人收入有重大影响；成人文盲由于缺乏知识和技能，面临严重的就业能力不足的问题；文盲父母往往对自己和子女的教育期望较低。为了使这些群体能够重新参与社会，进一步理清各种教育模式，促进各种教育模式之间的互通，推广使用国家资格认证框架，该规划提出了成人教育的五年目标，具体包括以下内容。到2020年，成人教育总入学人数增加到113万人；使70%的成人学习者掌握基本的识字和算术能力。[2] 遗憾的是，根据教育部门绩效报告，2019/20年度成人教育和非正规教育的总入学人数为236 729人，与目标有较大差距。同时，由于目前坦桑尼亚教育部门没有相关的标准化测评，因而无法考察成人学习者的知识和技能掌握程度[3]，这给成人教育与非正规教育政策的评估和延续工作带来考验。

---

[1] WALTERS S, YANG J, ROSLANDER P. Key issues and policy considerations in promoting lifelong learning in selected African countries: Ethiopia, Kenya, Namibia, Rwanda and Tanzania[R]. Hamburg: UNESCO Institute for Lifelong Learning, 2014: 33.

[2] MoEST. Education sector development plan (ESDP) 2016/17-2020/21[R]. Dodoma: MoEST, 2017: 61-63.

[3] 在2020年度的教育部门绩效报告中，成人学习者基本掌握识字和算术的比例数据是缺失的。

（二）成人教育的主要内容和规模

目前，坦桑尼亚成人教育的主要内容包括四个方面。

一是补充性基础教育，第一阶段是针对9—13岁儿童的补充性基础教育，让他们为重返小学四年级或五年级做好准备；第二阶段是针对14—17岁青少年的补充性基础教育，帮助他们为通过小学毕业考试做准备，之后他们将升入初中或职业学校，或自谋生路。该项目始于1999年，首先在5个地区试点，随后推广至全国。

二是综合性小学后教育，该项目在《成人和非正规教育发展计划（2012/13年度—2016/17年度）》中提出。2011—2013年，坦桑尼亚教育部和成人教育研究院与联合国儿童基金会合作，在全国12个小学毕业率较低、辍学率高、小升初率低的地区和艾滋病多发、孤儿较多的地区试点实施综合性小学后教育方案。[1]

三是开放和远程教育，这种方式为辍学或考试失利的学生提供受教育机会，使之达到能够被正规教育系统认可的标准。

四是综合性社区基础成人教育，这是为扫除19岁及以上文盲的主要项目，项目提供基本的识字、创收、生活技能、职业技能等教育活动。该项目已在坦桑尼亚大陆所有省份实施。每个扫盲班包括1名辅导员和30名学员，学习周期为18个月。其提供的课程比较灵活，每个扫盲班都要针对社区的关键问题，设计学习活动，参与解决问题，并计划创收活动。如前文提到，综合性社区基础成人教育采用了"赋权社区以革新弗莱雷式扫盲"方法，通过这种方法，它将扫盲、基础教育与解决社会经济发展的问题联系起来。在完成最初的6个月课程后，学员们将从事实际工作。完成这一

---

[1] VUZO M, KOMBA A, KANUKISYA B, et al. Evaluation of integrated post-primary education (IPPE) pilot project in Tanzania[R]. Dar es Salaam: UNICEF Tanzania, 2015: 2-3.

个学习周期后，学员不会获得证书，但能够凭借获得的识字、职业和生活技能继续参加创收活动。[1] 从 2018 年的注册人数来看，该项目的参与者多为 35—39 岁的成年人，这一群体占入学总人数的 20.9%，其次是 40—44 岁的群体。[2]

在普及教育的背景下，让失学儿童和青少年重返校园或为其提供技能教育也是当前成人教育的任务之一。针对坦桑尼亚数百万失学儿童和青少年，2018 年，坦桑尼亚在联合国儿童基金会的支持下，在 8 个地区试行了一项以提供技能为基础的失学青少年项目（Integrated Program for Out of School Adolescents，以下简写为 IPOSA），2 874 名青少年因此受益。[3] IPOSA 旨在应对 150 万青少年失学的挑战，目标学员包括那些没有机会进入正规教育系统，或因为怀孕、逃课等辍学的青少年。该项目已被纳入坦桑尼亚教育部门发展五年规划，目标是到 2021 年使 20 万失学青少年受益。其课程包括四个领域：读写、就业技能、生活技能和创业技能。在实施国家全纳教育战略行动计划的框架下，失学青少年项目中心成立。截至 2019 年 6 月，坦桑尼亚有 72 个失学青少年项目中心，它们分布在 8 个省份；17 个地方政府和 58 个县级教育官员也接受了相关培训，主要目的是了解这些中心的功能和作用。[4]

此外，民间发展学院也是成人教育的一部分，是模仿瑞典的民间中学而来，根据坦桑尼亚的国情更强调了其国家发展目标，由当时坦桑尼亚教育部和瑞典国际发展合作署共同成立。目前，全国共有 55 所民间发展学院，大多数在农村地区。这些民间发展学院主要提供扫盲后教育和继续教育，

---

[1] DO NASCIMENTO D V, VALDÃŠs-COTERA R Ã. Promoting lifelong learning for all: the experiences of Ethiopia, Kenya, Namibia, Rwanda and the United Republic of Tanzania[R]. Hamburg: UNESCO Institute for Lifelong Learning, 2018: 46.

[2] MoEST. Education sector performance report 2017/18[R]. Dodoma: MoEST, 2018: 20-26.

[3] UNICFE. UNICEF Tanzania annual report 2018[R]. Dar es Salaam: UNICEF Tanzania office, 2019: 27.

[4] MoEST. Education sector performance report 2018/19[R]. Dodoma: MoEST, 2019: 38.

它们为扫盲后的学员、小学和中学辍学学生或毕业生提供职业和生活技能方面的短期和长期课程，进而促进农村发展。[1] 尽管民间发展学院在继续教育方面充满潜力，但也面临诸多挑战。目前55个民间发展学院都存在培训人员和领导层能力不足的问题，而且基础设施破旧不堪。在大多数情况下，扫盲教师没有经过培训，多为志愿者。民间发展学院是解决年轻成年父母文盲问题的平台，但它们既没有与成人教育和扫盲后中心相联系，也没有与职业教育及社区发展机构相联系。在2016/17年度，民间发展学院重归教育和科技部管辖，通过对现有人力资源、基础设施和开展项目进行评估，坦桑尼亚政府计划对民间发展学院进行改造和升级。[2]

如表8.2所示，2020年，综合性社区基础成人教育项目的入学人数和教师人数大幅增加，学员与教师的比例从47∶1大幅下降到29∶1。补充性基础教育是成人教育和非正规教育的主要方式之一，教师数量从2019年的2 589人增加到2020年的3 196人，加之入学人数减少，教师与学员的比例从2019年的1∶26提高到1∶18。从这些数据来看，培训教师的增加和生师比的下降有利于成人教育工作的开展，提升教育质量。[3]

表8.2 2019—2020年坦桑尼亚成人教育项目基本情况

项目名称	年份	中心数量/个	学习者数量/个	教师数量/个	生师比	平均每个中心的教师数量/个
补充性基础教育	2020	2 380	56 560	3 196	18:1	1
	2019	2 588	67 062	2 589	26:1	1

---

[1] BWATWA Y M, KAMWELA A S. Review and revision of adult and non-formal education 2003/04-2007/08[R]. Dar es Salaam: MoEVT, 2010: 61.

[2] MoEST. A report of the joint education sector review working sessions[R]. Dodoma: MoEST, 2017: 45-46.

[3] MoEST. Education sector performance report for financial year 2019/20[R]. Dodoma: MoEST, 2020.

续表

项目名称	年份	中心数量/个	学习者数量/个	教师数量/个	生师比	平均每个中心的教师数量/个
综合性小学后教育	2020	126	5 211	509	10∶1	4
	2019	119	14 744	344	43∶1	3
开放和远程教育	2020	198	10 886	1 641	7∶1	8
	2019	251	5 631	1 095	5∶1	4
综合性社区基础成人教育	2020	2 794	149 617	5 176	29∶1	2
	2019	1 488	101 343	2 150	47∶1	1
以提供技能为基础的失学青少年项目	2020	150	8 252	275	30∶1	2
	2019	68	3 917	—	—	—
短期培训	2020	333	9 193	—	—	—

（三）成人教育的管理

成人教育的管理与其他教育领域一样，由教育和科技部制定政策，规划、协调、监测和评估相关活动，不过教育和科技部下并没有设独立的成人教育司，其主要负责单位是教育和科技部下的半独立机构——成人教育研究院。1963年，原隶属于乌干达马克雷雷大学学院的成人教育研究院成为达累斯萨拉姆大学学院下的一个系。1975年，政府通过第12号议会法案，成人教育研究院被依法授权承担全国成人教育的职责，主要通过设在坦桑尼亚的学校、区域中心和学习中心来开展工作。该机构向教育和科技部的教育专员直接汇报工作。

成人教育研究院的职责包括：提供成人教育和社区发展相关的本专科专业；根据国家和地方关心的各种问题组织实施各类大众教育项目；为公众编制识字后读本、学习手册、时事通讯等读物；为政府、非政府机构以及个人提供成人教育相关的咨询服务；为出版社及其他机构提供印刷服务；对成人和非正规教育进行研究。[1]

成人教育工作的具体实施依靠总统府省级行政和地方政府事务部及其下属的各地方政府以及民间团体来开展。

第二节 成人教育的特点和反思

一、成人教育的特点

从坦桑尼亚成人教育发展的历史来看，其政策缺乏连续性。

坦桑尼亚成人教育一度成为国家独立后的优先发展项之一。政府推广成人教育，努力提高成人识字和算术能力，服务于社会建设，以解决当时国家面临的问题。但随着国家内外发展环境的变化，20世纪80年代中期，国家推行来越来越多的宏观改革，成人教育不再是重点关注对象，成人教育事业出现倒退。当然，坦桑尼亚作为国际社会的一员，需要遵守和履行教育发展方面的国际目标和承诺。在这样的国际环境下，坦桑尼亚制定了国家行动计划，以实现全民教育目标，并将其纳入国家政策，承诺改革本国的成人教育，实现：到2030年，确保所有青年和大部分成年男女具有识字和计算能力的目标。

教育政策连续性受宏观改革政策和全球环境的影响，这是坦桑尼亚成人教育发展史上的一个问题。[2] 对于坦桑尼亚这样的国家来说，推动成人教

---

[1] Institute of Adult Education. Prospectus 2019/2020[R]. Dar es Salaam: Institute of Adult Education, 2019: 1-2.

[2] BHALALUSESA E. Reflection on adult education policy development and implementation in Tanzania since independence: emerging issues and lessons[J]. Papers in education and development, 2021, 38(1): 15-34.

育发展既需要考虑有限的资源与优先事项配置之间的问题，也需要考虑如何平衡国内教育议程和国际承诺的关系。

二、关于成人教育的反思

（一）注重成人教育的可持续性

可持续性的第一层含义是成人教育政策和项目是否具有延续性。回顾坦桑尼亚成人教育的发展历程，可以看到外部资金对成人教育项目启动和实施的影响。独立后，坦桑尼亚政府采用了联合国开发计划署和联合国教科文组织倡导的基础教育模式来发展成人教育，随后又采用了教科文组织的实用识字模式。在联合国儿童基金会的支持下开展了2018年的失学青少年项目。在瑞典国际发展合作署和加拿大国际开发署的支持下，开展综合性社区基础成人教育项目。在引入"赋权社区以革新弗莱雷式扫盲"方法和"是的，我可以"扫盲教学模式[1]的过程中，也有外部资金的支持。所有这些举措都是在外部援助的支持下先作为试点项目开始的[2]，这意味着，一旦某一个援助项目周期结束而政府又无力继续时，那么前期所产生的效果不仅不能延续还会大打折扣。

因而，保证成人教育财政支持的可持续性一直是坦桑尼亚成人教育相关战略的重要内容之一，正如《成人和非正规教育发展计划（2012/13年度—2016/17年度）》指出的，充足的资金是确保有效执行该计划的一个关键

---

[1] 该方案的总体目标是通过改编古巴的"Yo si puedo"（是的，我可以）扫盲模式，加强坦桑尼亚的成人扫盲工作，通过广播、电视、DVD等，在基于社区的成人教育方案框架内实施。

[2] BHALALUSESA E. Reflection on adult education policy development and implementation in Tanzania since independence: emerging issues and lessons[J]. Papers in education and development, 2021, 38(1): 15-34.

因素，但是成人、非正规和继续教育部门一直面临着资金不足的挑战，因而无法完成其设定目标。[1] 对此，政府号召多渠道筹集资金来支持成人教育活动，调动援助组织、民间组织、私人部门、社区等利益相关者的积极性，合力开展成人教育活动。

可持续性的另一层含义是，成人教育的内涵是终身教育。通过一个扫盲项目能让成人学会阅读、计算，但如果就此止步，扫盲人口很容易回到文盲状态。坦桑尼亚目前的精力集中在实施免费普及教育上，对终身教育和建设学习型社会未有充分的认识和准备。尽管坦桑尼亚开放大学为成人继续学习提供了机会，但这远远不足以支撑并满足成年人一生的学习需求。

（二）扫盲对消除贫困的重要作用

在当今快速发展的信息化社会中，文盲处于不利地位，他们不知道自己的权利，无法发挥自己的潜力，无法在社会中充分发挥作用。识字既是一种权利，也是一种能力，是战胜贫困的根本。发展识字环境的政策，可包括支持图书馆建设、发行本地语言报纸、支持图书出版、提供成人进入学校图书馆和收听广播的机会等。[2]

《成人和非正规教育中期战略（2003/04 年度—2007/08 年度）》指出，向目标群体提供高质量的教育，这将有助于建立终身学习型社会，改善人民的生活，加深人们对艾滋病、性别和环境问题的认识，实现善政，消除贫困，促进社会和经济持续发展。[3] 2019 年，世界银行的《贫困评估报告》指出，

---

[1] MoEVT. Adult and non-formal education development plan (ANFEDP) 2012/13–2016/17[R]. Dar es Salaam: MoEVT, 2012: 40.

[2] MCHOMBU K, CADBURY N. Libraries, literacy and poverty reduction: a key to African development[R]. London: Commonwealth Foundation, 2006: 5.

[3] Ministry of Education and Culture. Adult and non-formal education sub-sector medium term strategy 2003/04-2007/08[R]. Dar es Salaam: Ministry of Education and Culture, 2003:v.

坦桑尼亚大陆的贫困率从 2007 年的 34.4% 下降到 2018 年的 26.4%。但目前，坦桑尼亚仍有 1 400 万贫困人口，比 2007 年的 1 300 万有所增加。报告还指出，相当一部分人口仍然容易陷入贫困，约有一半人口生活在每人每天收入 1.9 美元（按 2011 年平价购买力计算）的国际贫困线以下。[1] 这意味着，坦桑尼亚减贫工作任重道远，而成人教育作为减贫的优先事项之一应该得到重视。对此，有学者呼吁应该开设更多成人教育中心，也可将中学作为成人教育的又一场所，从而增加成人教育的机会。[2]

第三节 成人教育的挑战和对策

一、面临的挑战

（一）政府对成人教育重视程度不够

第一任总统尼雷尔强调，向成年人提供基础扫盲是社会重构的重要工具。执政党负责制定指导方针，并动员全国各地的人民；规划和协调成人教育的工作由教育和科技部和地区、县级成人教育协调员负责；各教育机构（小学、中学、大学等）负责人监督其教职员工的成人教育活动，并向有关部门报告实施进展和遇到的问题。[3]

毫无疑问，成人教育在分析和解决社区发展问题方面可以发挥很大作

---

[1] 资料来源于世界银行官网。

[2] MSOROKA M S. Linking adult education with formal schooling in Tanzania: mission unfulfilled[J]. International journal of scientific research and innovative technology, 2015, 2(6): 162-174.

[3] BWATWA Y M, KAMWELA A S. Review and revision of adult and non-formal education 2003/04-2007/08[R]. Dar es Salaam: MoEVT, 2010: 21-22.

用。然而，在经济落后、资源不足，以及教育优先事项众多的情况下，成人教育计划的成功实施在很大程度上取决于政府在资源分配方面的意愿。20世纪七八十年代，尼雷尔总统在其演讲中努力向民众普及成人教育的重要性；而在今天的坦桑尼亚，成人教育已然失去了之前的重要地位。坦桑尼亚尚无专门的成人教育政策，成人教育被视为是次要的，被分解在基础教育的大旗下。[1] 即使有促进成人教育发展的理由和意愿，但由于缺乏职能清晰的独立部门和专门的政策，成人教育的发展不尽如人意。

（二）缺乏准确可靠的数据和相关研究

准确和可靠的统计数据是有针对性地开展成人教育的基础。但总体而言，坦桑尼亚在成人教育和非正规教育领域开展的研究不多，很难找到关于成人教育学员或教师人数的准确信息。同时，不同机构开展的调查统计呈现出不同的结果。因而有理由怀疑，在识字率、失学儿童人数、入学人数、学习中心数量等方面的数据可能出现不准确、不真实的情况。坦桑尼亚缺乏关于成人教育的专门调查数据，最近一次人口普查是在 2012 年进行的，普查结果包括全国成人识字率（77.8%）。最近一次关于成人教育状况的大规模调查是 2014 年由联合国教科文组织和坦桑尼亚教育部合作开展的。[2] 此后，坦桑尼亚成人教育的相关数据和信息都是混杂在基础教育统计数据中的，缺乏关于成人教育事业发展的专门数据。针对既有相关数据，也很少有学者或机构对这些统计数据进行定性分析。目前，坦桑尼亚有设在大学里的成人教育专业，也有一些从事成人教育研究的学者。成人教育研究院有专门的研究

---

[1] BHALALUSESA E. Reflection on adult education policy development and implementation in Tanzania since independence: emerging issues and lessons[J]. Papers in education and development, 2021, 38(1): 15-34.

[2] BHALALUSESA E. Reflection on adult education policy development and implementation in Tanzania since independence: emerging issues and lessons[J]. Papers in education and development, 2021, 38(1): 15-34.

部门，但其研究力量较为薄弱，功能未充分发挥。成人教育研究院也有自己的刊物，但是由于资源有限，出版时间极其不固定。

二、应对策略

坦桑尼亚教育和科技部在《成人扫盲教育和大众教育实施战略（2020/21年度—2024/25年度）》中对未来五年的成人教育做出了一些战略性的规划，尽管这些战略大多是老生常谈的问题，但仍然为今后的成人教育发展指明了一些方向。

（一）完善成人教育的数据库

2020年，教育和科技部颁布的战略指出，要对现有的成人扫盲和大众教育数据管理系统进行摸底调查，完善各级数据管理系统，将成人扫盲和大众教育数据纳入现有的主要教育数据管理系统。为此，其提出的具体目标是：在2021年以前，完成对成人扫盲和大众教育数据管理系统现有情况的调查；到2022年，制定成人扫盲和大众教育的指标，并将其整合到基础教育信息管理系统、教育管理信息系统和村庄登记册中去；到2022年，加强地方政府收集和处理数据的能力；到2023年，公布成人扫盲和大众教育的数据。[1]

（二）加强对成人教育的研究

除了要建立可靠、统一的数据库，还要科学地分析相关数据，例如，

---

[1] MoEST. National adult literacy and mass education rolling strategy 2020/2021-2024/25[R]. Dodoma: MoEST, 2020: 20.

对现有文盲中的各年龄阶段比例、性别比例、各地区的分布情况进行分析，并与人口普查相结合，只有掌握数据并科学分析，才能制定出有针对性的成人教育方案。

2020年是尼雷尔宣布1970年作为"成人教育年"50周年，为了纪念并总结反思坦桑尼亚的成人教育发展情况，达累斯萨拉姆大学举办了纪念坦桑尼亚"成人教育年"50周年国际会议。由于疫情，该会议推迟到2021年6月，采用线上和线下相结合的方式举行。此次会议持续三天，吸引了来自10个国家的150余人参会。这是坦桑尼亚历史上首次对成人教育进行反思的大规模会议。与会者探讨了坦桑尼亚成人教育与国家政策、国际宣言的关系；分享了对坦桑尼亚成人和社区教育工作的循证研究；提出了今后成人教育的发展方向；探讨了如何加强国际合作等问题。此次会议将成人教育研究者和实践者聚集一堂，总结和反思了过去的成人教育政策、理念和实践，探索未来成人教育的发展路径。

坦桑尼亚《成人扫盲教育和大众教育实施战略（2020/21年度—2024/25年度）》的目标之一就是在成人扫盲和大众教育中推动研究和创新。其设定的目标是：到2025年，确定国家成人扫盲和大众教育研究议程；到2025年，完成对169名成人扫盲和大众教育工作者的培训，使他们能够开展研究并分享研究成果；到2025年，每个地区都开展一项成人扫盲和大众教育研究；到2024年，每个地区都制定一个研究和创新的辅导项目；到2025年，每个地区制定并试行一项成人扫盲和大众教育示范项目；到2025年，提高成人教育从业人员制定计划和设计课程的能力；到2025年，在全国层面、地区级、县级组织举办各类型的研讨会、讲习班和节庆活动，以满足成人教育从业人员的研讨需求；2020—2025年，每年举办一次全国成人扫盲和大众教育创新实践与理念分享活动。[1]

---

[1] MoEST. National adult literacy and mass education rolling strategy 2020/2021-2024/25[R]. Dodoma: MoEST, 2020: 26-27.

（三）为成人教育提供有力支持

成人教育的有效性在很大程度上取决于是否能得到有力支持和是否拥有良好环境。坦桑尼亚在采用农村图书馆、农村报纸和广播等方式支持成人教育方面有着悠久的历史。早在20世纪70年代，当时的坦噶尼喀图书馆服务中心就被赋予在坦桑尼亚大陆发展图书馆事业的责任。坦噶尼喀图书馆服务中心负责采购图书并分发到全国各地的分馆。这些图书馆在成人教育方面的作用对坦桑尼亚这样人均收入较低的国家尤为重要，因为它能够向成人提供免费阅读材料。[1]

良好的识字环境是以繁荣的地方出版、图书销售和媒体行业为基础的，这些行业使人们能够获得本土语言、当地文化、本地信息等方面相关材料。对于生活在贫困中的人来说，获得这些材料至关重要，而这正是公共图书馆可以发挥重要作用的地方。[2]

《成人扫盲教育和大众教育实施战略（2020/21年度—2024/25年度）》指出，有必要改进现有的工作方式，以确保在坦桑尼亚建立高效的成人教育支持系统和制定具体方案。[3] 具体地说，在农村和城市地区建立成人扫盲支持系统；在半游牧社区建立流动图书馆；宣传和推广成人扫盲支持系统；加强成人扫盲、大众教育计划和大众媒体之间的联系。为此，要实现的目标是：在2022年前，对各地区进行摸底调查；2021—2025年，每年开展四次宣传推广活动；到2025年，实现每个省都有一个农村图书馆的目标，增加成人扫盲相关出版物；到2025年，每个省创办一个广播教育节目；到

---

[1] KAUNGAMNO E E. After literacy what next? The role of libraries in post literacy adult education[R]. Dar es Salaam: Institute of Adult Education, 1972:1.

[2] MCHOMBU K, CADBURY N. Libraries, literacy and poverty reduction: a key to African development[R]. London: Commonwealth Foundation, 2006: 5.

[3] MoEST. National adult literacy and mass education rolling atrategy 2020/2021-2024/25[R]. Dodoma: MoEST, 2020: 17-18.

2025年，创办一个国家级的成人教育电视节目；到2025年，每个县建立一个扫盲后中心；到2025年，改善成人教育研究院的印刷和出版工作；到2025年，所有民间发展学院可以开展成人扫盲和大众教育；到2025年，在所有半游牧社区建设流动图书馆；到2025年，设计并推广成人扫盲和大众教育的手机应用程序。[1]

---

[1] MoEST. National adult literacy and mass education rolling strategy 2020/2021-2024/25[R]. Dodoma: MoEST, 2020: 18-19.

第九章 教师教育

教师是教育质量的基石。在坦桑尼亚教育体系迅速扩张的背景下，教师数量和质量成为政府和援助组织关注的焦点。但职前教师培养在很大程度上被忽视；在职培训方面，政府也缺乏一套完善的激励、评估与问责的教师管理体系。如何解决这些问题，是目前坦桑尼亚政府正在探索的方向。

第一节 教师教育的发展和现状

一、教师教育的历史沿革

独立后的坦桑尼亚急需教师，政府在《三年发展规划（1961—1964年）》中制定了提升小学教师质量的计划，包括加强建设用于培养证书文凭（A级）教师的教师培训学院。1964年，坦桑尼亚大陆共有22所教师培训学院，其中4所是公立，其他18所属于志愿机构。[1] 这一时期的教师课程分为三个层次，学习年限均为两年：A级教师课程招收初中毕业生，学员毕

---

[1] ISHUMI A G M, ANANGISYE W A L. Fifty years of education in Tanzania: 1961-2011[M]. Dar es Salaam: Dar es Salaam University Press, 2014: 23.

业后教初中；B级课程招收10年级（初中二年级）毕业生，学员毕业后教授小学的中高年级；C级教师课程招收8年级毕业生，学员毕业后教授小学低年级。[1]

在独立最初的几年，教师培训学院的教师队伍主要是由坦桑尼亚当地人和外国侨民组成，这些外国侨民大部分来自英国，也有一些来自加拿大、澳大利亚等英联邦国家。大多数外籍人员比坦桑尼亚本地人更能胜任教师培训学院的工作，在教师培训学院中拥有相对高的专业级别。教授A级教师课程的本地教师教育者一般接受过小学低年级教学培训，或者是没有受过专业培训但为具体教学科目的专家。1966年以后，随着外籍工作人员离开坦桑尼亚，教师培训学院的师资配置逐步实现了本地化（见表9.1）。[2]

表 9.1 1961—1970 年坦桑尼亚教师培训学院教师教育背景

单位：人

年份	大学毕业			专科毕业			证书文凭（教授A级教师课程）			其他			总计		
	外国	本国	总计	外国	本国	总计	外国	本国	总计	外国	本国	总计	外国	本国	总计
1961	24	1	25	9	2	11	27	48	75	0	40	40	60	91	151
1962	74	1	75	23	4	27	6	12	18	0	57	57	103	74	177
1963	94	4	98	13	20	33	1	13	14	0	113	113	108	150	258
1964	96	8	104	0	19	19	9	25	34	0	148	148	105	200	305
1965	100	21	121	8	35	43	6	9	15	21	18	39	135	83	218
1966	57	16	73	44	22	66	5	35	40	0	28	28	106	101	207
1967	61	19	80	31	54	85	3	19	22	0	15	15	95	107	202
1968	73	19	92	25	79	104	2	17	19	1	0	1	101	115	216

---

[1] 1964年，坦桑尼亚小学教育年限由8年缩减为7年，并延续至今。

[2] ISHUMI A G M, ANANGISYE W A L. Fifty years of education in Tanzania: 1961-2011[M]. Dar es Salaam: Dar es Salaam University Press, 2014: 24.

续表

年份	大学毕业			专科毕业			证书文凭（教授A级教师课程）			其他			总计		
	外国	本国	总计	外国	本国	总计	外国	本国	总计	外国	本国	总计	外国	本国	总计
1969	51	17	68	22	88	110	3	30	33	0	21	21	76	156	232
1970	54	33	87	15	139	154	6	44	50	1	35	36	76	251	327

教师培训学院的培养课程主要包括理论学习及教学法培训，其中，教学法培训与微格教学、实习紧密结合。教师培养的最后一步是试用期考核，准教师被分配到学校，通过考核之后方可成为正式教师。两年培养加两年试用期的教师培训模式，培养了许多敬业爱岗的好教师，缓解了教师队伍人才紧缺的情况。但由于极度缺乏教师，坦桑尼亚需要加快教师培养速度，1968/69年度，教师职前培养被缩减为一年，这一情况一直持续到20世纪80年代早期。此举极大地损害了教师的专业性，对坦桑尼亚的教师队伍产生了长久的负面影响。[1]

在20世纪70年代普及教育的背景下，增加教师供给成为当时的一项重要工作，教师培训学院的入学人数连年攀升。除了坦桑尼亚政府提供的常规教师职前培训，1976—1981年，在联合国儿童基金会、联合国教科文组织的支持下，坦桑尼亚开展了远程教师培训项目。这个项目的创新之处在于，它在传统的职前培训之外，以乡村为基地，通过邮政服务和电台广播，为特定的师范生提供函授课程。这些学生会被安排在一个指定的中心，由有经验的教师培训者或资深教师授课。师范生可以从这种师徒关系中进一步受益。[2] 1971年，坦桑尼亚教育部与联合国儿童基金会、联合国教科文组织合作，发起了夸姆西西试点项目。夸姆西西是科罗圭地区的一个乌贾马村，该试点项目将

---

[1] ISHUMI A G M, ANANGISYE W A L. Fifty years of education in Tanzania: 1961-2011[M]. Dar es Salaam: Dar es Salaam University Press, 2014: 29.

[2] ISHUMI A G M, ANANGISYE W A L. Fifty years of education in Tanzania: 1961-2011[M]. Dar es Salaam: Dar es Salaam University Press, 2014: 70-71.

成人教育、教师教育、初等教育与当地社区发展相结合。在教师教育方面，该项目旨在让师范生熟悉农村社区生活，使师范生能够了解现实生活的情况，并参与社区发展活动，做未来的社区领导者。这项实验后来被推广到35个乡村小学，每所学校都有配对的教师培训学院提供咨询和技术支持。[1]

20世纪80—90年代，坦桑尼亚政府继续扩大教师教育的规模。1981年，教师培训学院增加到37所，1990年，增加到42所。这一时期，政府不得不采用一些权宜之计来解决全国入学人数增加但教师短缺的危机：将匆匆接受培训的小学毕业生派往小学任教，政府也组织一些基本的技能培训用以培训新招聘教师；聘高中毕业生为中学教师以填补空缺。总的来说，这些为了快速解决教师短缺问题而采取的应急措施，对教育质量造成了严重的伤害。同时，这些教师培训学院的基础设施已经老化，但由于资金短缺，这些问题很难得到重视。除此之外，教科书和其他基本设备也相当匮乏，教师教育者缺少教学大纲、参考书籍。[2]

20世纪90年代是坦桑尼亚教育发展的分水岭，在此之后，坦桑尼亚的教育质量和教育发展速度都有很大提升。政府开始允许私立教师培训学院提供教师培训。同时，由于财政紧张，政府不得不减少公立教师培训学院，一些公立教师培训学院转变为普通中学。在这期间，政府逐步取消了B级和C级教师课程。这一措施在一定程度上是政府对当时教学质量下降的回应，把重点放在A级教师培训上可以吸纳具有较好教育背景的申请者，从而提高教师教育的整体质量。而针对已持有B级和C级教师证书的小学教师，政府推出了在职学历提升计划。[3]

---

[1] ISHUMI A G M, ANANGISYE W A L. Fifty years of education in Tanzania: 1961-2011[M]. Dar es Salaam: Dar es Salaam University Press, 2014: 72-73.

[2] ISHUMI A G M, ANANGISYE W A L. Fifty years of education in Tanzania: 1961-2011[M]. Dar es Salaam: Dar es Salaam University Press, 2014: 131.

[3] ISHUMI A G M, ANANGISYE W A L. Fifty years of education in Tanzania: 1961-2011[M]. Dar es Salaam: Dar es Salaam University Press, 2014: 186.

进入 21 世纪，随着普及教育的开展，坦桑尼亚对教师的需求仍然很大，教师培训学院的招生人数从 2001 年的 15 561 人增加到 2011 年的 37 698 人。[1] 随着私立教师培训学院的增多，政府开始逐步规范教师教育的课程并注重私立院校的质量保障。

二、教师教育的发展现状

（一）结构与人数

1. 教师职前培养

坦桑尼亚学前、小学和初中阶段的教师主要由教师培训学院培养，高中教师为大学培养的本科层次的毕业生（见图 9.1）。目前，培养小学教师主要是通过两年制的证书课程，该课程招收的是初中四年级的毕业生。培养初中教师的方式分为两种，均为专科课程，一种是三年制，招收初中毕业生；一种是两年制，招收高中毕业生，后者为培养初中教师的主要方式。其中，三年制的专业是为解决坦桑尼亚在农业、计算机科学、商科等领域教师短缺问题而定制的，学生前两年修习高中科目，最后一年学习教学知识和技能。2020 年，坦桑尼亚教育研究院对小学教师职前课程进行了修订，在加拿大援助的教师教育支持项目的资助下，将之前两年的证书课程升级为三年的专科课程。

---

[1] ISHUMI A G M, ANANGISYE W A L. Fifty years of education in Tanzania: 1961-2011[M]. Dar es Salaam: Dar es Salaam University Press, 2014: 242.

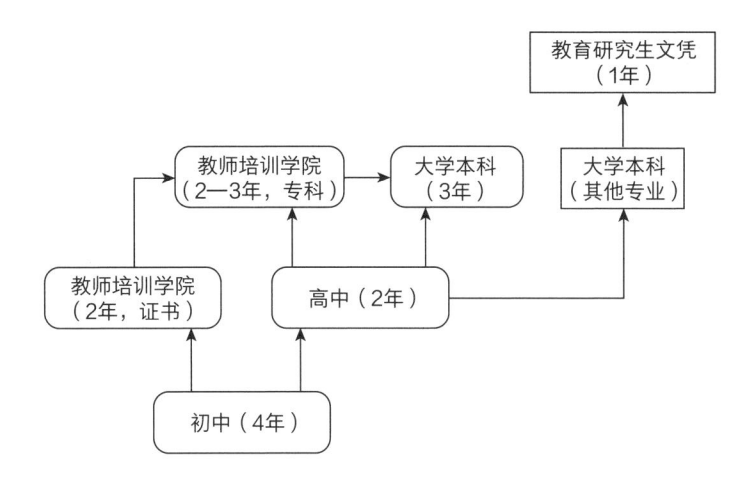

图 9.1 坦桑尼亚职前教师培养路径

截至 2019 年，坦桑尼亚共有公立教师培训学院 35 所，私立 85 所。[1] 鉴于较多私立机构也提供教师教育的情况，坦桑尼亚政府决定建立教师专业委员会，以对教师教育进行监管和规范。但截至 2021 年 9 月，该委员会尚未完全成立。

这些教师培训学院的招生人数从 2018/19 年度的 23 326 人减少到 2019/20 年度的 19 249 人，降幅达到 17.5%，其主要原因是不少小学或初中毕业生选择升学或进入职业教育学校，而非入读教师培训学院。[2]

2018/19 年度，从公立教师培训学院毕业的学生总数为 7 836 人，与往年相比，有明显的增长。但是在 2019/20 年度，毕业生人数略有减少，为 7 279 人，其原因是坦桑尼亚教育和科技部正在逐步淘汰证书课程的教师，将教师教育的证书课程全部修订为专科课程，所以师范生的入学门槛也有所提高。[3]

---

[1] MoEST. Education sector performance report 2018/19[R]. Dodoma: MoEST, 2019: 41.
[2] MoEST. Education sector performance report for financial year 2019/20[R]. Dodoma: MoEST, 2020: 48-49.
[3] MoEST. Education sector performance report for financial year 2019/20[R]. Dodoma: MoEST, 2020: 84.

在教师培训院校师资方面，坦桑尼亚政府近年来不断增加公立教师培训学院的教师，同时也逐步淘汰没有本科学位的教师教育者。2019/20 年度的数据显示，目前公立教师培训学院教师持有学位以学士学位和硕士学位为主（见表9.2）。[1]

表 9.2 2019/20 年度坦桑尼亚公立教师培训学院教师教育背景 [2]

单位：人

教育背景	男	女	合计
博士研究生	7	1	8
硕士研究生	282	178	460
教育研究生文凭	12	4	16
本科	461	282	743
专科	27	12	39
证书	3	2	5
合计	792	479	1 271

在坦桑尼亚，与医生、律师相比，教师这一职业很难吸引到最优秀的学生来选择。目前，教师培训学院的入学要求是中等教育证书考试成绩在Ⅰ—Ⅲ段以内。尽管与之前的入学标准（Ⅰ—Ⅳ段）相比，坦桑尼亚对师范生的准入有了更高的要求，但事实上，教师培训学院师范生的入学成绩绝大多数处于最低准入要求（第Ⅲ段）。大学的教育学院的入学标准也一般为该大学的最低录取分数线，例如，达累斯萨拉姆大学对师范类专业的基本要求是高中毕业会考成绩中与报考专业相关的两门专业课考试成绩应至少达到 E 等级，且两门成绩累计相加须至少达到 4 个绩点[3]。[4] 大学师范生

---

[1] MoEST. Education sector performance report for financial year 2019/20[R]. Dodoma: MoEST, 2020: 84.
[2] 此表不包含行政人员。
[3] 绩点与等级之间的换算关系：A = 5，B = 4，C = 3，D = 2，E = 1，S = 0.5，F = 0。
[4] UDSM. Undergraduate programmes and admission procedures[R]. Dar es Salaam: UDSM, 2021: 4-18.

各科目考试合格后，顺利毕业即可进入教师队伍。

与大学师范生毕业进入教师队伍的方式不同，教师培训学院的学生需要通过由国家考试委员会组织的统一考试，合格后方可成为教师。教师培训学院的考试有两种，一种是 A 级教师证书考试，一种是中学教育文凭考试。师范生的最终成绩包括两部分：平时成绩占 30%，包括作业、考试、汇报、实习等；国家组织的考试成绩占 70%。

2．在职教师队伍

从在职教师规模来看，2020 年共有学前班教师 13 227 名，其中学历符合政府要求的[1] 教师为 10 603 人（见表 9.3）。[2] 在这些教师中，仅 3.3% 的教师为本科及本科以上学历。[3]

表 9.3 2016—2020 年坦桑尼亚学前班教师人数

年份	2016	2017	2018	2019	2020
教师总数	14 958	13 313	10 991	12 334	13 227
公立学校教师	10 994	9 045	6 206	7 197	7 549
私立学校教师	3 964	4 268	4 785	5 137	5 678
合格教师总数	11 920	10 439	8 313	9 593	10 603
公立合格教师	8 789	7 861	5 367	6 169	6 637
私立合格教师	3 131	2 578	2 946	3 424	3 966

---

[1] 根据坦桑尼亚教育和科技部的规定，学前班教师需拥有证书文凭及以上学历资格。

[2] MoEST. Education sector performance report for financial year 2019/20[R]. Dodoma: MoEST, 2020: 64-65.

[3] PO-RALG. Pre-primary, primary, secondary, adult and non-formal education statistics 2020[R]. Dodoma: PO-RALG, 2020:39.

小学教师总数从 2019 年的 196 286 人减少到 2020 年的 194 736 人，减少了 0.79%。减少的原因包括退休、解雇、死亡和选择其他职业。2016—2020 年，小学生师比，特别是小学生与合格教师的比例呈现不断增高的状态（见表 9.4），且公立小学和私立小学之间的差距较大。[1] 从现有小学教师队伍的学历结构来看，A 级证书文凭是小学教师的最低要求，该学历人群是目前小学教师队伍的主流，2020 年拥有此文凭的小学教师比例达到 70.3%。[2] 随着坦桑尼亚小学教师职前培养课程的修订和升级，如何将这约 13 万教师的学历通过各种形式的在职培训升级到专科文凭，将是下一阶段政府和各援助组织的工作重点之一。

表 9.4 2016—2020 年坦桑尼亚小学教师数量

年份	2016	2017	2018	2019	2020
教师总数/人	206 806	197 563	199 683	196 286	194 736
合格教师/人	201 513	192 497	195 951	192 061	191 815
生师比	42∶1	47∶1	51∶1	54∶1	56∶1
公立生师比	44∶1	50∶1	54∶1	58∶1	61∶1
私立生师比	20∶1	19∶1	18∶1	20∶1	19∶1
学生/合格教师	43∶1	48∶1	52∶1	55∶1	57∶1
公立学校学生/合格教师	41∶1	51∶1	55∶1	59∶1	62∶1
私立学校学生/合格教师	23∶1	22∶1	22∶1	22∶1	21∶1

[1] MoEST. Education sector performance report for financial year 2019/20[R]. Dodoma: MoEST, 2020: 66.
[2] PO-RALG. Pre-primary, primary, secondary, adult and non-formal education statistics 2020[R]. Dodoma: PO-RALG, 2020: 135.

截至2020年，中学（包括初中和高中）教师人数为106 006人，99.4%为合格教师。中学教师的数量在近三年来一直稳步增加，但仍未恢复到2016/17年度的水平。与学前教育和小学教师不同的是，中学教师的数据在公立和私立学校中没有太大差距。在地区分布方面，达累斯萨拉姆的教师人数最多（6 226人），其次是姆万扎（5 849人），而卡塔维的教师人数最少（758人）。在生师比方面，基戈马的比例最高（33.8∶1），其次是马拉（33.0∶1）、盖塔（31.8∶1）、卡塔维（31.6∶1）和锡米尤（31.0∶1）。这些地区的政府需要更加努力地做好教师分配工作，因为与2019年相比，这些地区的生师比都有所增加。[1]

（二）教师教育的课程

完成小学教育专业的证书课程是成为小学教师的最低要求，坦桑尼亚教育研究院负责制定基础教育和教师培训学院的课程。根据要求，完成小学教育专业证书课程的学生应具备以下能力：能够对不同需求的儿童提供指导和咨询；促进小学生的个性发展（包括其社会能力、心理和生理发展）；评估儿童在行为和学习成绩方面的进步；运用管理技能为小学生提供照顾和支持；就儿童的学习和发展情况进行小规模的研究；设计、开发和充分利用相关教学和学习材料。[2] 其课程安排如表9.5所示。[3]

---

[1] MoEST. Education sector performance report for financial year 2019/20[R]. Dodoma: MoEST, 2020: 75-76.

[2] MoEVT, TIE. Curriculum for certificate in teacher education programmes in Tanzania[R]. Dar es Salaam: TIE, Edition of 2013: 7-8.

[3] MoEVT, TIE. Curriculum for certificate in teacher education programmes in Tanzania[R]. Dar es Salaam: TIE, Edition of 2013: 15-17.

表9.5 坦桑尼亚小学教育专业证书课程安排表

课程名称	每周教学时间 / 小时	课程目标
教学论	2	掌握关于儿童行为的知识，建立对儿童友好的环境，并提供指导和咨询； 了解坦桑尼亚教育的历史、初等教育的理念和哲学； 掌握衡量学生成绩、发现教育问题和如何解决问题所需的研究和评价技能； 了解影响教学过程的各种理论。
英语交流技能	2	掌握不同情境下的语言使用能力。
信息和通信技术	2	接触到获取知识和信息的现代技术。
公民 （学科知识和教学）	1	了解国家和国际社会的政治、经济问题的一般知识。
	2	了解公民课的互动教学方法、备课技巧以及能够应用各种学习理论和资源材料。
技术与实例	1	接触各种技术和媒体，并在教学过程中能够使用这些技术。
职业技能 （学科知识和教学）	2	掌握职业技能相关的学科知识。
	2	接触互动式的教学方法、教学准备的技巧，并在教学中应用相关理论。
宗教	1	了解坦桑尼亚社会接受的个人价值观、规范、态度和道德。
历史 （学科知识和教学）	2	掌握历史学科知识。
	2	了解互动式教学方法、教学准备的技巧，并在历史教学中应用相关理论。
地理 （学科知识和教学）	2	掌握地理学科知识。
	2	了解互动式教学方法、教学准备的技巧，并在地理教学中应用相关理论。

续表

课程名称	每周教学时间/小时	课程目标
英语 （学科知识和教学）	2	掌握英语学科知识。
	3	了解互动式教学方法、教学准备的技巧，并在英语教学中应用相关理论。
信息和通信技术在教学中的应用	2	了解互动式教学方法、教学准备的技巧，并在信息和通信技术教学中应用相关理论。
道德与体育 （学科知识和教学）	2	掌握道德与体育相关的学科知识。
	2	了解互动式教学方法、教学准备的技巧，并在道德和体育教学中应用相关理论。
数学 （学科知识和教学）	2	掌握数学学科知识。
	3	了解互动式教学方法、教学准备的技巧，并在数学教学中应用相关理论。
斯瓦希里语 （学科知识和教学）	2	掌握斯瓦希里语学科知识。
	3	了解互动式教学方法、教学准备的技巧，并在斯瓦希里语教学中应用相关理论。
科学 （学科知识和教学）	2	掌握科学学科知识。
	3	了解互动式教学方法、教学准备的技巧，并在科学教学中应用相关理论。
法语 （学科知识和教学）	1	掌握法语学科知识。
	2	了解互动式教学方法、教学准备的技巧，并在法语教学中应用相关理论。

大部分国家培养小学教师会将其分为文理两个方向，而坦桑尼亚培养的小学教师是真正意义上的全科教师，即能教授所有小学科目的教师。除了表格所列举课程之外，每一年还有为期两个月左右的小学实习。但是，要在两年内学完所有科目，本就是一个挑战。尽管课时安排在数学、科学、英语等核心科目上有所倾斜，但依然很难培养出这些领域的专家教师，而

这正是当前坦桑尼亚学生在部分科目测评中表现较差的重要原因之一。尽管对小学应该培养全科还是专科教师一直颇有争论，但这些争论通常都是在具体国情之下讨论的，非洲国家少有关于该问题的争论，这大概是因为大部分非洲国家处于教师数量短缺的发展阶段，都采用全科教师的培养模式解决现实问题。

初中教师的培养也由教师培训学院承担，师范生需要修两个主要的中学教学科目，比如生物和化学、英语和斯瓦希里语等。除了前文提到的特殊的三年制专业外，初中教师的培训主要为两年制的专科专业。除了两门所选科目的学科知识和教学知识外，初中教育的师范生还学习教育学基础、教育心理学和咨询、教育研究和评估等教育学专业课程，以及发展研究、交流技能、信息技术等公共课。与小学教育师范生一样，初中教育师范生除了需要修习这些理论课程之外，还有完成每年一次、每次8周的学校实习（见表9.6）。[1]

表9.6 坦桑尼亚中学教育专科课程安排

课程名称	课程目标
教育学专业课程	
教育心理学和咨询	使师范生了解学生（主要是青少年）的成长情况、学习需求，以及了解如何满足学生的需求。
教育学基础	使师范生了解教育历史、理念和哲学。
教育研究和评估	使师范生掌握教育研究和评估技能，从而能够找出并解决教育问题。
课程和教学	让师范生了解教学和学习相关的各种理论。

---

[1] TIE. Curriculum for diploma in teacher education programmes in Tanzania[R]. Dar es Salaam: TIE, 2013: 12-13.

续表

课程名称	课程目标
学科课程和教学	
核心科目 I 和 II（学科知识）	使师范生掌握教学科目的知识。
核心科目 I 和 II（教学知识）	使师范生掌握该科目的教学方法和技巧。
公共课	
发展研究	使师范生掌握公民教育的一般性问题。
信息和通信技术	让师范生掌握在教与学过程中沟通、传递和管理信息的方法和技能。
教育媒介和技术	让师范生了解教学过程中使用的各种技术和媒体。
交流技能（英语）	提高师范生的英语沟通能力，以便进行有效的课堂互动。
课题研究	使师范生具备研究能力来解决教育问题。
宗教	促进师范生精神层面的发展。

高中教师培养以达累斯萨拉姆大学的教师教育学院为例。它主要提供四种本科学位：文学教育学士、理学教育学士、教育学和文学学士、教育学和理学学士。[1] 前两个学位培养的是教师培训学院教授文凭课程的教师，或者各种教育机构的工作人员，学生需要选择两门教学科目并修习教育学课程。后两个学位培养的是高中教师，学生选择一个教学科目并修习教育学的课程。这些学位的学习年限都为三年。表9.7以地理和英语为例列出了一个高中教育师范生三年里所修习的课程。可以发现，学科知识类的课程较多，公共必修课（如发展研究、人文社科交流技能、教育原理、教育媒体和技术）较少，而一般性的教学知识课则更少。

---

[1] 该学院还面向非教育学出身的本科毕业生提供一年的教育研究生文凭课程（Postgraduate Diploma in Education）。

表9.7 坦桑尼亚高中教育师范生所修习的课程（以地理和英语为例，2016/17 年度）

第一学年	
课程名称	学分
人文社科交流技能（英语）	12
教学导论	12
发展研究 I	8
发展研究 II	8
教育原理	12
自然地理概论	12
气候学	12
空间组织	12
测绘科学	12
语言学结构	12
英语技能实践	12
英语结构和功能	12
第二学年	
实习	12
英语教学和学习方法	12
社会科学教育方法	12
课程设计和教学	12
教育媒体和技术	12
教育心理学	12
环境教育	12
生物地理学	12
地理中的定量方法	12
形态学	12
英语结构	12
英语方言	12
语音学	12

续表

第三学年	
实习	12
教育管理和学校行政	12
咨询和特殊教育	12
人口和发展	12
自然资源管理	12
语言学	12
英语语用学	12
教育的专业化和道德	12
教育评估	12
农业和农村规划	12
非洲当代地理	12
社会语言学	12
第二外语	12

（三）教师教育的财政情况

教师教育对一国教育质量的重要性不言而喻。但从财政支持的角度来看，坦桑尼亚教师教育在整个教育系统中得到的财政支持处于相对劣势的地位（表9.8）。[1] 2014—2020年，教师教育占教育经费总额的比例常年不超过2%。尽管自2016年开始，教师教育经费有小幅且稳定的增加，但这些经费对于支持教师培训学院是远远不够的。公立教师培训学院的经费主要来自政府，政府财政支持不足导致教师培训学院常年存在硬件设施不足的问题，无法为师范生提供良好的生活和学习环境。当政府一旦延迟拨付，会直接造成教师培训学院正常教学活动的中断，给师范生培养带来负面影响。[2]

---

[1] MoEST. Education sector performance report for financial year 2019/20[R]. Dodoma: MoEST, 2020: 104.

[2] 2020年2月底，笔者在走访教师培训学院时了解到，因为政府的经费拨款迟迟没有到位，教师培训学院无法安排学生去小学实习，师范生只能在学院里继续上课。

表 9.8 2014/15 年度—2019/20 年度坦桑尼亚教师教育经费情况

年度	教育总经费/百万先令	教师教育	
		经费/百万先令	占教育经费的比例
2014/15	3 465 101	63 522	1.8%
2015/16	3 870 178	37 239	1.0%
2016/17	4 768 358	52 518	1.1%
2017/18	4 706 362	65 151	1.4%
2018/19	4 641 498	68 045	1.5%
2019/20	4 511 789	74 862	1.7%

第二节 教师教育的特点和反思

一、教师教育的特点

（一）相对封闭的教师培养体系

坦桑尼亚教师培养体系相对封闭，教师的来源单一，只由专门的教师培训学院和大学师范专业来承担培养工作，并由国家统一分配教师岗位。教师培训学院主要培养学前、小学教师，也有个别教师培训学院提供培养初中教师的专科教育，大学师范专业主要培养高中教师。[1] 虽然很多国家的教师也主要是由师范专业培养的，但是这些国家同时也会通过教师资格制度来吸纳其他专业人才进入教师队伍，呈现出开放的教师教育体系。

---

[1] 其他学科专业的学生想成为教师的可能途径是修习一年教育类课程，拿到教育研究生文凭，但这种文凭持有者在教师队伍里的比例很低。

除此之外，坦桑尼亚教师培养体系的封闭性还体现在，与很多在国际学生评估项目（Programme for International Student Assessment，以下简称PISA）和教师教学国际调查（Teaching and Learning International Survey，以下简称TALIS）中排名靠前的国家不同，教师培训学院承担了主要的教师培养任务。这种单独设置的学院以培养教师为唯一目的，且通常远离城市，其学习和生活环境类似初高中，学生除了平时上课和去学校实习以外，很难有其他的知识交流和学习机会，在生活和学习状态上呈现一种相对封闭性。大学里尽管也有师范专业，但专门培养教师的教育学院通常独立于主校区之外，如达累斯萨拉姆大学下属的教师教育学院和姆夸瓦大学教师教育学院，虽然是附属于大学的半独立机构，培养教师的层次更高，但实质上还是教师培训学院。这样看来，独立设置的教师培训学院无法从最新的教学研究或与其他学科的交流中获益，也不能从大学生产的新知识中获益。同时，这些师范类课程往往很基础和笼统，不能弥补学生存在的知识不足问题，也不能满足培养学科专家的需求。[1] 当这些学生毕业成为教师，往往造成了教育质量上的恶性循环。

（二）教师教育培养和管理体制缺乏统一框架

同很多非洲国家一样，坦桑尼亚的教师培养主要由专门的教师培训学院和大学里的教育学院承担。由于两者的分管上级单位不同，因而两者的管理和质量保障要求也有区别。

教师培训学院的学生需要通过国家考试委员会组织的资格考试，合格后方可毕业，或等待国家分配，或自谋职业。大学的本科师范专业学生只需按照获得学位的基本要求，完成每门课程的考核即可算作合格的准教师。

---

[1] BETEILLE T, EVANS D. Successful teachers, successful students: recruiting and supporting society's most crucial profession[R]. Washington D.C.: World Bank, 2019: 22.

虽然不同机构承担不同级别的教师培养任务，但实际上，大学本科师范毕业生也会在小学和初中任教，而教师培训学院毕业生在高中任教的情况也屡见不鲜。

教师培训学院由教育和科技部教师教育司负责，对教师培训学院的质量监督也被纳入全国统一的学校教育质量保障框架。而大学的教育相关专业由国家大学委员会负责认证和监督，这就导致了教师职前培养没有统一的专业标准，在很大程度上造成准教师水平参差不齐的情况。这不仅有损教师的专业性，也是对教学和学生的不负责任，对教师地位本就不高的国家来说更是一种打击。

在教师的管理上，又是由另外的部门——总统府省级行政和地方政府事务部及其下属的地方政府来负责。教育和科技部只负责政策制定工作，而总统府省级行政和地方政府事务部负责政策的实施工作，两个部门之间常存在职责不明、互相推诿的情况。

没有统一的教师教育培养体系和管理体制，在一定程度上造成了很多重复性工作，导致人力和物力的浪费。教师教育作为一个专业的领域，需要有专业的机构进行统一的管理，否则，为人诟病的教师专业性问题仍难以解决。

二、关于教师教育的反思

（一）解决师资短缺问题需要从多方面入手

自坦桑尼亚独立至今，师资短缺的问题一直存在。

坦桑尼亚政府对师资短缺最初的反应与很多国家一样，通过缩短教师培训年限，采取速成的方式来弥补教师缺口，但这往往是以牺牲教师培养质量为代价。2006年，政府将正常的教师证书项目从两年教学调整为一年教学加一年实习。为了更快地填补教师缺口，政府还制定了一个名为 VodaFasta（原指坦桑尼亚一家移动电话公司的快速充值服务）的速成计划，通过该计划，高中毕业生接受短至三个月的培训便被分配到学校教学。

不合理的教师分配制度非但没有解决师资短缺问题，反而加重了这一现象。师范生毕业后可能需要等 1—2 年才能够得到分配，在这种情况下，不少毕业生为了生计，选择当代课教师或者临时教师，中小学校由于师资短缺问题也十分乐意用更少的工资聘用这些刚毕业的师范生。2016/17 年度，为了解决影子教师[1]以及文凭造假的问题，坦桑尼亚政府暂停了新教师分配工作。2018 年，坦桑尼亚政府开始实施小学教师分配政策，该政策将每班 60 人作为一个过渡性目标，施以更合理的教师安排制度，即学前班和小学一二年级设置班主任教师教授所有科目，并让学前班和小学一至四年级实行轮流上课制从而提高教师利用率。按照这种政策安排，教师短缺的压力会减轻不少。

更有效地利用现有教师也是解决教师短缺的一个重要方案。世界银行服务提供指标[2]的调查表明，许多坦桑尼亚教师到校后并没有充分利用课堂时间，这导致学生失去了 50% 以上的预定教学时间，学生与教师每天互动的时间只有 2 小时 47 分钟。[3]坦桑尼亚的初中教师人数自 2012 年以来已经翻了一番，目前平均每个班级 2.5 名教师，但教师的利用率仍然很低。改善教师分配情况，提高教师的利用率，是一种比雇佣更多教师来提高人员配置水平更有益的方式。

解决教师短缺问题还有一种替代性方案，即吸引有志于从教的其他专业毕业生进入教师队伍。以 2019 年成立的非政府组织"为坦桑尼亚而教"

---

[1] 影子教师指的是在编但不在岗、每月仍拿政府工资的教师。

[2] 服务提供指标（Service Delivery Indicators），该指标有多个维度，在教师方面，其主要考察指标包括出勤、教学时间、生师比、学科知识等。

[3] World Bank. Tanzania service delivery indicators: education[R]. Washington D.C.: World Bank, 2016: 1.

项目为例,作为全球教育网络"为所有人而教"[1]的一员,"为坦桑尼亚而教"项目招募优秀大学毕业生到落后地区支教两年,这一方面为落后地区的儿童提供了优质教育,另一方面也培养了支教志愿者的领导力,并通过校友会的联结进一步扩大了对教育的影响力。2019年"为坦桑尼亚而教"项目首批招募了29名志愿者,在进行为期6周的培训后,这些志愿者被分配到农村的小学任教。在两年的任教过程中,这些志愿者每周会得到单独和集体指导,以提升志愿者的教学设计、课堂管理、教学方法方面的能力,增强与学生和社区的联系等。在每所学校,会有一名资深教师帮助志愿者融入学校生活,并指导这些志愿者教学。[2] 在2020年的新冠肺炎疫情期间,这些志愿者体现了停课不停学的精神,积极奔走于学校和社区之间,为停课在家的学生送上学习资料,并尽心指导。尽管"为坦桑尼亚而教"项目的愿景不是简单地培养教师,但其提供的替代性教师培养项目,是可供坦桑尼亚政府参考的、解决教师短缺问题的方案之一。[3]

(二)教师教育是一个整体

教师教育应当被视为一个有机整体,这包含两层含义:第一,从学前、小学到初高中的教师培养,应该有一以贯之的协调框架和专业标准;第二,教师的职前、入职和职后培训应该是一个内部连续的整体。

坦桑尼亚目前并没有将特殊教育教师、学前教师、小学教师和中学教

---

[1] "为所有人而教"(Teach for All)由"为美国而教"(Teach for America)的创始人温迪·科普和"以教为先"(Teach First)的创始人魏道慈于2007年联合创办。截至2020年8月,全球有56个国家的相关机构成为该全球教育网络的合作伙伴。这些机构以实现教育公平和提升质量为共同愿景,本土合作伙伴均结合当地特点,独立运营。

[2] 资料来源于"为坦桑尼亚而教"项目官网。

[3] 遗憾的是,2021年年初,"为坦桑尼亚而教"项目中止。尽管如此,该项目所提供的经验和教训可供后来者参考。

师的培养纳入同一个管理体系，仍然是由传统的教师培训学院和大学分而治之。师范生毕业之后，培养单位没有相应的就业追踪机制来收集用人单位和毕业生的反馈意见以改善后续培养质量。各级政府也没有提供正式的入职培训，新教师进入学校后缺乏支持和指导，教师的在职专业培训主要由援助组织和各种非政府机构提供，这不仅不可持续且效果往往不尽如人意。

在坦桑尼亚教育和科技部的官方文件中，对教师教育的相关数据统计和报告只限于教师培训学院，这反映出政府对教师教育的理解狭隘，局部的数据不能勾勒出教师教育的全貌，也不利于政府制定宏观的教师教育政策、监测教师培养的质量。

第三节 教师教育的挑战和对策

一、面临的挑战

（一）教师管理体制尚未健全

有效的教师绩效评估和激励机制是完善教师教育体系的重要内容，但这却一直是坦桑尼亚教师管理体制面临的主要挑战。

在教师绩效评估方面，坦桑尼亚政府目前主要采用绩效评估系统来评价包括教师在内的公务员的表现。一般来说，教师绩效评估基于明确的专业实践标准，教师知道他们应该达到的标准，而评估则使用多种措施（如多次观察）来确定教师是否已经达到了标准。绩效评估的主要目的是支持教师的专业学习和成长。教师得到的反馈有助于他们了解自己在哪些方面是成功的，在哪些方面需要额外的支持，从而满足教师自我提升的需求。[1] 从现有研究来看，坦桑教师教师绩效评估缺乏实质性的效果：中学校长并没有对教师进行关于绩效评估系统的培训、指导；教师没有签订年度绩效协议，也没有对自己的表现进行述职；教师没有收到年中和年度考核反馈；教师与上级主管之间缺少关于年度综合绩效达标的沟通交流。[2] 从系统本身的运作情况来看，最根本的问题还是评估的结果未与教师升迁和其他激励措施有效结合，因而很难引起教师的重视。

缺乏完善的激励机制也是影响教师有效开展工作的重要因素。根据美国心理学家弗里德里克·赫茨伯格提出的双因素理论（也被称为激励保健因素理论），从整体上来说，坦桑尼亚的教师既没有好的工作环境（赫茨伯格所说的保健因素），也没有所谓的激励因素（挑战性的工作、认可、问责等）。[3] 这让很多教师对自己的工作现状很不满意，但又无力改变。教师在职培训活动实施效果不佳的一个重要原因就是没有考虑如何激励教师更好地参与专业发展活动。[4]

缺乏激励机制是教师工作积极性不高的重要原因。教师工作积极性不高的一个直接表现就是缺勤，由此直接影响了学生的学习时间和学习效果。2014年，一项对坦桑尼亚17个落后地区100所小学的调查发现，在没有外出任务的那天，有12%的教师不在学校，63%的出勤教师迟到，67%的在校以及有课程安排的教师不在教室里。[5] 世界银行的调查显示，在2014年的

---

[1] National Center on Education and the Economy. Empowered educators: teacher appraisal and feedback[R]. Wahsington D.C.: National Center on Education and the Economy, 2016: 1.

[2] ILOMO O, ANYINGISYE P M. An assessment of the effectiveness of open performance review and appraisal system (OPRAS) to secondary school teachers in Arusha City, Tanzania[J]. East African journal of education and social sciences, 2020, 1(1): 112-119.

[3] CREHAN L. Exploring the impact of career models on teacher motivation[R]. Paris: IIEP, 2016: 27-29.

[4] GUSKEY T R. Staff development and the process of teacher change[J]. Educational researcher, 1986, 15(5): 5-12.

[5] GELANDER G P, RAWLE G. Teachers' knowledge, behavior and support in some of the most disadvantaged districts in Tanzania[R]. Oxford: Oxford Policy Management, EQUIP-Tanzania Impact Evaluation, 2015: 8.

突击走访中，坦桑尼亚有47%的教师不在岗。[1]这一情况在偏远地区更为严重，加剧了农村学生已经面临的不利处境。联合国儿童基金会在2020年发布的《是时候教学了》报告也指出，当教师没有及时收到工资或没有得到相应晋升时，教师就会感到气馁。因为这给一些教师带来了经济困难和压力，使他们难以全身心地投入工作，从而导致这些教师不去学校，或在学校时不在教室，或者在教室时减少教学时间。[2]

（二）职前培养质量堪忧

职前教师培养质量问题主要体现在四个方面。

第一，师范生的招生门槛较低。对于承担大部分师范教育的教师培训学院来说，他们招收的往往是毕业考试成绩处于中下游的学生，如小学教育专业招收的是在初中毕业考试成绩排名靠后的毕业生[3]。成绩优秀的学生一般不愿选择教师培训学院，这在很大程度上与坦桑尼亚教师职业的声誉、地位和收入息息相关。

第二，师范生的课程设置不合理。首先，小学教师的培养目标以全科教师为主，两年的学习时间对于师范生和师范专业教师来说都非常紧张，大量的师范生缺乏扎实的学科知识基础。世界银行的调查显示，坦桑尼亚小学四年级教师的学科知识水平有待提升：只有五分之一的小学四年级教师在英语和数学综合测试中得分超过80%。[4]教师在学科知识上暴露的问题表明其在职前培养阶段缺乏相应的有效学习，这直接影响了课堂教学的有效性，第五

---

[1] BOLD T, FILMER D, MARTIN G, et al. What do teachers know and do? Does it matter? Evidence from primary schools in Africa[R]. Washington D.C.: The World Bank, 2017: 29.

[2] HAN C, PEIROLO S. Time to teach, teacher attendance and time on task in primary schools: Tanzania, Mainland[R]. Florence: UNICEF Office of Research - Innocenti, 2020: 34.

[3] 中学毕业考试结果分为四个等级，绝大部分师范生的成绩都处于第三和第四等级。

[4] BASHIR S, LOCKHEED M, NINAN E, et al. Facing forward: schooling for learning in Africa[R]. Washington D.C.: The World Bank, 2018: 271-272.

章基础教育章节提到，学生各类成绩评估表现不太乐观就是很好的证明。其次，师范生实习的时间不足。在坦桑尼亚，不论是小学教师还是初高中教师，实习总时长均为16周，从理论与实践有效结合的角度来看，这种时间安排不足以让师范生获得足够的实践性知识与技能。最后，师范生培养院校及实习学校对师范生实习的指导力度不够。以高中教师的培养为例，师范生非常看重教学实习对其提升教学技能的意义，但是根据笔者的实地走访，一些师范生反映，实习地偏远，大学教师来实地指导的次数屈指可数，大多数时候他们感觉自己被遗忘，只能自行积累教学经验。而刚刚进入大学二年级的学生往往缺少相应的教学法训练，所以实习学校和大学教师的指导对他们来说是非常重要的，但实际情况是，很多学校并不会为实习学生配备专门的导师。由于交通十分不便，对大学教师来说，对师范生进行考察的时间和经济成本都很高。按照规定，大学有安排到各省的实习协调员，在实习开始的一个月里走访该省的实习教学点，帮助实习生解决问题。除了省级实习协调员，大学教师还被派往各地对师范生的教学情况进行评价[1]，但这种评价更多是从课程学分角度出发的考评，并非真正从师范生的个人成长角度给予的反馈。

第三，教师教育者并未受到重视或获得专门的支持。[2] 教师教育者是一个特定的职业，他们在很大程度上决定了中小学教师的质量，进而影响到教育的整体质量。相关学者在坦桑尼亚三所教师培训学院[3]的观察表明，职前培训主要通过讲座传授知识，强调分阶段的学习和传统的教师主导的课堂组织形式，很少将理论与实践相结合。[4] 这意味着，要提升教师职前培养

---

[1] 以达累斯萨拉姆大学的教师教育学院为例，被派往前去评估的教师大概要听20—30人的课，然后做出评价。

[2] HARDMAN F, ABD-KADIR J, TIBUHINDA A. Reforming teacher education in Tanzania[J]. International journal of educational development, 2012, 32(6): 826-834.

[3] 这三所教师培训学院分别为莫罗戈罗教师培训学院、伊林加教师培训学院、坦达拉教师培训学院。三所教师培训学院都提供两年制的A级小学教师证书课程。

[4] HARDMAN F, ABD-KADIR J, TIBUHINDA A. Reforming teacher education in Tanzania[J]. International journal of educational development, 2012, 32(6): 826-834.

质量，其中一个重要的方面就是重视教师教育者的教学方式，但教育和科技部没有专门针对教师教育者提供系统的专业发展支持。

第四，在国际教育援助方面，职前教师培养备受忽视。相对于国际援助对学校教师和在职培训的倾斜，近年来只有少数援助项目资助职前教师培训。联合国教科文组织-中国信托基金项目由中国政府资助，但该项目规模较小，且仅关注职前教师培训者的信息和通信技术技能，后文将有详细介绍。瑞典国际发展合作署支持的教师培训者项目始于1998年，主要针对教师培训者进行3—6个月的培训。2007年，该项目移交给坦桑尼亚，但由于资金难以为继，该项目于2010年停止运作。对职前教师教育投入规模最大的是始于2018年的教师教育支持项目，该项目由加拿大政府出资，旨在全面升级坦桑尼亚的35所公立教师培训院校，对教育和科技部及教师培训学院管理层进行能力提升等培训。

第五，与大学相比，承担着大多数教师培养重任的教师培训学院的自主性非常有限。例如，职前课程由坦桑尼亚教育研究院统一制定，教师教育者由中央分配而不是各个学院自己招聘，教师教育者的工资由中央统一支付，师范生的毕业考试由国家考试委员会统一安排，经费来源主要为中央财政拨款。整个过程中，教师培训学院的决定权非常有限。

（三）在职培训缺乏协调且不可持续

1. 教师在职培训缺乏统一的框架

坦桑尼亚颁布过不少教师在职培训的相关文件，旨在为在职教师提供专业持续发展的统一框架，进而提高坦桑尼亚的教育质量。尽管这些文件都将促进教师专业成长作为优先目标，但实际上并没有落实。

截至2019年10月，有100多个国内外组织在坦桑尼亚提供教师专业发展服务，其中，国际援助组织为主要的资金和技术支持者。对这些不同组织提供的专业发展项目进行梳理可以发现，教师专业发展项目的提供者之间存在着工作和资源的重复，彼此缺少合作。尽管不同的组织为促进坦桑尼亚的教师专业发展做出了诸多的努力，但仍缺少一个有效的协调机制以便取得更好的效果。[1]

2．在职培训的不可持续性

在坦桑尼亚，教师在职培训主要由国际援助组织和各种非政府组织提供。近十年来，在坦桑尼亚比较有影响力的教师在职培训有日本国际协力机构的中等教育科学和数学教师在职培训项目，以及各国际援助机构合力开展的3Rs课程培训。这些培训项目多是临时的、短期的在职培训，一旦项目结束，大部分教师便无法继续从中受益。但教师教学理念和认知态度的实质性转变是一个渐进的过程，而这发生于课堂实践成功提升学生学习结果之后。[2] 因而，几次孤立的培训很难改变教师原有观念，也很难实现改善教育质量的目的。

以日本的培训为例，日本国际协力机构从2009年开始同坦桑尼亚合作开展中等教育科学和数学教师在职培训项目，日本提供资金支持，由坦桑尼亚当时的教育和职业培训部负责具体实施。一般三年为一个阶段，每个阶段的培训分为三个周期，每年开展一个周期的培训，每个周期的培训时间为10天左右。参与的教师要完成三个周期的培训。由于第一阶段的试点

---

[1] KOMBA S C, MWAKABENGA R J. Teacher professional development in Tanzania: challenges and opportunities[M]// ŞENOL H. Educational leadership. London: IntechOpen, 2019: 3-4.

[2] CLARKE D, HOLLINGSWORTH H. Elaborating a model of teacher professional growth[J]. Teaching and teacher education, 2002, 18(8): 947-967.

产生了积极的影响，第二阶段的在职培训（2013—2016年）[1]覆盖了坦桑尼亚全境的30个行政区。遗憾的是，由于日本国际协力机构在坦桑尼亚工作重点的转移，第二阶段的培训结束后，日本不再继续开展科学和数学教师在职培训项目，笔者走访发现，其在培训中贯穿的课例研究基本未进入坦桑尼亚学校层面。

二、应对策略

在坦桑尼亚学界，不乏关于振兴教师教育的倡议，目前坦桑尼亚政府在教师教育领域的举措集中在更新职前教师教育课程、强化教师教育者的专业能力，以及如何更好地提供中小学教师的在职培训方面。

（一）升级职前教师教育课程

笔者对教育和科技部教师教育司工作人员进行访谈，受访者将加拿大对坦桑尼亚的教师教育支持项目称之为"教师教育的振兴"，这从侧面反映了坦桑尼亚对职前教育改革的渴求和重视。[2] 2020年，坦桑尼亚教育研究院在加拿大教师教育支持项目的帮助下，对原有的两年制学前和小学教师教育课程进行了修订和升级，并对教师培训学院的教师教育者进行了培训。新的教师教育课程被认为是近年来提升教师质量的一大有力举措，受到各方欢迎，虽然截至2021年9月，新的课程还未正式实施，但预计在新一届政府的努力下，新课程会逐步开始实施并得到进一步的完善。

---

[1] 目标是提高中学生在科学和数学科目上的学习能力，同时巩固中等教育科学和数学教师传授优质基础课程的能力。

[2] 访谈时间：2019年8月27日。

（二）重视教师教育者的培训

教师教育者对于职前教师教育的重要作用不容置疑。1997—2002 年，坦桑尼亚政府在瑞典国际发展合作署的支持下开展了针对教师培训学院教师的在职培训——教师教育者培训项目，该项目为期三个月，由瑞典斯德哥尔摩教育学院提供专业支持。从 2003 年开始，该项目变更为六个月的半远程课程学习，包含四次面对面的研讨。培训课程的认证工作也由斯德哥尔摩教育学院转移到坦桑尼亚开放大学。参加该培训并顺利结业的教师教育者成为中小学教师的培训者，这对加强中小学教师的教学技能有重要作用。2010 年，参加这一培训项目成为坦桑尼亚教师培训学院教师晋升的标准之一。

2019 年，在加拿大的支持下，坦桑尼亚对全国公立教师培训学院各学科的教师教育者进行了培训，进一步提升这些教师教育者运用教育信息技术的能力。1 048 名教师教育者接受了相应学科的专业培训，如英语、斯瓦希里语、地理、历史、科学、数学、实验技能、教育信息技术应用等学科。为了给教师教育者的教学提供便利条件，坦桑尼亚教育和科技部向公立教师培训学院提供了相应的计算机、不间断电源、投影仪等硬件设施。这些举措改善了教师教育者的教学条件，有利于其更新专业知识和技能，从而提升师范生培养质量。

（三）继续推动教师可持续发展

尽管多年来坦桑尼亚的教师专业发展政策都难以落实，但教育和科技部仍然坚定不移地推动教师可持续发展工作。2020 年，坦桑尼亚通过了《国家教师可持续专业发展框架》。该框架将惠及全国初等教育、中等教育和师范教育中的所有教师。该框架提出了教师可持续专业发展的多种方式，特别强调了以校本培训为基础的教师专业发展方式。坦桑尼亚政府认为，校本专业发展为所有教师的专业成长和发展提供了既具有成本效益，又能保证可持续性的解决方法，能够确保所有教师都公平地获得专业发展的机会。该政策的实施将借助公立教师培训学院、大学等现有教育系统的师资力量，为教师提供培训和专业支持。

校本培训近年来被认为是非常具有成本效益且更有效的教师专业发展模式。2011年，在联合国儿童基金会的支持下，坦桑尼亚开始在7个地区开展校本教师发展试点项目。项目实施期为6个月，主要采用混合式方法：由教师培训学院提供一周的住校课程，随后，接受培训的教师返回各自学校，在数学、英语和教学法上进行自学。相比传统的大学或学院本位的培训，校本培训更具成本效益，为教师提供了更多便利。截至2012年年底，共有来自7个地区141所小学的2 052名小学教师接受了试点项目的培训。[1]

校本培训需要相关教育单位（特别是学校）投入相当多的精力去促成校内教师建立并发展合作关系。同时，校本培训还需要各级教育主管部门、中小学校校长、教师培训机构等参与主体权责分明。坦桑尼亚教育质量改进项目评估发现，校本培训模式的实施面临着一些在设计阶段就可以预见到的挑战，如教师抱怨没有津贴、校本活动的时间很难协调等。该评估建议，为了使校本模式能够持续下去，需要各级政府的支持，以及对参与教师进行激励，如将培训与个人职业升迁挂钩。[2] 以上这些实践为坦桑尼亚政府落实以校本培训为核心的教师可持续专业发展框架提供了经验借鉴。

---

[1] HARDMAN F, HARDMAN J, DACHI H, et al. Implementing school-based teacher development in Tanzania[J]. Professional development in education, 2015, 41(4): 602-623.

[2] RUDDLE N, RAWLE G. EQUIP-Tanzania impact evaluation final endline report[R]. Oxford: Oxford Policy Management, 2020: iv.

第十章 教育政策

在坦桑尼亚，教育和科技部负责整个教育系统的政策制定、标准制定、工作协调与监测、质量保障等工作，但不掌握教育部门的大部分资源，也不管理学校的日常运作。随着权力下放，总统府省级行政和地方政府事务部更多地负责监督地方政府对学前、小学和中学教育的管理；地方政府则全面管理正规和非正规的基础教育。

第一节 政策与规划

从教育政策的制定进程来看，坦桑尼亚主要经历过三个阶段：资本主义阶段、社会主义和自力更生阶段、自由主义阶段。与发展阶段相对应，坦桑尼亚的教育政策经历了从《融合政策（1961—1967年）》《自力更生教育政策（1967—1985年）》《教育和培训政策（1995年）》，到《教育和培训政策（2014年）》的发展历程。[1]

---

[1] MOSHA H. The state and quality of education in Tanzania: a reflection[J]. Papers in education and development, 2012 (31): 61-76.

一、政策规划概况

独立之初的坦桑尼亚，由于缺乏有经验的教育工作者，并且尚未明确国家未来发展方向，因而仍然依靠世界银行来制定本国教育计划。[1] 此时的坦桑尼亚继承了殖民时期的教育体系，这种教育体系具有精英主义性质，并以种族、经济地位、地理位置和宗教派别为基础提供不同种类的教育。新生的坦桑尼亚政府意识到这种体系的弊端，决定改革。1962年《第37号教育法》取代殖民政府颁布的教育法令和各项制度，废除基于种族和宗教信仰的隔离和歧视政策，旨在摆脱殖民时期的经济和政治遗留问题，引导坦桑尼亚走向未来。[2]

随后，尼雷尔于1967年提出了坦桑尼亚本国的教育改革举措（前文已经论述，此处不再重复）。1981年，坦桑尼亚临时组建了一个专门的国家委员会，负责评估各项教育政策并提出建议。在该委员会1982年3月的报告中，比较重要的建议包括：成立教师服务委员会、成立坦桑尼亚专业教师协会、制定国家科技政策、开展学前教师教育，以及扩大中等教育。[3]

20世纪80年代，政府将注意力集中在普及初等教育上，公立中学和高等教育的扩招中止，成人教育项目也失去动力。到20世纪80年代末，随着结构调整计划的开展和外部援助的恢复，世界银行再次在坦桑尼亚的教育政策与规划中发挥了核心作用。[4]

对《教育和培训政策（1995年）》执行情况的评估表明，149项政策中

---

[1] SAMOFF J. Education policy formation in Tanzania: self-reliance and dependence[M]// EVANS D R. Education policy formation in Africa: a comparative study of five countries. Washington D. C.: USAID, 1994: 85-126.

[2] MSABILA D. Dynamics of education policy reforms in Tanzania: the trend, challenges and way forward[J]. Uongozi journal of management and development dynamics. 2013, 24(1): 46-82.

[3] MSABILA D. Dynamics of education policy reforms in Tanzania: the trend, challenges and way forward[J]. Uongozi journal of management and development dynamics. 2013, 24(1): 46-82.

[4] SAMOFF J. Education policy formation in Tanzania: self-reliance and dependence[M]// EVANS D R. Education policy formation in Africa: a comparative study of five countries.Washington D. C.: USAID, 1994: 85-126.

有 59 项没有得到执行。其中，25 项与中小学教育有关，18 项与职业教育有关，16 项与高等教育有关。评估还发现，指导实施各项政策的战略计划制定得非常晚，落实阶段涉及不同的部门，各部门遵循不同的规则和程序，这增加了问责和治理的难度：教育和职业培训部[1]负责教师招聘、职前和职后培训；隶属于公共服务委员会的教师服务司[2]负责教师纪律管理和相关服务工作；总理府省级行政和地方政府事务部[3]负责教师的日常管理工作。[4]

《教育和培训政策（2014 年）》是目前坦桑尼亚教育部门最新的纲领性文件。该政策是基于对《教育和培训政策（1995 年）》《职业教育和培训政策（1996 年）》《国家高等教育政策（1999 年）》《基础教育信息和通信技术政策（2007 年）》等政策的评估而制定的。

《教育和培训政策（2014 年）》指出，过往执行各项教育政策的过程中出现了许多挑战，影响了各级教育的质量和公平。对此，2014 年的教育政策主要集中在以下方面：优化坦桑尼亚的教育体系，使其满足坦桑尼亚人的多方面教育需求；提高教育质量，努力使其获得国内外的认可；增加教育和培训机会，促进教育公平；提升教育领导和管理水平；建立可持续的教育财政体系。[5]

其具体改革方案包括以下内容。调整学制，强调儿童必须接受至少一年的学前教育，并进一步强调普及基础教育的年限。对现有课程进行修订，使之适应新时期对人才培养的需求，并加强实施过程中的监督和评估工作，改善教育质量。加强数学、科学和技术相关学科的教学；创造良好的教学

---

[1] 2015 年更名为教育和科技部。
[2] 2015 年成为独立的教师服务委员会。
[3] 2015 年更名为总统府省级行政和地方事务部。
[4] United Republic of Tanzania. Education and training policy[R]. Dar es Salaam: Ministry of Education and Training, 2014: 8.
[5] United Republic of Tanzania. Education and training policy[R]. Dar es Salaam: Ministry of Education and Training, 2014: 20.

和学习环境。让学生更好地掌握母语和英语，同时坚持将斯瓦希里语作为教学语言。促进性别平等，通过采用开放和远程学习、认证非正式学习等方式提供更多教育机会。保障充足的人力资源，提高教育行政和管理的效率。促进教育财政投入的可持续性。[1]

2014年的新教育政策认可在各级教育教学中使用两种语言：斯瓦希里语和英语。新政策首次试图促进斯瓦希里语作为各级教育和培训的教学语言。[2]

二、政策规划中存在的问题

教育和科技部制定政策的过程呈现出自上而下的工作特点。在政策目标的制定上通常注重量化目标而非提升质量，这从侧面表明，坦桑尼亚教育部门对教育质量的理解仍然有一定的局限性。

（一）自上而下的政策制定过程

从整体上来说，坦桑尼亚教育政策制定的过程是自上而下的。[3] 在政府制定教育政策的过程中，大学和研究机构、非政府组织、援助组织、媒体机构等各利益相关者的参与程度各不相同。尽管民间力量对于政策制定有着协助作用，但非政府人员与政府之间的关系通常不是那么紧密，对于坦

---

[1] United Republic of Tanzania. Education and training Policy[R]. Dar es Salaam: Ministry of Education and Training, 2014: 20-61.

[2] MKUMBO K. The effectiveness of the new education and training policy in addressing the learning crisis in Tanzania[J]. International journal of management in education, 2017, 11(3): 347-366.

[3] CARLITZ R, MCGEE R. Raising the stakes: the impact of HakiElimu's advocacy work on education policy and budget in Tanzania[R]. International Budget Partnership, 2013: 3.

桑尼亚政府来说，民间组织的批评和对抗性的主张有时也并不能解决实际问题。[1]

有学者整理了1995—2014年坦桑尼亚重要教育政策制定过程中各方参与情况。通过表10.1可知，大学的学者和研究机构通常是政府咨询的重要对象，各援助机构对于教育政策的影响也越来越大，但非政府组织和媒体机构所发挥的作用非常有限。[2]

表10.1 1995—2014年坦桑尼亚重要教育政策制定过程中各方参与情况

利益相关者	《教育和培训政策（1995年）》	《小学教育发展计划》	《教育和培训政策（2014年）》
智库（大学和研究机构）	背景：教育质量低下，贫困儿童被排除在教育体系之外。	背景：教育方案的实施需要以研究为基础。	背景：从注重量的扩张到注重质的提升。
	参与起草。	开展相关研究，提供参考。	在政策制定后期被邀请参与讨论，开展关于教育现状的研究。
非政府组织	背景：贫困家庭儿童被排除在学校之外。	背景：贫困家庭儿童被排除在学校之外。	背景：教育质量恶化。
	没有参与整个决策过程，但开展了关于教育现状的研究以期引起政府重视。	加入教育部门的一些工作小组并提出意见和建议；对当时教育存在的问题进行研究，并开展各种相应的改善行动。	一定程度地参与政策制定工作，赞助关于教育的广播和电视节目，海报宣传等。

---

[1] KATERA, L. Why is it so hard for non-state actors to be heard? Inside Tanzania's education policies[R]. Brighton: Institute of Development Studies, 2016: 3-4.

[2] KATERA, L. Why is it so hard for non-state actors to be heard? Inside Tanzania's education policies[R]. Brighton: Institute of Development Studies, 2016: 6.

续表

利益相关者	《教育和培训政策（1995年）》	《小学教育发展计划》	《教育和培训政策（2014年）》
援助组织[1]	没有参与。	背景：不合理的成本分摊机制。	背景：教育质量恶化。
		参与政策制定工作。	提供意见和建议，提供资金支持，支持非政府组织开展相关政策改善工作。
媒体机构	没有参与。	背景：贫困家庭儿童被排除在学校之外。	背景：公众应当了解在政策制定过程中的各种讨论。
		报道教育现状和挑战。	通过各种研究著作和会议来展现教育现状。

从《教育和培训政策（2014年）》的制定过程来看，当时的教育和文化部成立了一个特别工作小组，由政府官员、学者和民间社会组织的相关专业人员组成。小组审核了之前的教育政策，并前往南非、博茨瓦纳、斯威士兰等国家考察学习。工作小组收集的观点、意见及其建议构成了《教育和培训政策（2014年）》的基础。[2] 可以看出，就坦桑尼亚的政策制定过程而言，仍然是中央政府起着主导作用，而坦桑尼亚大学和本地研究机构、非政府组织、媒体等则发挥其智库和监督作用，主动提供咨询服务，为坦桑尼亚教育政策制定贡献力量。

（二）目标设定过于注重量而非质

目前，坦桑尼亚教育政策的目标设定主要集中在数量方面，与教育的

---

[1] 和非政府组织无交叉，主要为其他国家的官方援助组织。

[2] KAPILIMA V. C. Participatory challenges faced the formulation process of Tanzania's education and training policy (2014)[J]. International journal of recent research in social sciences and humanities, 2020, 7(1): 23-29.

真正目的之间存在脱节。人们期望教育系统培养出来的毕业生能够在快速变化的世界中茁壮成长，迎接挑战和解决问题，具有创新创业精神和批判精神。然而，坦桑尼亚的教育政策目标却很少关注这一方面的教育成果，政策评估也没有去衡量这些技能和属性。[1]

教育发展中量的增长和质的提升这两者的关系一直备受学界关注。扩大入学机会和提升质量不应该被理解为两个平行的目标，它们应该是紧密结合在一起的，其中任何一个没有实现，另一个也不可能实现。

尽管近年来，教育质量成为坦桑尼亚政府和国际援助机构的关注重点，但对于坦桑尼亚来说，政府如何理顺量与质的关系并设定合理、清晰的目标至关重要。从目前教育和科技部的发展规划来看，其关键绩效指标仍然集中在入学率、生师比等方面，对教育质量的衡量主要体现为学生毕业考试通过率。

对专家、家长、教师、教育管理者等人员来说，"教育质量"是由国家考试来定义的。这种导向背后的逻辑是非常直接的：教育系统设定目标，然后将这些目标融入课程和教师指南；学生对课程的掌握程度由国家考试来衡量；因此优质教育的最佳指标是在国家考试中获得高分。但实际上，这种片面关注考试成绩的情况反而可能会损害教学质量。[2]

总的来说，坦桑尼亚教育政策面临的主要问题是如何在保证入学率的基础上提升教学质量，在此情况下设置合理的质量评价指标。此外，从2014年的教育政策的主要目标来看，坦桑尼亚政府的重心是提升教育质量，但除了一年免费学前教育得到落实以外，其他目标并未实现。与1995年的教育政策相比，2014年的教育政策文本显得较笼统，没有提出切实可行的问题解决方案。

---

[1] SUMRA S, RAJANI R. Secondary education in Tanzania: key policy challenges[R]. Dar es Salaam: HakiElimu, 2006: 3.

[2] O'SULLIVAN M. Lesson observation and quality in primary education as contextual teaching and learning processes[J]. International journal of educational development, 2006, 26(3): 246-260.

第二节 实施与挑战

一、教育政策的实施

（一）教育政策实施的具体情况

在坦桑尼亚，教育政策的具体执行方是总统府省级行政和地方政府事务部及其领导下的地方政府。总统府省级行政和地方政府事务部下设教育管理司，该司下设四个部门：学前和小学教育处、中等教育处、成人和非正规教育处、特殊教育处。[1]地方教育官员既隶属于本地区的政府，同时也接受总统府省级行政和地方政府事务部教育管理司的领导。

中央政府投入的资源，地方政府与中央职能部门的沟通、协调，特别是执行者的能力和意愿，是决定教育政策执行效果的主要因素。人力资源短缺、基础设施落后、各种活动协调不力、资金短缺、研究和管理效率低下或管理不善等也将影响政策实施。

（二）教育政策的监测与评估

为了及时、准确地了解教育政策的执行情况以及各利益相关者对教育政策的反应，需要加强教育政策监测与评估。[2]《教育部门五年发展规划（2016/17年度—2020/21年度）》是坦桑尼亚教育部门开展工作的主要依据，各利益相关者根据该五年规划中提出的重点领域而合作。为了更好地实施规

---

[1] PO-RALG. The functions and organisation structure of the Prime Minister's Office, Regional Administration and Local Government (PO-RALG)[R]. Dar es Salaam: PO-RALG, 2015: 15-16.

[2] 范国睿，等. 教育政策的理论与实践 [M]. 上海：上海教育出版社. 2011：164.

划，坦桑尼亚教育部门与各利益相关者合作，制定了关键绩效指标，据此来收集、分析教育数据，这是监测和评估教育事业发展的一个重要步骤。[1]

目前，政府主要通过教育管理信息系统收集数据，该系统于2007年开始使用。在中央政府层面，教育管理信息系统协调各子系统的数据管理和分析，每年编制全国教育部门业绩报告。目前，教育管理信息系统由三个子系统组成，以满足基础教育、职业教育及高等教育子部门的数据管理需求。

基础教育管理信息系统，目前由总统府省级行政和地方政府事务部管理，其数据由教育和科技部整理后统一录入教育管理信息系统。总统府省级行政和地方政府事务部还收集和报告成人教育和非正规教育的数据。这些基础教育、成人教育和非正规教育的数据每年会通过《坦桑尼亚基础教育数据统计报告》公布，其摘要信息也会上传到政府的数据开放门户网站。经过多年的外部技术援助，现在的基础教育统计数据被认为是准确、完整的。

职业教育和培训管理信息系统，由教育和科技部管理，并与职业教育和培训局和民间发展学院密切合作，通过年度普查搜集培训机构一级的数据。

高等教育与技术教育和培训管理信息系统，目前由教育和科技部管理，并与国家技术教育委员会、国家大学委员会密切合作，通过年度普查搜集教育机构一级的数据。[2]

为了更好地收集学校层面的数据，针对那些很少或没有网络连接的学校，坦桑尼亚教育和科技部近几年来与总统府省级行政和地方政府事务部在援助组织的技术支持下，在一些地区试点推广综合性的学校信息系统。综合性的学校信息系统能够通过移动互联网或短信实时传输数据，帮助学校监测基础设施数据、教师和学生的表现、每日出勤率和学校其他管理活动。基层教育官员可以使用智能手机、平板或笔记本电脑在线或离线获取

---

[1] MoEST. ESDP (2016/17-2020/21) monitoring and evaluation framework[R]. Dar es Salaam: MoEST, 2018: 17.

[2] MoEST. ESDP (2016/17-2020/21) monitoring and evaluation framework[R]. Dar es Salaam: MoEST, 2018: 21-23.

这些数据。表 10.2 为坦桑尼亚教育部门统计的五年规划关键绩效指标达成情况。[1]

表 10.2 坦桑尼亚教育五年规划关键绩效指标达成情况 [2]

关键绩效指标		基线：2015/16年度	2016/17年度	2017/18年度	2018/19年度	2019/20年度	目标	
							2020 年	2025 年
基础教育的机会和公平性								
一年级学生至少有一年学前教育经历的比例		54.8%	68.7%	75.6%	82%	80.5%	87.5%	90%
小学一年级的毛入学率		140%	120.9%	141.9%	123.5%	100.5%	96%	100%
毛入学率	学前	112%	95.8%	86.2%	86.7%	76.2%	114%	104%
	小学	93%	96.9%	105.5%	110.3%	107.4%	109%	104%
	初中	36%	42.6%	43.7%	43.9%	44.7%	60%	99%
净入学率	学前	44.6%	44.6%	39.9%	37.5%	34.8%	60%	90%
	小学	84%	84%	91.1%	95.4%	93%	90%	95%
	初中	33.4%	33.4%	34.6%	33.8%	35%	50%	75%
小学的升学率		70%	70.4%	71.5%	73.2%	76.2%	76.2%	95%
初中学业完成率		34%	33.7%	48.4%	43.4%	32%	31.5%	75%
小学辍学率		10.3%	1.3%	0.7%	0.9%	3.1%	3.1%	1%
学龄儿童未就学的比例		29%	20.2%	14%	6%	7%	7%	8%

---

[1] MoEST. Education sector performance report for financial year 2019/20[R]. Dodoma: MoEST, 2020: 18-20.
[2] 根据原表数据，保留一位小数。

续表

关键绩效指标	基线：2015/16年度	2016/17年度	2017/18年度	2018/19年度	2019/20年度	目标 2020年	目标 2025年
基础教育的质量							
小学生和合格教师的比率	51∶1	48∶1	52∶1	55∶1	57∶1	49∶1	45∶1
初中生和合格教师的比率	18∶1	19∶1	21∶1	24∶1	24∶1	24∶1	24∶1
小学毕业考试通过率	67.8%	70.4%	72.8%	75.6%	79.4%	75%	80%
中等教育证书考试通过率	68%	70.1%	77.1%	79.3%	80.7%	75%	78%
二年级学生达到阅读基线的比例	12%	—	—	—	38.7%	30%	50%
二年级学生达到数学基线的比例	8%	—	—	—	17.1%	20%	35%
成人教育和非正规教育							
入学人数	490 000	304 691	178 605	192 697	236 729	1 130 000	1 450 000
成人学习者掌握基本识字和算术技能的比例	—	—	—	—	—	70%	80%
职业教育							
职业院校毕业生的比例	—	—	—	见年度教育绩效报告	见年度教育绩效报告	追踪监测，无设定目标	
职业院校学生毕业一年后就业比例	12%	—	—	—	—	30%	75%
职业院校学生学业完成率	—	—	—	—	—	90%	90%

续表

关键绩效指标	基线：2015/16年度	2016/17年度	2017/18年度	2018/19年度	2019/20年度	目标	
						2020年	2025年
高等教育							
科学和数学专业毕业生的比例	7.9%	—	—	—	21.7%	20%	30%
大学毛入学率（包括高等技术教育和培训）	5.2%	6.9%	8.5%	6.1%	6.2%	6.3%	8%
大学生毕业一年后就业的比例	8%	—	—	—	—	30%	75%
教育治理							
按时完成目标任务的比例	—	—	—	见年度教育绩效报告	见年度教育绩效报告	100%	100%
在每年数据报告中详细说明关键绩效指标的比例	60%	—	85%	79%	81.5%	100%	100%
教育占全国财政预算拨付的比例	24.8%	22.1%	21.2%	20.9%	17.9%	20.8%	21.3%
年度教育预算拨付和使用的比例	88%	—	—	—	—	80%	90%

二、政策实施中的问题

坦桑尼亚教育政策实施的过程与结果往往不尽如人意。坦桑尼亚本地学者和留学生与笔者讨论到该问题时，提到的首要挑战是资源限制。笔者认为，资源不足的确在一定程度上限制了诸多改善教育质量的行动。如果政府设定的目标明确且坚定，与政策执行相关的各方都做好宣传、沟通、协调工作，中央政府、地方、学校和社区齐心协力，充分利用好有限的资源，也可以做出一番事业。

（一）政策的宣传和协调工作不到位

教育政策一旦颁布，就需要通过各种渠道，向包括政策执行主体、政策针对的客体在内的社会各界，宣传教育政策的目标、意义、内容、要求等，以减少各方对政策的误解和抵触，取得其对政策的理解和认同，形成有利于政策执行的舆论氛围和实施环境。[1] 教育政策的顺利执行需要得到家长、教师、校长等利益相关者的全力支持，否则将事倍功半。例如，坦桑尼亚从2016年开始实施的免费义务教育政策缺少充分解释，不少家长认为免费义务教育就是不用交任何费用，这导致某些地区的学生家长不愿意再缴纳学校午餐费等费用，一些学校在财政困难的情况下无法为学生提供午餐，学生只能饿着肚子上学。因此，让广大民众和主要实施者能够领会教育政策内涵，是政策实施的重要内容。

同时，政府与援助机构之间的协调也很重要。以3Rs课程改革实施情况为例，其主要参与者是政府机构及各援助机构，由他们提供教学、学习材料和教师在职培训。然而，正如前文所提到，援助项目准备的一些培训材料并未得到坦桑尼亚教育部门的授权，这些培训材料是否切合坦桑尼亚的国情也未知。此外，观察这些援助项目可以发现，3Rs课程在全国范围内的实施情况是不均衡的，一些地区同时得到政府和援助机构的支持，而另一些地区只得到政府的支持。得到更多支持的学校尽管可以从多种培训材料中受益，但

---

[1] 范国睿，等. 教育政策的理论与实践[M]. 上海：上海教育出版社，2011：138.

也存在教师不知如何利用好现有材料的困惑。[1] 因而，要成功实施课程改革，需要各方参与者共同行动，需要强有力的政府协调好各方。

（二）对政策执行人员的培训不充分

教育政策执行主体是中央和地方教育管理机构和教育机构的相关人员，这些执行者对政策的态度、理解，政策执行能力等情况直接影响教育政策的执行水平，影响教育政策目标的实现情况。因而向这些政策执行者提供有关培训，以统一思想、提高认识、领会和掌握政策要求，保证从中央到地方政策执行的统一性就显得尤为重要。通过培训，帮助政策执行者，尤其是最基层的广大教师，学习和掌握落实教育政策、促进教育变革所需要的新技术、新方法，使其成为教育变革的积极推动者，促进教育政策目标的实现。

能力本位课程改革是坦桑尼亚历史上的第五次主要课程改革，目前关于此次课程改革的实施情况表明，由于教师缺乏实施能力本位课程所需的知识和技能，所以改革效果有限。在实施此次课程改革之前，教师未得到充分培训，因而缺乏对能力本位课程目标的正确理解，缺乏准备能力本位课程教案、让学生有效学习以及评估学生表现等方面的实际能力，教师在课堂教学中未能真正实施能力本位课程。在教师培训学院中，尽管教师教育者似乎了解能力本位的课程，但其课堂上的教学实践与能力本位课程改革政策相去甚远。[2] 教师培训学院的教师很少采用新的教学方法，仍然按照比较传统的办法培养师范生，这些师范生成为教师后，政府又未对其开展

---

[1] KOMBA A, SHUKIA R. Accountability relationships in 3Rs curriculum reform implementation: implication for pupils' acquisition of literacy and numeracy skills in Tanzania's primary schools[R]. Dar es Salaam: RISE Tanzania Team, 2021: 11.

[2] SHUKIA R, KOMBA A. Is the system tuned to deliver? Evidence from the competence based curriculum reforms for basic education in Tanzania[R]. Dar es Salaam: RISE Tanzania Team, 2018: 2.

新课程的培训，导致能力本位课程改革在很大程度上停留在政策文本中而不是被运用到实践中。

此外，坦桑尼亚教育管理发展局作为专门培训教育管理人员的机构，未能承担起培养合格的、与时俱进的教育管理者，特别是基层管理人员的重任。例如，未对新提拔的校长进行教育领导和管理方面的培训，未能使其明确作为教学领导的职责，未能培养其相应的领导能力。

（三）政策执行的监测和评估工作有待完善

一方面，政策的监测和评估需要有可靠的数据收集工具。目前坦桑尼亚学生考试结果数据的收集方式，不能完全准确地反映学习质量。以小学毕业考试为例，数学的考试试卷由40道选择题和5道解答题组成。[1] 其他科目也类似，选择题比重较大。当选择题成为考试的主体，学生通过猜题的方式也可能获得好的分数。一些教师认为这种考试形式不能体现出学生的真实水平，也不能让学生为初中学习做好准备。[2]

另一方面，为了开展监测和评估工作，需要建立一支有政策评价能力的人才队伍。当前，坦桑尼亚教育界并不重视采用实证研究的方法来研究教育问题，占据主导地位的仍然是传统的量化（以问卷调查为主）和质性（以访谈为主）的方法。除了国际援助领域开展的研究之外，坦桑尼亚本土学者几乎很少采用类似实证研究的方法。为此，坦桑尼亚的大学应开设教育评价方向的研究生专业。

坦桑尼亚政府的质量保障机制是监测教育政策执行情况、保障教育质量的有力工具。自2018年开始实施新的质量保障机制后，质量保障工作面

---

[1] 资料来源于坦桑尼亚国家考试委员会官网。

[2] MAZANA M Y, MONTERO C S, CASMIR R O. Assessing students' performance in mathematics in Tanzania: the teacher's perspective[J]. International electronic journal of mathematics education, 2020, 15(3): 1-28.

临硬件设施缺乏的挑战,而且在学校检查结束后的整改工作中,不同部门之间往往缺乏协调与配合。教育政策评价的功能是问责与改进,[1]但坦桑尼亚的基层教育行政体系缺乏将问责与教育官员个人职业发展相结合的措施,如此一来就很难实现教育评价的目标。

---

[1] 朱永新,袁振国,马国川. 重构教育评价体系[M]. 太原:山西教育出版社. 2019:54-55.

第十一章 教育行政

坦桑尼亚的教育行政体制属于中央集权与地方分权的混合体制，中央政府中有两个部委分别负责制定和实施政策，但部委之间、部委下属半独立机构与部委之间关系错综复杂，这直接影响了教育行政的效率。地方教育部门从中央获得的资源，尤其是财政资源有限，地方教育部门的自主能动性较小，基层教育官员的潜力有待进一步开发。

第一节 中央教育行政

一、中央教育行政概况

坦桑尼亚中央教育行政系统包括教育和科技部以及总统府省级行政和地方政府事务部，教育和科技部负责教育政策的制定，总统府省级行政和地方政府事务部主要负责基础教育方面的政策执行和行政管理（见图11.1）。除了这两个中央部委，还有一批拥有一定自主权的机构，如国家大学委员会负责高等教育，坦桑尼亚教育研究院负责课程及相关培训材料的研发，国家考试委员会负责考试事宜，国家技术教育委员会负责高等技术教育和培训，职业教育和培训局负责中等职业教育等，这些机构各自有一个执行委员会，与教育和科技部相关司局对接，共同完成政策的制定和执行工作。此外，总统办公室和公共服务管理部主要负责教师招聘。同时，财政部也发挥着重要的作用，教育和科技部和总统府省级行政和地方政府事务部的预算是与财政部密切协商的结果，但错综复杂的结构关系使教育领域预算分配和执行情况的监管工作变得极为困难。[1] 在教师分配上，财政部设定教师招聘与分配事宜的预算，由总统办公室和公共服务管理部集中招聘，然后再由总统府省级行政和地方政府事务部及其下辖的地方政府进行具体的分配。

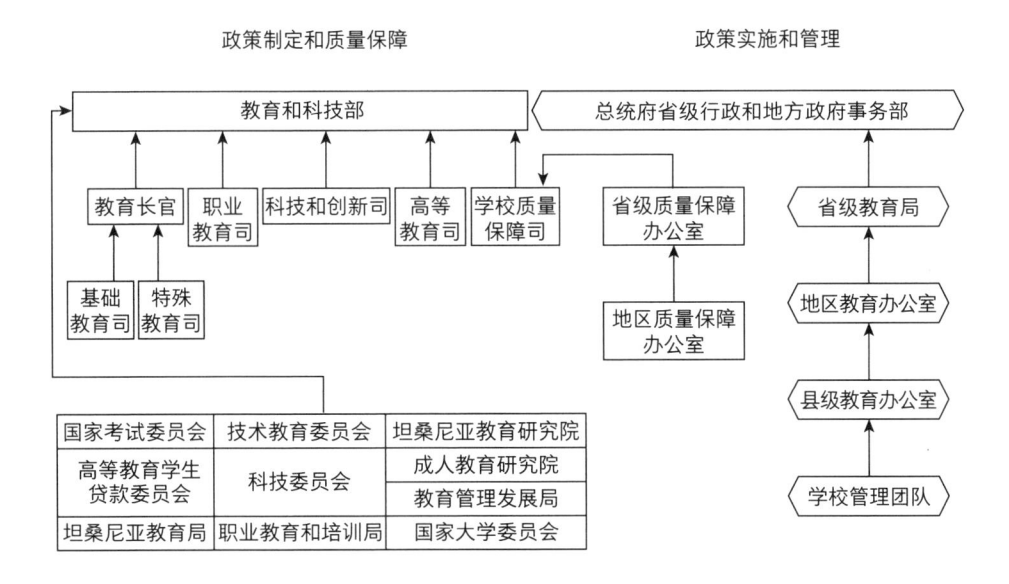

图 11.1 坦桑尼亚教育行政部门

---

[1] CARLITZ R, MCGEE R. Raising the stakes: the impact of HakiElimu's advocacy work on education policy and budget in Tanzania[R]. International Budget Partnership, 2013: 6.

二、中央教育行政存在的问题

根据图 11.1 可以发现，第一，坦桑尼亚中央教育行政组织设置条块分割明显，不同部委、机构之间的关系错综复杂，这直接影响教育行政管理的有效性。一方面，教育和科技部、总统府省级行政和地方政府事务部之间理论上是平级而非从属关系，但由于总统府省级行政和地方政府事务部掌握大部分资源和管理实权，二者实际上既存在权力不对等的问题，也存在工作不协调的问题。另一方面，教育和科技部下属的多个半独立机构虽然都有其特定的功能，也都在教育和科技部的领导下开展工作，但机构林立实际上增加了行政管理成本。而且，2015年，教育和科技部、总统府省级行政和地方政府事务部等中央行政机构从达累斯萨拉姆搬迁到行政首都多多马（位于坦桑尼亚中部），但教育和科技部下属的多个半独立机构的办公地点仍在达累斯萨拉姆，两地的工作人员需要经常往来出差，从达累斯萨拉姆至多多马往往就需要耗费一整天的时间，这无疑增加了时间和金钱成本，影响了教育行政的效率。

第二，教育资源分配高度集中，这主要体现为财政拨款时严格的支出控制方式限制了资金下拨的灵活性和实用性。教育财政支出一般包括经常性支出和发展性支出，两者都根据固有的公式计算而来。经常性开支相对简单，主要取决于各地入学儿童人数。而对于数额小得多的发展性支出，还要考虑当地绩效、贫困程度、教室短缺等其他因素。地方政府收到的资金部分由地方政府直接管理，另一部分则直接转给学校，如按人头计算的生均经费。[1] 自实行免费基础教育以来，每个学校按学生人数领取生均经费，但是实际操作缺乏严格的记录和监督。过去，地方政府在收到教育拨款后常会在他们认为合适的部门之间重新分配资金，这削弱了中央政府的

---

[1] UNICEF. Tanzania education budget brief 2018[R]. Dar es Salaam: UNICEF office, 2018: 8-9.

政策控制。[1] 后来有研究建议，政府直接向学校的银行账户转入生均经费，这不仅更易于实施和监测，还能有效增加学校学习资源。[2] 基于此，自2016年以来，坦桑尼亚政府将生均经费直接划拨到中小学账户，这意味着地方政府能够调配的资源更为有限。

第二节 地方教育行政

由于坦桑尼亚教育体系的分权特性，地方教育官员负责在地方政府一级执行中央政府政策。截至2019年，坦桑尼亚大陆共有26个省级政府，184个地区政府、3 915个县级政府，平均每个地区政府下辖97所小学（13—275所小学不等），每个县下辖4—5所小学和1所中学。中央政府决定课程设置，资源分配，教师的聘用、解雇和晋升，因而地方教育官员在学校一级没有很大的权限，主要职责在于监督学校以及管理其下属工作人员。[3]

一、地方教育行政的主要职责

总统府省级行政和地方政府事务部负责任命地方政府的执行长官，这些执行长官作为该省和地区的首席行政官员，监督教育、卫生、农业、水资源和道路服务等一系列工作。在教育方面，相应地设有省级和地区教育行政长官。

---

[1] UNICEF. Tanzania education budget brief 2018[R]. Dar es Salaam: UNICEF office, 2018: 19.
[2] 资料来源于减贫行动创新组织官网。
[3] CILLIERS J, DUNFORD J, HABYARIMANA J. What do local government education managers do to boost learning outcomes?[R]. Dar es Salaam: RISE Tanzania Team, 2021: 3-5.

在地方政府层面，主要的教育行政负责人或机构包括省级教育官员、地区教育官员、县级教育官员、学校管理委员会和学校内部的管理团队（包括校长、副校长、会计、教务主任等），其主要职责如下。

省级教育官员负责协调、监督和监测该省的所有教育活动。具体职责包括制定省级行动计划，落实国家教育发展规划中的基础教育部分；监测和评价教育发展规划在地区、县和学校一级的执行情况；汇总本省的执行进度情况并将报告提交至总统府省级行政和地方政府事务部。

地区教育官员向省级教育官员负责，其职责与省级教育官员类似，主要负责协调、监督和监测地方政府的教育活动，其具体职责包括：监督学校；与学校沟通；确保课程的实施质量；确保教学质量；组织标准化考试；在援助者和地方政府之间开展协调和沟通工作；做好教科书等资源分配工作；管理县级教育官员等。根据政府规定，地区教育官员办公室下至少有六名直接向地区教育官员汇报的工作人员（见图11.2）。地区教育官员对资源分配有着非正式的控制权，他们在与教育有关的地区发展项目中发挥着重要作用，尤其是在援助项目中发挥着重要的协调作用。此外，地区教育官员在学校层面的人力资源管理方面有以下权力：批准教师在本地区内的调动、校长的晋升、教师的休假政策、用于教师津贴的小笔资金的分配等事宜。尽管地区教育官员不能直接决定教师和校长的聘用和解雇，但他们可以对学校施加柔性压力以增强问责。他们可以指示其下属办公室工作人员密切监督特定的学校或教师，还可以公开表彰表现好的学校或批评表现不好的学校。例如，一些地方政府每年举行颁奖仪式来奖励表现好的教师、学校或县级教育官员；一些地方政府与所有校长分享基于小学毕业考试平均分数的学校排名信息。[1]

---

[1] CILLIERS J, DUNFORD J, HABYARIMANA J. What do local government education managers do to boost learning outcomes?[R]. Dar es Salaam: RISE Tanzania Team, 2021: 7.

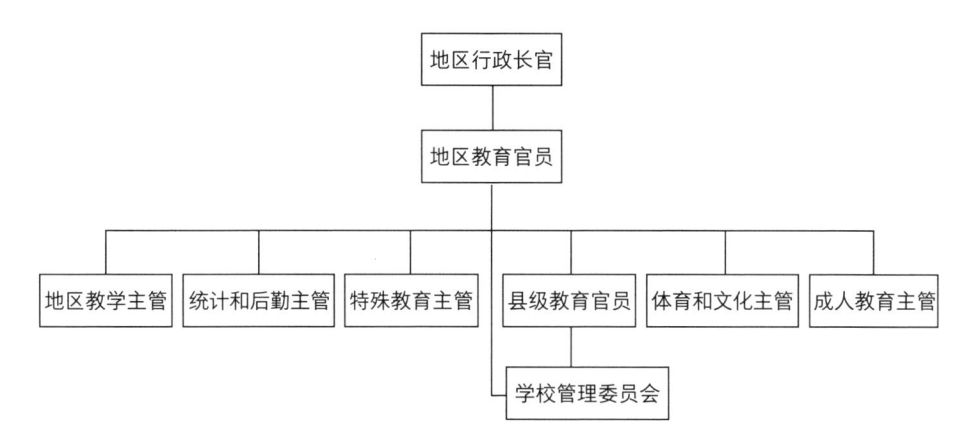

```
                    ┌─────────────┐
                    │ 地区行政长官 │
                    └──────┬──────┘
                           │
                    ┌──────┴──────┐
                    │ 地区教育官员 │
                    └──────┬──────┘
   ┌────────┬─────────┬────┼────┬─────────┬──────────┐
┌──┴───┐┌───┴────┐┌───┴──┐┌┴───┐┌───┴────┐┌────┴────┐
│地区教 ││统计和后 ││特殊教 ││县级教││体育和文││成人教育 │
│学主管 ││勤主管  ││育主管 ││育官员││化主管 ││主管    │
└──────┘└────────┘└──────┘└┬───┘└───────┘└─────────┘
                           │
                    ┌──────┴──────┐
                    │学校管理委员会│
                    └─────────────┘
```

图 11.2 坦桑尼亚地区教育行政情况

在坦桑尼亚，县是地区的下级行政单位，包括一个或多个村，县级教育官员是地方政府的基层官员，在监测基础教育质量方面发挥着关键作用。县级教育官员直接向地区教育官员负责，县级教育官员需要定期访问其所在县的小学和中学，监督区域内教育质量、教师和学生的出勤情况、当地社区参与情况等，此外，他们还是学校和地区教育官员之间的沟通桥梁。近年来，坦桑尼亚政府和援助机构一直在努力发挥县级教育官员的作用，为他们提供各种培训和必需的资源，并规定相应的责任，以使这些一线工作人员拥有影响学校变革所需的一些要素。例如，坦桑尼亚政府的《学校教育质量保障框架》强调了县级教育官员在监测学校发展方面的关键作用，特别是在学校接受质量督查后的整改阶段。

1995年修订的《国家教育法》第39条规定，学前班和小学都应建立学校管理委员会，其职能是管理和维护学校。在建设学校管理委员会的过程中，相关单位需要保证所服务社区的参与度。一个学校管理委员一般由13个成员组成，这些成员包括学校教师和社区代表。[1]

---

[1] MoEST. Education sector development plan (ESDP) 2016/17-2020/21[R]. Dodoma: MoEST, 2017: 120.

二、地方教育行政面临的挑战

（一）权力下放进展缓慢

权力下放是坦桑尼亚采取的增强学校管理效能的方式之一。坦桑尼亚在独立时采用了中央集权式的教育管理制度，其主要目的是为了增强民族凝聚力和快速便捷地发展教育。其隐含的论点是，中央规划和国家参与是克服包括高文盲率在内的社会经济固有缺陷的必要条件。然而，人们普遍认识到，中央集权制度并不总是社会发展和提供服务的最佳方式，集中式的学校管理结构并不适用于教师资源分配、教师工资支付、教学设备采购等日常行政工作。[1]

坦桑尼亚真正的权力下放改革始于1996年的地方政府改革项目。但实际上，不少研究表明，中央政府仍然对地方政府实行较为严格的控制。[2] 中央政府向地方政府下放责任的同时并没有下放权力。

尽管《教育和培训政策（1995年）》提出教育分权，省和地区被赋权管理教育和培训，但关键问题是地方政府是否有足够的资源去行使相应的权力。以财政拨付为例，一方面，中央政府实际拨付经费时常少于预算，导致很多预期活动"胎死腹中"。出现这种情况的原因之一是政府教育预算依赖国际援助，但国际援助者支付的资金往往较少且较晚。[3] 这种高依赖的情况对发展性资金的影响尤甚，各机构为了保证正常支付工资，通常尽可能多地保留经常性支出，这就缩减了发展性资金。但事实上，如果要解决坦桑尼亚的教育面临的各种挑战，政府应该增加对各种教育项目的发展性

---

[1] MATETE R. Challenges facing primary education under decentralisation of primary school management in Tanzania[J]. International journal of humanities and social science, 2016, 6(1): 175-184.

[2] LIKWELILE S, ASSEY P. Decentralization and development in Tanzania: Tanzania institutional diagnostic[R]. Oxford: Economic Development and Institutions Research Program, 2018: 8.

[3] UNICEF. Tanzania education budget Brief 2018[R]. Dar es Salaam: UNICEF office, 2018: 8-11.

支出而不是经常性支出。[1] 另一方面，地方教育官员对资源支配的实际能力有限。例如，学校课程由中央教育部门统一制定；中小学校直接从中央政府获得按人头计算的生均经费；中央政府决定新教师的分配并直接支付教师的报酬；中央政府对教科书等教学材料的分配也有相应的正式规则。[2] 在地方政府的初等教育部门预算中，只有大约5%是直接由地区教育官员决定的。[3]

（二）基层教育官员面临的挑战

基层教育官员是教育行政管理以及政策实施的中流砥柱。理论上，与中央政府相比，地方政府具备更多的地方性知识和技术处理能力，在执行中央政策时更加具有灵活性。但实际上，各地基层教育官员的日常工作情况差异较大，面临着资源限制、培训不足、缺乏激励机制等挑战。

1. 地方教育官员

根据改善教育系统研究计划[4]的报告，每个地区教育官员所管辖的学校数量差别很大，从33所到128所不等。县级教育官员下辖1—16所学校，每名县级教育官员平均为4所小学和1所中学服务。这表明县级教育官员能

---

[1] QUAK E. The impact of public finance management (PFM) reforms on education in Tanzania[R]. Brighton, UK: Institute of Development Studies, 2020: 12.

[2] 校长每年需要在基础教育管理信息系统中提交有关学校的信息，如教科书需求。与生均经费由中央政府直接拨款不同，地方教育官员从中央政府手中接收这些教科书并根据系统数据向学校进行分配。

[3] CILLIERS J, DUNFORD J, HABYARIMANA J. What do local government education managers do to boost learning outcomes?[R]. Dar es Salaam: RISE Tanzania Team, 2021: 6.

[4] 改善教育系统研究计划的目的是了解发展中国家的教育系统如何克服学习危机，目前在全球7个国家（埃塞俄比亚、印度、印度尼西亚、尼日利亚、巴基斯坦、坦桑尼亚和越南）开展教育研究工作，旨在加强研究与政策的联系，促进教育改革。

够为学校提供的监督和支持水平差异较大。在调查对象中[1]，83%的县级教育官员表示，他们每周或每月都会与地区教育官员和其他县级教育官员会面；但会面情况在地区一级则差异较大，教育质量改进项目覆盖地区的所有县级教育官员每月或每周都会与他们的上级会面，而项目未覆盖地区的会面比例只有69%。[2]

82%的基层教育官员在过去一个月内曾与地区教育官员会面。他们表示，地区教育官员对他们的要求（比如需要更多的教师）是有所回应的，尽管并不是有求必应；51%的基层教育官员认为，地区教育官员并没有完全满足他们的要求。当然，从这个调查我们无法判断这是因为地区教育官员不愿意还是确实无法满足相关要求。事实上，由于坦桑尼亚普遍存在教师短缺的问题，地区教育官员对于增加教师的要求往往也无能为力，而且不同地区在满足县级教育需求的能力上也有很大的差异。[3]

县级教育官员的大部分时间（55%）都用于走访学校，这体现了他们作为一线监督员的关键作用。此外，他们还花相当一部分时间撰写报告（17%）、参加会议（17%）、参加培训（9%），以及准备模拟考试、监考、参加学校质量督查、教学、与家长和社区交流等其他工作。[4]调查还显示，各地区的基层教育官员开展的活动存在较大差异。例如，在如吉地区，只有7%的教育官员表示他们会评估学生学习情况，而在卡孔科地区，近77%的教育官员会评估学生学习情况。各地区之间的巨大差异表明，本地因素影响了基层教育官员的行为，坦桑尼亚政府应努力确保更多的基层教育官员

---

[1] 样本包括坦桑尼亚六个省（锡米尤、普瓦尼、幸吉达、坦噶、松圭和基戈马）的397所小学、22个地区教育办公室和397个县级教育办公室。

[2] RISE. RISE Tanzania country research team baseline survey report[R]. Dar es Salaam: RISE Tanzania Team, 2019: 7-22.

[3] RISE. RISE Tanzania country research team baseline survey report[R]. Dar es Salaam: RISE Tanzania Team, 2019: 22.

[4] RISE. RISE Tanzania country research team baseline survey report[R]. Dar es Salaam: RISE Tanzania Team, 2019: 11.

把工作重点放在与改善学习成果密切相关的活动上，如评估学生学习情况、观摩教学并向教师提供反馈。[1]

在工作满意度和工作动力方面，基层教育官员对他们的工作地点、获得的支持以及工作的稳定性等感到满意，但在晋升机会和薪水方面的满意度则差异较大：73%的县级教育官员对他们的晋升机会感到比较或非常满意，57%的县级教育官员对他们的薪水感到比较满意，只有9.3%的县级教育官员对他们的薪水非常满意。为了提高基层教育官员的满意度，政府可以考虑提高他们的工资，并为他们提供更多的晋升机会。[2]

调查结果还显示，很大一部分基层教育官员认为自己在工作中拥有自主权。例如，93%的人同意或非常同意"我和我的同事有足够的权力来顺利完成工作"的说法，95%的人同意或非常同意"我和我的同事被赋予了足够的自主权去顺利完成工作"的说法。这说明基层教育官员视自己为政府机构内有自主权的行为者，这似乎与其他一些发展中国家基层教育官员的情况不同：在一项对印度基层教育官员的研究中，官员认为自己不过是"机器中的齿轮"。[3]

虽然对自己的自主权和决策权感到满意的人很多，但认为自己得到奖励或肯定的人较少。只有约60%的县级教育官员同意或非常同意"当我表现良好时，我得到了上级的奖励"的说法。这表明，政府需为表现优异的基层教育工作者建立有效的奖励制度。[4]

该调查还表明，基层教育官员所能利用的资源非常有限。虽然在调查样本中，几乎所有的基层教育官员都使用政府提供的摩托车来走访学校

---

[1] CILLIERS J, OZA S. The motivations, constraints, and behaviour of Tanzania's frontline education providers[R]. Dar es Salaam: RISE Tanzania Team, 2020: 2-3.

[2] CILLIERS J, OZA S. The motivations, constraints, and behaviour of Tanzania's frontline education providers[R]. Dar es Salaam: RISE Tanzania Team, 2020: 5.

[3] AIYAR Y, BHATTACHARYA S. The post office paradox[J]. Economic & political weekly, 2016, 51(11): 61.

[4] CILLIERS J, OZA S.The motivations, constraints, and behaviour of Tanzania's frontline education providers[R]. Dar es Salaam: RISE Tanzania Team, 2020: 5.

（94%），但只有不到一半的人有维修预算（46%）或燃料预算（24%）。这意味着许多基层教育官员需要自掏腰包来执行公务。此外，只有不到十分之一的基层教育官员能够使用电脑。可以使用平板电脑的县级教育官员比例相对较高（42%），这主要得益于教育质量改进项目把向县级教育官员分发平板电脑作为其支持基层教育管理的举措之一。在实施教育质量改进项目的地区，59%的县级教育官员同意或非常同意"我有足够的资源来完成我的工作"的说法，而在未实施该项目的地区，只有37%的县级教育官员赞成这一说法。[1]

县级教育官员的专业能力也存在一定问题。一项对塔博拉省卡柳阿地区县级教育官员的调查发现，相比走访小学去做监督和指导工作，许多县级教育官员缺乏实际的能力和经验去监督和指导中学教育，主要原因在于县级教育官员缺乏中学教育管理与监督的相关培训。[2] 此外，大部分县级教育官员学历水平较低（本科以下），因而在面对中学教师时缺乏自信。[3]

以上研究表明，基层教育官员虽然面临资源有限等挑战，但仍有较大的发挥空间。基于以上原因，坦桑尼亚政府如何提供良好的制度环境，充分发挥基层教育官员的主观能动性，直接关系到教育质量提升的效率。

2．校长

作为一线的基层教育工作者，校长在学校的运行中起着关键作用，并扮演着多种角色，如教学领导、会计人员、公共关系人员等。校长是学校

---

[1] CILLIERS J, OZA S. The motivations, constraints, and behaviour of Tanzania's frontline education providers[R]. Dar es Salaam: RISE Tanzania Team, 2020: 4.

[2] 近几年，坦桑尼亚的主要教育援助项目较关注小学教育，例如，教育质量改进项目针对县级教育官员提供关于小学教育监督和管理的培训。

[3] ARTHUR J, LEKULE C S, AFRICA T E. Effectiveness of ward education officers' supervision in promoting quality education in secondary schools in Tanzania[J]. International journal of innovative science and research technology, 2020, 5(2): 712-725.

层面变革的促进者[1]，教育改革的实施在很大程度上取决于校长的管理和领导能力，校长的个性和专业能力在很大程度上决定了学校的办学效率和发展方向。

自实行免费义务教育以来，坦桑尼亚的学校教育存在诸多挑战，这就要求校长有足够的能力来迎接这些挑战，以实现优质教育的目标。但实际情况表明，该国缺乏针对教育领导的培训机构，许多校长在缺乏必要技能的情况下被任命为校长。[2]

通常，校长在被任命后，由坦桑尼亚教育管理发展局进行培训，但该机构的培训项目时间较短，而且缺少关于培训项目的全面计划。尽管坦桑尼亚的学校数量在增加，但对学校领导的培养和关注却远远不够。[3]学校的核心工作是为学生提供高质量的学习机会，但在针对校长的培训方案里，并没有重视校长作为教学领导者的作用。这些培训更多地倾向于提升校长的管理技能，将校长视作管理者而不是教学领导者，这背后的原因可能是该国高度集中的教育制度下校长实际权力非常有限。[4]

在提升教学和学生学习质量方面，校长作为教学领导，应该负有主要责任。教育和科技部要求校长监督教学计划的实施，有效利用学校教学时间。原则上，当校长进入课堂观摩教师教学并做出有用的教学评价时，学校的教学质量就会得到很大程度的改善。但是坦桑尼亚学校的校长往往缺乏相应的专业能力，教育主管部门也疏于对校长提供专业的培训和指导。一项对坦桑尼亚辛吉达地区学校校长的评估发现，校长很少去观摩课堂教学，也很少对

---

[1] 迈克兰·富兰. 教育变革的新意义[M]. 武云斐, 译. 上海: 华东师范大学出版社, 2010: 119-126.

[2] ONGUKO B, ABDALLA M, WEBBER C F. Mapping principal preparation in Kenya and Tanzania[J]. Journal of educational administration, 2008, 46(6): 715-726.

[3] GODDA H. Free secondary education and the changing roles of the heads of public schools in Tanzania: are they ready for new responsibilities?[J]. Open journal of social sciences, 2018, 6(5): 1-23.

[4] ONGUKO B, ABDALLA M, WEBBER C F. Mapping principal preparation in Kenya and Tanzania[J]. Journal of educational administration, 2008, 46(6): 715-726.

课程计划的规划和实施进行评价。[1]一项针对依勒姆拉地区中学的研究表明，校长的有效督导是影响学生学习成绩的关键因素，校长应该留有专门进行教学督导的时间。该研究还建议教育和科技部通过研讨会、工作坊、进修课程等方式，在全国范围内加强对中学校长和副校长督导能力的培训。[2]

在对学校和教师的管理方面，很多学校拥有自己的愿景但定义不明确（例如，有的学校愿景是"教育所有学生"），愿景设定没有与学生的成绩挂钩，或愿景没有有效地传达给学生、家长、社区成员等参与学校事务的人。在对教师的管理方面，几乎没有绩效监测，激励机制也不健全。虽然学校记录和追踪学生分数、学生出勤率、教师缺勤率、辍学率等参数，但这些指标并不能完全体现教师的绩效。很多情况下，校长对表现较好的教师没有物质或非物质激励措施，对表现不佳的教师也没有任何惩罚措施。[3]

在实际情况中，校长们的工作面临着相当多的挑战。由于学生入学人数的快速增长，教师和基础设施短缺成为最为常见的问题。同时，前文提到，由于生均经费的减少，校长多陷入两难境地，常常只能艰难维持学校最基本工作的开展。因此，为校长提供更多支持，是改善坦桑尼亚教育质量的重点。

---

[1] GODDA H. Free secondary education and the changing roles of the heads of public schools in Tanzania: are they ready for new responsibilities?[J]. Open journal of social sciences, 2018, 6(5): 1-23.

[2] NGOLE D M, MKULU D G. The role of school heads' supervision in improving quality of teaching and learning: a case of public secondary school in Ilemela District Mwanza Tanzania[J]. International journal of english literature and social sciences, 2021, 6(1): 59-73.

[3] World Bank. Making great strides yet a learning crisis remains in Tanzania[R]. Washington D. C.: World Bank, 2019: 76-77.

第十二章 中坦教育交流

中坦两国的友谊源远流长。1961年坦噶尼喀独立后，中国即与坦噶尼喀建交；1964年1月，桑给巴尔人民共和国成立，中国与之建交；1964年4月，坦噶尼喀与桑给巴尔联合成立新的联邦制国家——坦桑尼亚，中国随即与坦桑尼亚建立外交关系。此后，中坦双方给予对方极大的支持，双方一直保持着紧密的合作与交流。[1]

第一节 交流历史与现状

一、交流历史

1972年，中国国务院成立的协调管理教育科技工作的科教组开始接受赞比亚和坦桑尼亚两国派遣的200名留学生来华学习铁路相关专业。[2] 这批来中国接受系统培训的留学生后来为坦赞铁路的运营做出了突出贡献。200

---

[1] 李湘云. 当代坦桑尼亚国家发展进程 [M]. 杭州：浙江人民出版社，2014: 10-11.
[2] 刘海方. 中国对非留学生奖学金政策沿革与绩效研究 [M]// 李安山. 中国非洲研究评论（2015）. 北京：社会科学文献出版社，2017: 141-192.

名坦桑尼亚、赞比亚留学生中完成学业回到非洲的有 179 名，其中 107 名作为技术骨干分别在坦赞铁路各路段、沿线厂和车间发挥中坚作用。1982 年，当时的坦赞铁路人事部经理评价说："如果不是（依靠）这批去中国学习的留学生，坦赞铁路早就关闭了。"很可惜，这种为坦赞铁路培养人才的方式未能得以延续，最后，只剩下中短期培训，效果很难与当初完整学制培养所取得的效果相比。[1]

到了 20 世纪 80—90 年代，除了继续接收非洲留学生和向非洲派遣中国教师外，应非洲国家的要求，中国开始帮助非洲部分高校建设新型学科和各类实验室，将科研、学科建设和人力资源培训三者结合起来，为非洲国家的经济发展培养更多的专业人才。[2] 以坦桑尼亚达累斯萨拉姆技术学院材料实验室项目为例，此项目委托长安大学（原西安公路学院）承办，材料实验室于 1993 年建成，为达累斯萨拉姆技术学院提供了一个较先进的实验场所，解决了该校部分师生因实验条件简陋无法充分进行教学的难题。根据坦方要求，1993 年，中国教育部除继续派遣 4 名教师任教外，又提供了部分后续经费，补充了部分必要的设备。中方教师还编写了《实验指导书》，专为坦方教师和实验员开办建筑材料实验室研修班，从理论到实际操作上为其提供了良好的学习机会，使他们具备了执教能力。中方教师承担了研修班 8 门课程的教学任务，占该系教学大纲规定课程的 50%，占实际开设课程的 75%，教学也取得了良好效果。中坦教师利用材料实验室的现有条件，在面向社会举办了数期公路材料实验研修班的同时，还承担了一些生产和实验任务，这不仅增加了实验室的收入，同时也扩大了材料实验室的社会影响。中国教师过硬的专业知识和踏实勤恳的工作态度赢得了坦桑尼

---

[1] 刘海方. 中国对非留学生奖学金政策沿革与绩效研究 [M]// 李安山. 中国非洲研究评论（2015）. 北京：社会科学文献出版社，2017：141-192.

[2] 贺文萍. 中非教育交流与合作概述——发展阶段及未来挑战 [J]. 西亚非洲，2007（3）：13-18.

亚师生的尊敬。项目完成后，1996年3月，材料实验室全部移交坦方。[1]

进入21世纪，2000年中非合作论坛的召开，标志着中坦关系进入历史发展新时期。

二、交流现状

坦桑尼亚与中国的教育交流主要体现在人力资源培训（包括互派留学生和短期培训项目）、高等院校合作与交流、中文教学（孔子学院）、学校建设等方面。目前，坦桑尼亚是通过中非合作论坛接受中国援助最多的国家之一。截至2016年，中国政府为坦援建了4所小学、培训各类管理和技术人才3 000多人，每年还为坦青年学子提供近100个政府奖学金名额。[2] 2015—2020年，坦桑尼亚通过中非合作论坛共实施了11个项目，包括建设达累斯萨拉姆大学图书馆、修复莫希警察学院、建设卡盖拉技术学院等。这期间，共有500名坦桑尼亚学生在中国留学，1 029人接受了短期培训。[3]

（一）人力资源培训

自中非合作论坛建立后，非洲来华留学生数量增长速度明显加快，自2014年起，中国成为非洲留学生在海外学习的第二大目的国。[4] 从2011—2017年非洲来华留学生的增长情况来看，坦桑尼亚学生人数的增长迅速，

---
[1]《中非教育合作与交流》编写组. 中国与非洲国家教育合作与交流 [M]. 北京：北京大学出版社，2005: 32.
[2] 外交部. 驻坦使馆临时代办张飙在援坦中非友好小学交接仪式上的讲话 [EB/OL]. [2021-03-06].https://www.fmprc.gov.cn/web/zwbd_673032/gzhd_673042/t1338030.shtml.
[3] 资料来源于坦桑尼亚《每日新闻》官网.
[4] 李安山，沈晓雷. 非洲留学生在中国：历史、现实与思考 [J]. 西亚非洲. 2018，（5）：61-89.

是来华留学人数排名前十的非洲国家中增长最多的国家（见表12.1）。[1]

表12.1 部分非洲国家2011年和2017年来华留学生人数和变化情况

国家	2011年人数	2017年人数	2011—2017年变化情况
加纳	1 753	6 527	272%
尼日利亚	1 140	5 774	406%
毛里求斯	1 051	973	-7%
肯尼亚	955	2 508	163%
苏丹	859	2 857	233%
埃塞俄比亚	844	4 883	479%
喀麦隆	734	3 050	316%
坦桑尼亚	731	4 488	514%
刚果	676	1 943	187%
索马里	640	1 635	155%

随着中非合作愈发紧密，中国对非奖学金的承诺名额也从2009年的5 500名增加至2018年的5万名。[2] 除了常规的中国政府奖学金名额，中国政府也对坦桑尼亚提出的一些新的具体的要求做出积极的回应，这受到坦桑尼亚方面的好评。2012年，坦桑尼亚在其海岸发现天然气；2013年，中国政府为坦桑尼亚提供20个奖学金名额专门用于培养石油和天然气工程、经济学等专业的人才。2014年，在中国驻坦桑尼亚大使馆的协调下，坦桑尼亚宣布了一项针对区长、区执行主任、规划官员等40名高级地方政府官员的特别培训计划。[3] 2020年新冠肺炎疫情暴发后，中国驻坦桑尼亚大使

---

[1] 资料来源于睿纳新国际咨询公司官网。

[2] 根据历届中非合作论坛的资料整理。

[3] MAKUNDI H, HUYSE H, DEVELTERE P, et al. Training abroad and technological capacity building: analysing the role of Chinese training and scholarship programmes for Tanzanians[J]. International journal of educational development, 2017, 57: 11-20.

馆积极组织了中坦疫情防控经验线上交流会,并在坦桑尼亚中小学复课前捐赠防疫物资,支持坦方学校落实有关防疫措施。

(二)高等教育合作

2010年,中国教育部正式启动中非高校"20+20"合作计划,旨在通过中非大学"一对一"合作模式推动中非高等教育建立长期、稳定、深入的合作。在此合作计划下,华东师范大学(以下简称华东师大)与达累斯萨拉姆大学结成了一对一的合作关系,以华东师大非洲研究所为纽带,重点开展非洲历史文化研究,出版了一系列学术成果。华东师大河口海岸学国家重点实验室与达累斯萨拉姆大学海洋科学研究所合作,开展东非地区自然和人类活动影响下的河口海岸泥沙沉积和侵蚀动态、红树林生态系统的生物地球化学过程等问题的研究。[1] 在学生交流方面,每年华东师大非洲研究所都会有2—3名博士生或硕士生到达累斯萨拉姆大学进行6—12个月的学习交流以及资料搜集工作。截至2015年6月,共有31名坦桑尼亚留学生到华东师大攻读学位;发展中国家教育硕士项目有12名坦桑尼亚学员。[2] 2018年,华东师大在达累斯萨拉姆大学设立海外工作站。[3]

浙江师范大学近年来也与达累斯萨拉姆大学密切合作,除了共建孔子学院外,还在多个学科开展了一系列的科研交流与合作。2018年,双方共同成立了中非法律研究中心;2019年,双方共同成立了中非教育联合研究中心,旨在围绕中非教师教育开展相关研究,以非洲的视角研究中国教育的

---

[1] 华东师范大学历史系. 非洲研究所 [EB/OL]. [2021-02-06]. http://history.ecnu.edu.cn/af/72/c21731a241522/page.htm.

[2] 华东师范大学新闻中心. 校领导率团访问非洲高校 [EB/OL]. [2020-02-06]. http://news.ecnu.edu.cn/eb/1d/c1833a60189/page.htm.

[3] 华东师范大学. 华东师范大学在东非达累斯萨拉姆大学设立海外工作站 [EB/OL]. [2021-02-06]. https://news.ecnu.edu.cn/11/ef/c1835a201199/page.htm.

特点，通过中非比较研究非洲教育的改革与发展，不断加强中非教育领域合作，推进信息和通信技术在教育领域的应用。[1]

2018年，达累斯萨拉姆大学成立了中国研究中心。该中心是非洲第三个、东非首个专门研究中国和中非关系的学术机构，对促进坦桑尼亚学界和民众了解中国起到了重要作用。

在"20+20"框架之外，国内越来越多的高校也在教育走出去的政策号召以及本校国际化发展的需求下，结合自身的学科优势，与坦桑尼亚的大学签订合作协议。中非高等教育合作呈现多元化的发展态势，中国高等院校同坦桑尼亚院校的密切往来，为下一步深化双方的合作奠定了坚实的基础。

联合国教科文组织、世界银行等国际组织的部分项目，也在推动中非教育合作方面做出了努力。例如，2019年，东非大学校际理事会、世界银行和中国教育部签订合作协议，共同向东非技能转型和区域一体化项目成员提供100个研究生奖学金名额，用以支持该项目的受益单位派遣人才到中国学习科学、技术、工程和数学相关专业。[2]

（三）语言和文化交流

中坦之间的语言和文化交流主要表现为学习对方的语言和进行文化交流活动。早在20世纪60年代，北京广播学院（现为中国传媒大学）、北京外国语学院（现为北京外国语大学）就开设了斯瓦希里语专业。[3] 目前，中国传媒大学、北京外国语大学、天津外国语大学、上海外国语大学、西安

---

[1] 浙江师范大学. 第三届中非世行教育合作论坛在浙师大举行[EB/OL]. [2019-11-12]. http://www.zjnu.edu.cn/2019/1112/c4063a306345/page.htm.

[2] 资料来源于世界银行东非技能转型和区域一体化项目进展报告。

[3] 新华社. 半个多世纪"斯瓦希里语"的"中国故事"[EB/OL]. [2021-04-06]. http://www.xinhuanet.com/world/2018-08/27/c_1123334216.htm.

外国语大学等设有斯瓦希里语本科专业。

为了促进双向的交流，中国也逐步向非洲国家提供中文学习机会。坦桑尼亚目前共有两所孔子学院，分别由浙江师范大学与达累斯萨拉姆大学、郑州航空工业管理学院与多多马大学合作共建；此外还有两个孔子课堂，分别位于莫罗戈罗和桑给巴尔岛。2018年，达累斯萨拉姆大学开始招收第一批中文专业的本科生。2021年年初，中文被正式纳入坦桑尼亚中等教育证书考试。近年来，诸多非洲孔子学院都采取"一院多点"办学模式，即在一国内的高等教育机构、中小学等开设多个教学点，坦桑尼亚也不例外。近年来，孔子学院的办学特色日益明显，功能趋向多元发展。例如，坦桑尼亚达累斯萨拉姆大学孔子学院与中国援坦农业技术示范中心合作举办农业技术培训班，在当地与中国企业合作举办中文人才招聘会等。[1]

（四）成效与挑战

根据2020年的全球教育监测报告，在为撒哈拉以南非洲国家提供奖学金的国家中，中国是最大的单边提供者，每年约有12 000个奖学金名额。[2]

作为中坦教育合作的一项重要内容，为坦桑尼亚提供奖学金名额对促进中坦关系发挥着重要作用。[3] 整体上，非洲留学生对其在中国的经历基本满意，认为奖学金项目在促进中国与其所在国长期、友好的关系方面扮演着非常积极的角色，中国的奖学金项目在传递友好态度和加强软实力方面是成功的。[4] 一项针对坦桑尼亚来华留学生的研究表明，整体上，坦桑

---

[1] 徐永亮，徐丽华，包亮. 非洲孔子学院发展现状、问题与趋势[J]. 现代交际，2021（2）：10-13.

[2] UNESCO. Global education monitoring report 2020, inclusion and education: all means all[R]. Paris: UNESCO, 2020: 295-297.

[3] DARLING B. African scholars: made in China—an analysis of the economic impact of African international students in China[R]. Shanghai: African Chamber of Commerce, 2018.

[4] DONG L, CHAPMAN D W. The Chinese government scholarship program: an effective form of foreign assistance?[J]. International review of education, 2008, 54(2): 155-173.

尼亚留学生对中国的培训和奖学金给予了高度评价。同时，坦桑尼亚政府官员和其他利益相关者对中国的协调工作特别满意。奖学金项目在坦桑尼亚政府官员中传递友好情感起到了较好效果，与其他形式的教育援助相辅相成。[1]

对于中国高校而言，随着培养坦桑尼亚留学生的经验愈加丰富，其国际化水平得到较大提升，这有助于提高其全球排名。[2] 一批高校的优势专业在非洲国家逐渐获得了良好的声誉。例如，山东大学的临床医学专业，通过非洲留学生教育以及派遣专家参与援非医疗队的工作，得到了不少非洲国家的认可，成为坦桑尼亚人海外学医的首选。并且，由山东大学培养的坦桑尼亚医学人才在学成归国后，与齐鲁医院等保持密切的联系，有助于坦桑尼亚医学人才的可持续培养。

从笔者在坦桑尼亚的田野调查经历来看，随着坦桑尼亚各高等教育机构对教师学历（硕博层次）提升需求的增加，越来越多的坦桑尼亚人对来华留学表现出浓厚的兴趣。从中国高校毕业的坦桑尼亚留学生回到原工作单位后，又成为中国留学的宣传大使和中坦教育机构合作的桥梁，由此形成了中坦互动的良性循环。

但中坦教育交流也面临一些挑战。语言和社会文化差异在一定程度上被非洲留学生视为在中国学习面临的主要挑战之一，坦桑尼亚学生也不例外。[3] 语言的挑战主要表现为：对于用中文授课的专业来说，留学生所接受

---

[1] MAKUNDI H, HUYSE H, DEVELTERE P, et al. Training abroad and technological capacity building: analysing the role of Chinese training and scholarship programmes for Tanzanians[J]. International journal of educational development, 2017, 57: 11-20.

[2] MAKUNDI H, HUYSE H, DEVELTERE P, et al. Training abroad and technological capacity building: analysing the role of Chinese training and scholarship programmes for Tanzanians[J]. International journal of educational development, 2017, 57: 11-20.

[3] MAKUNDI H, HUYSE H, DEVELTERE P, et al. Training abroad and technological capacity building: analysing the role of Chinese training and scholarship programmes for Tanzanians[J]. International journal of educational development, 2017, 57: 11-20.

的一年语言培训不足以支撑其专业学习；对于用英文授课的来说，大多数学生不懂中文，在日常生活中常遇到沟通问题。[1] 社会文化差异主要表现为价值观、生活方式上的差异。中国与坦桑尼亚在国家制度、教育体制等方面存在很大的不同，初到中国的留学生，必然会面临各种各样的文化冲击，如饮食不同、时间观念差异等。[2] 这种社会文化差异会让留学生感到孤独。[3]

从接受奖学金的国家来说，在国外接受教育的留学生归国后是否能够充分利用所学习的知识和技能对本国经济社会发展做出贡献，是需要重点考察的问题。有坦桑尼亚学者发现，由于技术上的差距，部分攻读技术类专业的留学生回国后无法很好地施展他们的才能。例如，一位医学专业的留学生在中国培训期间使用了一种他认为非常有效的诊断设备，然而，他工作的公立医院在他回国三年后才购买了这种设备。[4] 这种两国技术发展上的差距在一定程度上会影响留学生的培养效果。尽管目前坦桑尼亚政府并没有机制对学成归国的留学生进行考察、评估和工作分配，但从笔者的实地观察来看，不少归国后的本硕留学生要么换了新的工作，要么得到升迁，其中一些人回到自己的工作岗位后还积极尝试申请攻读中国更高学位的奖学金，这从侧面反映了坦桑尼亚人对中国教育质量的肯定。

自 2000 年中非合作论坛召开以来，包括坦桑尼亚在内的非洲来华留学

---

[1] MAKUNDI H, HUYSE H, DEVELTERE P, et al. Training abroad and technological capacity building: analysing the role of Chinese training and scholarship programmes for Tanzanians[J]. International journal of educational development, 2017, 57: 11-20.

[2] 温国砫. 在华非洲留学生文化适应策略研究 [J]. 浙江师范大学学报（社会科学版），2020，45（2）：60-68.

[3] MAKUNDI H, HUYSE H, DEVELTERE P, et al. Training abroad and technological capacity building: analysing the role of Chinese training and scholarship programmes for Tanzanians[J]. International journal of educational development, 2017, 57: 11-20.

[4] MAKUNDI H, HUYSE H, DEVELTERE P, et al. Training abroad and technological capacity building: analysing the role of Chinese training and scholarship programmes for Tanzanians[J]. International journal of educational development, 2017, 57: 11-20.

生人数大幅增加，这给中国高等院校的教育模式和管理体制带来了很大的挑战，一些院校在还没有做好准备的时候[1]就开始接收大量的留学生。随着留学生规模的不断扩张，如何实现留学生培养质量的内涵式发展成为当前中国对非留学生教育的重中之重。当前，中国高校开始逐步推广留学生趋同化管理，越来越多的大学在留学生毕业标准上基本与中国学生保持一致。在课程的修习、论文开题、中期考核、预答辩、毕业论文送审这几个关键的培养环节上，不少高校已经基本上做到了趋同化。

此外，中坦之间留学人员的交流处于不平衡的状态，坦桑尼亚来华学生人数远远多于中国留坦学生人数。据笔者的观察，每年除了通过国家留学基金委资助的斯瓦希里语专业学生，研究坦桑尼亚的硕博生、访问学者等少数人在坦桑尼亚常驻一年半载之外，基本没有中国学生到坦桑尼亚大学就读。这种单向交流对于中坦教育交流与合作的深入开展十分不利。[2]

第二节 案例与思考

中国一直与联合国教科文组织保持紧密的合作关系。进入 21 世纪以来，中国秉承"有取有予"的原则，开始以提供资金和其他资源的方式，越来越多地通过联合国教科文组织参与非洲事务，其中一个典型的案例就是中国通过联合国教科文组织的信托基金模式来加强同非洲国家的教育合作（以下简称 UNESCO-CFIT 项目）。

---

[1] 例如，在招收英文授课的学生时，学校的各种教育资源（如图书资源、教材、各种信息平台）无法配套，给留学生的学习与日常管理都带来不便。

[2] 贺文萍. 中非教育交流与合作概述——发展阶段及未来挑战 [J]. 西亚非洲，2007（3）: 13-18.

一、项目实施及成效

UNESCO-CFIT 项目的主题是"通过教育技术加强教师培训，缩小非洲国家教育质量差距"，旨在加强非洲国家的教师职前培养和教师专业发展。这一项目标志着一个新的合作伙伴关系的开始：这是联合国教科文组织首次收到来自中国的、用于促进教师培训的大笔资助（共计 800 万美元）。根据中国的对外援助与合作政策以及联合国教科文组织计划的优先国家名单，有八个国家得以参加该项目，其中包括坦桑尼亚。[1] 项目第一阶段（2012—2016年）计划通过使用信息和通信技术、多模式学习、知识产出和共享来提高项目参与国教育部和主要教师培训机构在职前教师培训和教师在职培训领域的工作能力。项目进入第二阶段（2017—2019年）后，项目受益国增至 10 个非洲国家。

提高教师培训机构的能力是 UNESCO-CFIT 项目的核心目标，该项目主要通过以下两个途径来培训师资培训者：一是培训，通过运用信息和通信技术等手段增加合格教师的数量并提供优质的职前培训；二是充分利用教育技术创新，支持在职教师的继续教育与职业发展。该项目利用信息和通信技术，使更多的受训教师能够接触到优秀培训者和获得培训材料，还支持教师培训机构建立网络平台，加强与政策制定者、机构领导者等利益相关者在教师培训战略、培训模块和实践方面的交流。

为了保证项目活动的顺利开展，每个成员国家成立一个国家项目团队，评估各自需求，确定教师培训的缺口和需要改善的领域，并在此基础上确定培训的优先领域。项目参与国通常都会选择 1—4 所国家级骨干教师培训机构作为项目点，制定符合本国国情的项目。各项目参与国的充分参与，体现了 UNESCO-CFIT 项目对国家所有权的尊重。对于中国来说，也是一

---
[1] 资料来源于联合国教科文组织官网。

个发挥自身教育优势，并在国际发展援助领域有所作为的机会。UNESCO-CFIT 项目实施流程见图 12.1。[1]

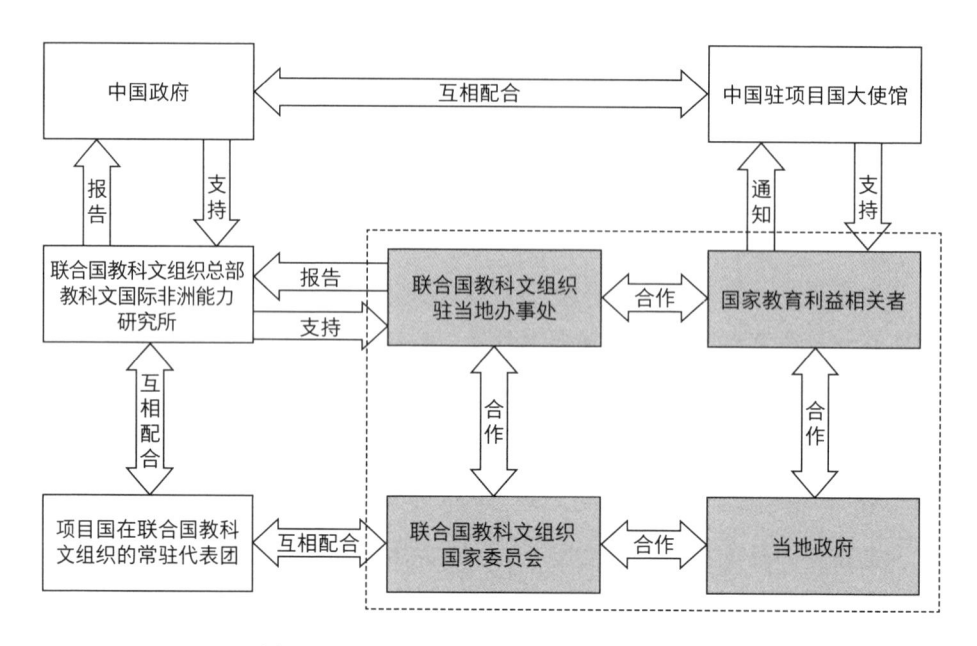

图 12.1 UNESCO-CFIT 项目实施流程

UNESCO-CFIT 项目在坦桑尼亚通过向蒙杜利教师培训学院和塔博拉教师培训学院的数学和科学教师教育者提供信息和通信技术知识和技能，促进教师教育者和学员教师的有效教学和学习。在这个过程中，坦桑尼亚 UNESCO-CFIT 项目实施团队在联合国教科文组织《教师信息和通信技术能力框架》的基础上，制定了《坦桑尼亚教师信息和通信技术能力标准》，并将其作为开展教师培训的重要材料。此举有益于教师培训的可持续发展，未来可惠及更多的教师。

---

[1] UNESCO. Improving the quality of teacher education in Sub-Saharan Africa: lessons learned from a UNESCO-China Funds-in-Trust Project[R]. Paris: UNESCO, 2018: 34.

2016年3月21日—4月1日，来自塔博拉教师培训学院、蒙杜利教师培训学院、莫罗戈罗职业教师培训学院的20名教师教育者在坦桑尼亚开放大学接受了培训，培训的课程安排如表12.2所示。20名学员教师的电脑水平参差不齐，有3人是第一次接触电脑。培训课程以学习电脑的基本软件等为主。在课程安排和实施方面，信息和通信技术技能和学科教学方法紧密结合，以提升参训人员利用信息技术进行教学设计的能力。

表12.2 UNESCO-CFIT项目下坦桑尼亚教师教育者培训安排

日期	主题	主要内容
第一天	引言	教育中信息和通信技术的重要性，熟悉电脑硬件和软件。
第二天、第三天	Word	学会如何使用Word文档。
	PPT	利用PPT为自己所教的科目准备报告。
	Excel	学会利用表格登录学生成绩。
	Access	学会制作课程表、对学生的成绩进行记录与分析、创建学生数据库等。
第三天	谷歌硬盘、Dropbox	学会上传、编辑课程计划和其他学习资源。
	课堂计划	学会利用信息和通信技术工具制定课堂活动计划。
	资料搜索	在给定网址查找相关资料。
第四天	维基百科	利用维基百科组织教学讨论。
	博客、谷歌文档	学会设置、编辑博客和文档，利用其进行教学相关活动。
	学习交流软件	下载和使用手机交流软件，学会采用互动式和参与性的教学方法。
	信息和通信技术合作工具	根据提供的网址，利用信息和通信技术合作工具进行课堂活动。

续表

日期	主题	主要内容
第五天	画图以及设计软件	学会在电脑上画图,并为相应的学科绘制相关的图形。
	GIMP	学会生成图片、海报、图标和图表以进行课程教学。
	Abobe 相关软件	学会利用形象的图标作为学习资源。
	模拟	在各自的学科领域进行一项问题研究。
	YouTube 视频	搜索学科相关视频,学会将其整合到教学之中。
第六天	网页浏览	学会搜索相关资料,学习使用不同的搜索工具和技巧。
	开放教育资源	了解开放教育资源并学会搜索开放教育资源。
第七天	谷歌表格	学会建立与使用谷歌表格。
	在线评价工具和活动	利用不同的信息和通信技术工具为不同的学科设计评价活动。
第八天	理解信息和通信技术在教育中的作用,课程与评估	小组讨论坦桑尼亚教师信息和通信技术能力标准,小组根据课程确定可以使用的信息和通信技术工具、软件和数字内容。
第九天	教学法、信息和交流	利用信息和通信技术资源设计课程计划并分享、讨论,将课程计划通过信息和通信技术工具展现出来。
	组织和管理、教师专业发展活动	讨论并选择相应的信息和通信技术工具,对学生和课堂进行组织与管理;选定与场景相适应的信息和通信技术工具。
第十天	信息和通信技术应用与实践	利用相应的信息和通信技术工具完成任务。
	讨论信息和通信技术在实际教学中的应用	确定个人专业发展目标,阐述如何利用信息和通信技术完成该目标。
	培训评估	总结。

中国还为 UNESCO-CFIT 项目参与国提供了长城奖学金。华东师范大学为参与教师量身定制高级培训课程,目的就是将中国教育发展的经验分

享给项目参与国的教育者,从而加强 UNESCO-CFIT 项目人员的能力建设。但是,项目人员的能力建设还需要建立一个长效机制支持完成培训的学员归国后更好地去实践所学,从而实现中国经验、国际组织资源同非洲国家需求的完美对接。

该项目在坦桑尼亚的实施取得了丰硕的成果:开发了 4 本信息和通信技术相关指南,主要覆盖科学和数学科目;开发了 38 个科学和数学模块,供 10 所教师培训学院使用;为 100 名教育官员和教师教育者提供信息和通信技术相关培训;为来自 10 所教师培训学院的 200 名教师教育者提供信息和通信技术融合教学和学习的培训;为塔博拉教师培训学院和蒙杜利教师培训学院分别建设了定制化的数字图书馆;向坦桑尼亚参与项目的教师培训机构提供了 100 台计算机、3 台服务器,以及配套的打印机、投影仪等。通过一系列的支持,UNESCO-CFIT 项目加强了坦桑尼亚两个教师培训学院通过混合学习模式为科学和数学教师教育者提供在职培训的能力;还将这两个关键的教师培训学院与其他八个提供科学和数学文凭课程的教师培训机构连接起来,在此基础上加强支持和联网机制,实现知识共享。通过 UNESCO-CFIT 项目,联合国教科文组织的《教师信息和通信技术能力框架》经坦桑尼亚教育和科技部的调整、完善、改进,最终获得批准,被纳入坦桑尼亚国家教师教育课程框架。[1]

二、思考与展望

UNESCO-CFIT 项目希望实现项目的可持续性。在实地考察中,笔者发现,影响项目可持续性的因素主要包括以下三个方面。

---

[1] UNESCO. Improving the quality of teacher education in Sub-Saharan Africa: lessons learned from a UNESCO-China Funds-in-Trust Project[R]. Paris: UNESCO, 2018: 32-33.

第一，项目设计和实施是否基于本国的实际需求。UNESCO-CFIT 项目在一开始就是基于各国的实际需求，从这点上来看，UNESCO-CFIT 项目最大程度地尊重了项目参与国，应该说是教育援助项目的典范。

第二，教育部门和机构相关人员的参与度。UNESCO-CFIT 项目强调项目参与国的所有权，要求相关的部门和机构不仅要参与到项目计划以及实施活动中去，更重要的是要动员国家各项资源（人员、时间、资金等）去促进 UNESCO-CFIT 项目的实施工作。在坦桑尼亚，该项目主要由联合国教科文组织驻当地办公室负责实施，当时的教育和职业培训部也有专门的人员负责对接，作为负责培训的主要单位，坦桑尼亚开放大学也有专门的教育专家来组织协调相关的培训并提供技术支持。从参与度可以看出坦桑尼亚教育部门对 UNESCO-CFIT 项目的重视，这是该项目取得良好效果的重要原因之一。

第三，尽管目前包括坦桑尼亚在内的非洲国家对信息和通信技术培训的需求很大，但信息和通信技术在坦桑尼亚教育中的应用仍面临着很多挑战：信息和通信技术基础设施有限、电力供给不稳定；政府缺乏支持意愿，没有系统规划；学校缺乏技术支持，教师缺乏自主学习的态度与专业知识和能力。利用信息和通信技术进行教师专业培训时，如果不精心规划和实施，很难取得预期培训结果。回到 UNESCO-CFIT 项目本身，利用信息和通信技术培训教师，不能急于求成，而是需要稳扎稳打，先从基本的信息和通信技术技能培训开始，逐渐增加深度。这也是教师信息和通信技术培训项目可持续性发展的应有之意。从目前来看，UNESCO-CFIT 项目已经迈出了第一步，它所搭建的多边合作平台，是中国对非教育合作方式转型的重要一步。

中非双方支持 UNESCO-CFIT 项目继续实施并先期延长两年[1]，这充分

---

[1] 中国国务院新闻办公室.中非合作论坛—约翰内斯堡行动计划（2016—2018 年）[EB/OL].[2021-02-25]. http://www.scio.gov.cn/xwfbh/xwbfbh/wqfbh/44687/47414/xgzc47420/Document/1716375/1716375.htm.

说明，中国对这种国际合作新方式的关注与重视。种种迹象表明，将来会有更多的教育合作项目基于UNESCO-CFIT项目的经验开展起来，从而真正实现中非教育合作的可持续发展。随着UNESCO-CFIT项目第三阶段重点开始向高等技术教育转移，如何在教师教育领域的既有成果基础上，进行可持续的发展，是需要各方考虑的重要问题。

结　语

一、坦桑尼亚教育发展的关键问题

纵观坦桑尼亚教育发展的历史进程，可以将其分为五个阶段。第一阶段为1890—1961年。此时坦桑尼亚教育的本质仍然是带有种族歧视色彩的精英教育，只有很少的坦桑尼亚人能接受教育，他们最终被培养为殖民政府的工作人员。第二阶段为1961—1985年。此时的坦桑尼亚强调自力更生教育，初步地普及了小学教育。第三阶段为1985—2000年。由于进行多党制选举和接受结构调整计划，教育发展进入相对停滞阶段。第四阶段为2001—2015年。受国际议程影响，坦桑尼亚开展新一轮的教育普及活动，入学率大幅提升，但教育质量饱受批评。第五阶段为2015年至今。政府全力推行免费普及教育，并在教育质量提升方面做出诸多努力。总的来说，坦桑尼亚的教育在曲折中发展，但教育质量和公平问题仍然突出。

在坦桑尼亚的教育发展历程中，国际援助机构扮演了重要的角色，坦桑尼亚自己的声音在一定程度上被掩盖了。这突出表现为国际机构促使坦桑尼亚在教育改革中采用所谓的"最佳实践"，忽视坦桑尼亚课堂的日常实际情况，也忽略了该国教师实施这些改革的动机和能力。不管是教师培训还是教育的其他方面，如果所接收的东西与特有的文化习惯、政策环境和一国学校的具体情况割裂，那么该国的教育就难以取得成功。坦桑尼亚如何找到一条属于自己的教育发展之路，可能是目前需要重点考虑的问题。

二、疫情之后的教育发展

新冠肺炎疫情影响了人类生活的方方面面，但也加速了信息和通信技术与教学的融合。坦桑尼亚学校复课，教学活动逐渐恢复正常，当下是让技术真正改变教育的一个良好时机。

疫情之前，坦桑尼亚在信息和通信技术领域已做出了一些努力。《2025年愿景》《教育部门五年发展规划（2011/12年度—2015/16年度）》《国家信息和通信技术政策》等多份文件强调了信息技术的作用。2008年，世界银行在坦桑尼亚开展科技与高等教育项目，以促进坦桑尼亚科技领域人力资源的发展，发展知识经济。坦桑尼亚政府计划在2018/19年度将教师培训学院和职业学校纳入国家信息和通信技术宽带网项目，为这些院校提供网络设计服务和技术支持服务。[1]

坦桑尼亚的教育技术领域在过去几年不断扩大，涌现出了一批创新平台和项目。例如，以用户为中心、寓教于乐的在线资源平台"聪明大脑"；教育研究院开发的"直达校园"、KitKit学校、"我的教育"等在线电子内容学习平台；X奖基金会[2]项目等为失学儿童提供在线学习的机会；Avanti[3]的"Iknowledge"项目等为学校提供技术设备的项目。[4]

尽管智能电话在坦桑尼亚的使用范围逐步扩大，但是尚未达到人人可以自由使用互联网和设备、实现远程学习的程度。学生获取信息技术的机会非常有限。[5]坦桑尼亚政府需要和合作伙伴精诚合作，将教育技术革命放在教育改革的优先位置之一，吸取各国教育技术发展中的经验和教训，审

---

[1] IST-Africa Consortium. Report on ICT initiatives, research and innovation priorities and capacity in IST-Africa partner countries[R]. Dublin: International Information Management Corporation, 2018: 380-384.

[2] 设于美国的非营利性机构，通过赞助并组织各种竞赛，推动科技创新。

[3] 英国的卫星通信运营商。

[4] 资料来源于世界银行官网。

[5] 资料来源于世界银行官网。

慎对待诸如"每个儿童一台笔记本电脑"这类大规模的项目：信息技术与教学的融合绝不仅仅意味着提供设备。

对于坦桑尼亚这样的发展中国家，教育公平问题在新冠肺炎疫情停课期间进一步凸显。就基础教育而言，在学校关闭后的第一个月，已经出现了受教育机会不平等的迹象，因为只有少数私立学校有条件开展线上教学，大部分公立学校的学生享受不到这样的待遇。此外，当家庭受到疫情影响面临经济压力时，女孩更可能辍学。停课在家的女孩，离开了学校提供的保护环境，处境危险。

三、中坦教育合作展望

目前，中坦之间的教育合作多停留在人员往来、硬件提供方面。在中国不断加大对外合作力度的背景下，如何夯实基础，进一步深化教育交流，至关重要。从这个角度来看，中方在合作中需要稳扎稳打，强调合作质量，获得来自合作国家及国际社会的积极评价。[1]

第一，不断提升留学生培养质量，加强留学生校友会建设，进一步增强中坦友谊。国内高校需与坦桑尼亚高校建立长期、稳定的联系，为留学生提供更多的信息，招收更多优秀的留学生来华就读。在这个过程中，可进一步发挥孔子学院作为语言预备学校的功能，为即将来华的留学生提供基本的中文、中国社会概况和文化方面的培训，同时也可为已经毕业归坦的留学生提供继续深入了解中国语言和文化的课程。

第二，加强中坦高校科研合作，设立中坦（非）高校合作研究专项，鼓励中坦高校研究人员以访问学者的身份到对方国家开展合作研究。升级

---

[1] 商务部研究院国际发展合作所，西亚与非洲研究所.中国与国际发展报告2020，纪念、传承与创新—中国对外援助70年与国际发展合作转型[R].北京：商务部研究院，西亚与非洲研究所，2020:103.

中非高校"20+20"合作计划,在一对一的基础上形成多对一、多对多的合作格局。建议设立中非高校合作研究专项奖学金项目,为坦桑尼亚等非洲国家的研究人员提供到中国观察和研究的机会,可重点关注有在华留学经历的硕博毕业生,把他们培养成中国问题研究专家。

第三,在坦桑尼亚开展试点实验和合作研究,推动中国教育经验走向坦桑尼亚。例如,在应对新冠肺炎疫情导致的停课以及弥补停课期间的学习损失时,中国在信息技术与教学有效结合方面为坦桑尼亚提供了可供借鉴的经验。

在加强中非合作的背景下,中国可以为坦桑尼亚教育发展提供有别于西方的、且经过实践检验的经验。当然,这些经验在坦桑尼亚实现本土化的过程是一个重大的课题,需要具有国际视野的中国学者,一方面,通过实地研究,加大对坦桑尼亚教育的研究力度,另一方面,通过与国际学界的合作与交流,从坦桑尼亚教育发展的历史和实践中进行反思,为坦桑尼亚教育发展提供多个维度的建议。

当然,坦桑尼亚的教育部门和教育工作者需要反思其教育的现状,扎根本土寻找属于自己的发展道路,不能盲目照搬其他国家的模式。

附　录

一、坦桑尼亚大学列表 [1]

（一）主要的公立大学

序号	大学名称	官方缩写	主校区所在城市
1	土地大学（Ardhi University）	ARU	达累斯萨拉姆
2	尼雷尔农业与技术大学（Mwalimu Julius K. Nyerere University of Agriculture and Technology）	MJNUAT	穆索马
3	莫西合作大学（Moshi Cooperative University）	MoCU	乞力马扎罗
4	姆祖贝大学（Mzumbe University）	MU	莫罗戈罗
5	莫西比利健康与联合科学大学（Muhimbili University of Health and Allied Sciences）	MUHAS	达累斯萨拉姆

---

[1] 在坦桑尼亚，除了表格所罗列的公立和私立大学外，还有众多附属于这些大学的半独立学院、中心、研究院等，很多半独立的大学学院有自己独立的校区，学生数量可观，是坦桑尼亚大学体系的重要组成部分。

续表

序号	大学名称	官方缩写	主校区所在城市
6	姆贝亚科技大学（Mbeya University of Science and Technology）	MUST	姆贝亚
7	纳尔逊·曼德拉非洲科技学院（Nelson Mandela African Institution of Science and Technology）	NMAIST	阿鲁沙
8	坦桑尼亚开放大学（Open University of Tanzania）	OUT	达累斯萨拉姆
9	索科因农业大学（Sokoine University of Agriculture）	SUA	莫罗戈罗
10	桑给巴尔国立大学（State University of Zanzibar）	SUZA	桑给巴尔岛
11	多多马大学（the University of Dodoma）	UDOM	多多马
12	达累斯萨拉姆大学（University of Dar es Salaam）	UDSM	达累斯萨拉姆

（二）主要的私立大学

序号	大学名称	官方缩写	主校区所在城市
1	阿迦汗大学（Aga Khan University）	AKU	达累斯萨拉姆
2	天主教健康与联合大学（Catholic University of Health and Allied Sciences）	CUHAS	姆万扎
3	休伯特·凯鲁基纪念大学（Hubert Kairuki Memorial University）	HKMU	达累斯萨拉姆
4	坎帕拉国际大学–坦桑尼亚（Kampala International University in Tanzania）	KIUT	达累斯萨拉姆

续表

序号	大学名称	官方缩写	主校区所在城市
5	莫罗戈罗穆斯林大学（Muslim University of Morogoro）	MUM	莫罗戈罗
6	姆文盖天主教大学（Mwenge Catholic University）	MWECAU	乞力马扎罗
7	鲁阿哈天主教大学（Ruaha Catholic University）	RUCU	伊林加
8	坦桑尼亚圣奥古斯汀大学（St Augustine University of Tanzania）	SAUT	姆万扎
9	塞巴斯蒂安·科洛娃纪念大学（Sebastian Kolowa Memorial University）	SEKOMU	坦噶
10	坦桑尼亚圣约瑟夫大学（St Joseph University in Tanzania）	SJUIT	达累斯萨拉姆
11	坦桑尼亚圣约翰大学（St. John's University of Tanzania）	SJUT	多多马
12	阿卜杜勒·拉赫曼·苏门特纪念大学（Abdul Rahman Al-Sumait Memorial University）	SUMAIT	桑给巴尔
13	西奥菲罗斯·基桑吉大学（Teofilo Kisanji University）	TEKU	姆贝亚
14	图迈尼大学马库米拉（Tumaini University Makumira）	TUMA	阿鲁沙
15	坦桑尼亚联合非洲大学（United African University of Tanzania）	UAUT	达累斯萨拉姆
16	阿鲁沙大学（University of Arusha）	UoA	阿鲁沙
17	伊林加大学（University of Iringa）	UoI	伊林加
18	桑给巴尔大学（Zanzibar University）	ZU	桑给巴尔

二、坦桑尼亚中学毕业考试的成绩等级换算表 [1]

成绩分段	初中四年级总绩点 [2]	高中二年级总绩点 [3]	等级
I	7—17	3—9	优秀
II	18—21	10—12	良好
III	22—25	13—17	中等
IV	26—33	18—19	及格
0	34—35	20—21	不及格

[1] 资料来源于坦桑尼亚国家考试委员会官网。
[2] 根据学生在中等教育证书考试中的7个最高分换成相应的绩点,然后相加而得。根据坦桑尼亚考试委员会的规定,在中等教育证书考试中,所得分数越高,获得的绩点越低。例如,学生某科目的分数在75—100分,那么该生在本科目上获得的绩点是1。
[3] 根据学生在高中毕业会考中三门主要科目的考试得分换算绩点,相加而得。

参考文献

一、中文文献

《中非教育合作与交流》编写组. 中国与非洲国家教育合作与交流 [M]. 北京：北京大学出版社，2005.

本书编写组. 习近平总书记教育重要论述讲义 [M]. 北京：高等教育出版社，2020.

陈逢华，靳乔. 阿尔巴尼亚文化教育研究 [M]. 北京：外语教学与研究出版社，2021.

范国睿，等. 教育政策的理论与实践 [M]. 上海：上海教育出版社. 2011.

冯增俊，陈时见，项贤明. 当代比较教育学 [M]. 2版. 北京：人民教育出版社，2015.

富兰. 教育变革的新意义 [M]. 武云斐，译. 上海：华东师范大学出版社. 2010.

顾明远. 顾明远教育演讲录 [M]. 北京：人民教育出版社，2014.

国家信息中心"一带一路"大数据中心. "一带一路"大数据报告（2017）[M]. 北京：商务印书馆，2017.

贺国庆，朱文富，等. 外国职业教育通史 [M]. 北京：人民教育出版社，

2014.

黄雅婷. 塔吉克斯坦文化教育研究 [M]. 北京：外语教学与研究出版社，2021.

教育部课题组. 深入学习习近平关于教育的重要论述 [M]. 北京：人民出版社，2019.

李安山. 中国非洲研究评论（2015）[M]. 北京：社会科学文献出版社，2017.

李保平. 传统与现代非洲文化与政治变迁 [M]. 北京：北京大学出版社，2011.

李洪峰，崔璨. 塞内加尔文化教育研究 [M]. 北京：外语教学与研究出版社，2021.

李湘云. 当代坦桑尼亚国家发展进程 [M]. 杭州：浙江人民出版社，2014.

刘辰，孟炳君. 阿联酋文化教育研究 [M]. 北京：外语教学与研究出版社，2021.

刘迪南，黄莹. 蒙古国文化教育研究 [M]. 北京：外语教学与研究出版社，2021.

刘鸿武. 从中国边疆到非洲大陆：跨文化区域研究行与思 [M]. 北京：世界知识出版社，2017.

刘捷. 教育的追问与求索 [M]. 北京：人民出版社，2021.

刘捷. 专业化：挑战 21 世纪的教师 [M]. 北京：教育科学出版社，2002.

刘进，张志强，孔繁盛. "一带一路"高等教育研究（2019）：国际化展望 [M]. 北京：北京理工大学出版社，2020.

刘生全. 教育成层研究 [M]. 北京：教育科学出版社，2011.

刘欣路，董琦. 约旦文化教育研究 [M]. 北京：外语教学与研究出版社，2021.

卢晓中. 比较教育学 [M]. 北京：人民教育出版社，2020.

陆有铨. 教育的哲思与审视 [M]. 北京：人民教育出版社，2016.

裴善勤，钱镇. 坦桑尼亚 [M]. 2 版. 北京：社会科学文献出版社. 2019.

秦惠民，王名扬．高等教育与家庭流动[M]．北京：科学出版社，2019．

秦惠民．教育法治与大学治理[M]．北京：人民出版社，2021．

任钟印．东西方教育的覃思[M]．北京：人民教育出版社，2017．

石筠弢．学前教育课程论[M]．2版．北京：北京师范大学出版社，2014．

孙有中．跨文化研究论丛（第四辑）[M]．北京：外语教学与研究出版社，2020．

滕大春．教育史研究与教育规律探索[M]．北京：人民教育出版社，2019．

王承绪，顾明远．比较教育[M]．5版．北京：人民教育出版社，2015．

王定华，秦惠民．北外教育评论：第2辑[M]．北京：外语教学与研究出版社，2021．

王定华，杨丹．人类命运的回响——中国共产党外语教育100年[M]．北京：外语教学与研究出版社，2021．

王定华．教育路上行与思[M]．北京：人民出版社，2020．

王定华．美国高等教育：观察与研究[M]．2版．北京：人民教育出版社，2021．

王定华．美国基础教育：观察与研究[M]．2版．北京：人民教育出版社，2021．

王定华．新时代高品质学校建设方略[M]．长春：东北师范大学出版社，2019．

王定华．中国基础教育：观察与研究[M]．北京：人民教育出版社，2021．

王定华．中国教师教育：观察与研究[M]．北京：人民教育出版社，2020．

王吉会，车迪．刚果（布）文化教育研究[M]．北京：外语教学与研究出版社，2021．

王晶，刘冰洁．摩洛哥文化教育研究[M]．北京：外语教学与研究出版社，2021．

王名扬．美国公立研究型大学内部质量改进的实证研究[M]．北京：中国社会科学出版社，2020.

吴式颖，李明德. 外国教育史教程 [M]. 3版. 北京：人民教育出版社，2015.

习近平. 论坚持推动构建人类命运共同体 [M]. 北京：中央文献出版社，2018.

习近平. 习近平谈"一带一路" [M]. 北京：中央文献出版社，2018.

谢维和. 我的教育觉悟 [M]. 北京：人民教育出版社，2016.

许序雅. 坦桑尼亚高等教育研究 [M]. 北京：中国社会科学出版社，2009.

薛莲. 中国对非洲教育援助研究——以中国–联合国教科文组织信托基金为例 [M]. 北京：社会科学文献出版社，2020.

杨汉清. 比较教育学 [M]. 3版. 北京：人民教育出版社，2015.

苑大勇. 国际高等教育协同创新与人才培养比较研究 [M]. 北京：知识产权出版社，2020.

张方方，李丛. 安哥拉文化教育研究 [M]. 北京：外语教学与研究出版社，2021.

郑通涛，方环海，陈荣岚. "一带一路"视角下的教育发展研究 [M]. 广州：世界图书出版广东有限公司，2017.

朱睿智，杨傲然. 莫桑比克文化教育研究 [M]. 北京：外语教学与研究出版社，2021.

朱永新，袁振国，马国川. 重构教育评价体系 [M]. 太原：山西教育出版社. 2019.

二、外文文献

ÇETINKAYA Ş. Contemporary perspective on child psychology and education[M]. London: IntechOpen, 2018.

ŞENOL H. Educational leadership[M]. London: IntechOpen, 2019.

ALPHIN H C, Jr, CHAN R Y, LAVINE J. The future of accessibility in international higher education[M]. Hershey PA: IGI Global, 2017.

BUCHERT L. Education in the development of Tanzania 1919-1990[M]. Dar es Salaam: Mkuki na Nyota Publisher, 1994.

CAMERON J, DODD W A. Society, schools and progress in Tanzania[M]. Oxford: Pergamon Press, 1970.

CHIPASULA F M. Bending the bow: an anthology of African love poetry[M]. Carbondale: Southern Illinois University Press, 2009.

CLOETE N, MAASSEN P, BAILEY T. Knowledge production and contradictory functions in African higher education[M]. Cape Town: African Minds, 2015.

COOKSEY B, MKUDE D, LEVEY L. Higher education in Tanzania: a case study[M]. Dar es Salaam: Mkuki na Nyota Publishers, 2003.

EVANS D R. Education policy formation in Africa: a comparative study of five countries[M]. Washington D. C.: USAID, 1994.

GRIFFITHS G. African literature in English: east and west[M]. New York: Routledge, 2014.

HALL B L, KIDD J R. Adult learning: a design for action[M]. Oxford: Pergamon Press, 1978.

HINZEN H, HUNDSDORFER V H. The Tanzania experience: education for liberation and development[M]. Hamburg: UNESCO Institute for Education, 1979.

ILIFFE J. A modern history of Tanganyika[M]. Cambridge: Cambridge University Press, 1979.

ISHUMI A G M, ANANGISYE W A L. Fifty years of education in Tanzania: 1961-2011[M]. Dar es Salaam: Dar es Salaam University Press, 2014.

LEAKEY M D. Olduvai George: volume 3, excavations in beds I and II, 1960-1963[M]. New York: Cambridge University Press, 1971.

LIANG X Y, KIDWAI H, ZHANG M X. How Shanghai does it: insights and lessons from the highest-ranking education system in the world[M]. Washington D. C.: The World Bank, 2016.

LOHRMANN U. Voices from Tanganyika: Great Britain, The United Nations and the decolonization of a trust territory[M]. Berlin: Lit Verlag, 2007.

LOVELL J. Maoism: a global history[M]. London: Vintage Publishing, 2020.

LUNENBERG M, DENGERINK J, KORTHAGEN F. The professional teacher educator: roles, behaviour, and professional development of teacher educators[M]. Rotterdam: Sense Publishers, 2014.

MATERU P N. Higher education quality assurance in Sub-Saharan Africa: status, challenges, opportunities, and promising practices[M]. Washington D.C.: The World Bank, 2007.

MAZRUI A A. The Africans: a triple heritage[M]. London: BBC Publications, 1986.

MBOGONI L E Y. Aspects of colonial Tanzania history[M]. Dar es Salaam: Mkuki na Nyota Publishers, 2013.

MINAHAN J. Encyclopedia of the stateless nations[M]. Westport: Greenwood, 2002.

MUKANDALA R S. Justice, rights and worship: religion and politics in Tanzania[M]. Dar es Salaam: E&D Vision Publishing Ltd, 2006.

MUSHI P A K. History and development of education in Tanzania[M]. Dar es Salaam: Dar es Salaam University Press, 2009.

MWAKIKAGILE G. The Union of Tanganyika and Zanzibar: product of the Cold War?[M]. Pretoria: New Africa Press, 2008.

NYERERE J K. Education for self-reliance[M]. Dar es Salaam: Government Printer, 1967.

OLIVER R A, FAGAN B M. Africa in the iron age: C.500 BC-1400 AD[M]. Cambridge: Cambridge University Press, 1975.

OUANE A, GLANZ C. How and why Africa should invest in African languages and multilingual education: an evidence- and practice-based policy advocacy brief[M]. Hamburg: UNESCO Institute for Lifelong Learning, 2010.

READ J S. Government publications relating to Tanganyika[M]. London: Microform Academic Publishers, 1979.

SANYAL B C, KINUNDA M J. Higher education for self-reliance: the Tanzanian experience[M]. Paris: International Institute for Educational Planning, 1977.

SHIVJI G I. Accumulation in an African periphery: a theoretical framework[M]. Dar es Salaam: Mkuki na Nyota Publishers, 2009.

SIFUNA D N, SAWAMURA N. Challenges of quality education in Sub-Saharan Africa—some key issues[M]. Hauppauge, NY: Nova Science Publishers, 2010.

STAPENHURST R, KPUNDEH S J. Curbing corruption: toward a model for building national integrity[M]. Washington D.C.: World Bank Publications, 1999.

STREHMEL P, HEIKKA J, HUJALA E, et al. Leadership in early education in times of change: research from five continents[M]. Leverkusen: Verlag Barbara Budrich, 2019.

STUART N. Fields of fire: an atlas of ethnic conflict[M]. Leicester: Troubador Publishing, 2008.

TEFERRA D, KNIGHT J. Higher education in Africa: the international dimension[M]. Boston/Accra: Center for International Higher Education/ Association of African Universities, 2008.

TEFERRA D. Funding higher education in Sub-Saharan Africa[M]. London:

Palgrave Macmillan, 2013.

University of Dar es Salaam. Undergraduate prospectus academic year 2015/2016[M]. Dar es Salaam: University of Dar es Salaam, 2015.

VAVRUS F, BARTLETT L. Teaching in tension: international pedagogies, national policies, and teachers' practices in Tanzania[M]. Rotterdam: Sense Publishers, 2013.

WALKER E A. The Cambridge history of the British empire[M]. Cambridge: Cambridge University Press, 1936.